高等教育"十三五"规划图书

公共部门人力资源管理

主　编　唐志红
副主编　周贤永　刘　凤

西南交通大学出版社
·成都·

图书在版编目（CIP）数据

公共部门人力资源管理 / 唐志红主编. —成都：
西南交通大学出版社，2017.11
高等教育"十三五"规划图书
ISBN 978-7-5643-5841-9

Ⅰ.①公… Ⅱ.①唐… Ⅲ.①公共部门 – 人力资源管理 – 高等学校 – 教材 Ⅳ.①D035.2

中国版本图书馆 CIP 数据核字（2017）第 259734 号

高等教育"十三五"规划图书
公共部门人力资源管理

主　　编／唐志红	责任编辑／罗爱林
	封面设计／严春艳

西南交通大学出版社出版发行
（四川省成都市金牛区二环路北一段 111 号西南交通大学创新大厦 21 楼　610031）
发行部电话：028-87600564　　028-87600533
网址：http://www.xnjdcbs.com
印刷：四川森林印务有限责任公司

成品尺寸　185 mm × 260 mm
印张　15　　字数　347 千
版次　2017 年 11 月第 1 版　　印次　2017 年 11 月第 1 次

书号　ISBN 978-7-5643-5841-9
定价　39.00 元

课件咨询电话：028-87600533
图书如有印装质量问题　本社负责退换
版权所有　盗版必究　举报电话：028-87600562

前　言

　　管子在《管子·霸言》篇中明确指出："夫霸王之所始也，以人为本。本理则国固，本乱则国危。"人力资源管理的重要性无需多言。公共部门人力资源管理与企业人力资源管理虽因管理对象价值取向不同会存在一定差异，但由于二者的对象都是人，因此，借鉴企业人力资源管理的手段提升公共部门人力资源管理的效率是现代公共部门人力资源管理重要的发展方向。在中国社会经济大转型的背景下，政府从权力政府向服务型政府转型，就必须从人力资源管理入手，建立一套与现代政府职能以及新时期人力资源时代特性相匹配的系统化、科学化人力资源管理体系。笔者从事西南交通大学公共管理与政法学院 MPA 教学有近 10 年的时间，课堂上与各位学生的交流使我深深感受到中国公共部门人力资源管理实践对理论的急迫需要，而一般理论则需要在中国的实践中有更大突破。职业生涯的设计、激励与约束、规范与个性是现实的难点。在移动互联新时代，公共管理拥有了更多的技术手段，管理方法与新技术的融合，管理理念与阶段性矛盾相结合，我们需要从团队协同、知识共享、责任权力角度，从人力资源到人力资本再到能力资本对管理对象展开剖析。我们认为，尊重人的社会属性，从职业到事业，从时间管理到精力管理，从集体精神到团队合作，从行为约束到活力张扬，从服从领导到尊重价值，公共部门人力资源管理都需要新的突破，当然，我们面临的更大突破是从知道到行动。

　　党的十八大以来，"重构中国政治生态"的提出，引发了中国公共部门人力资源管理更大的管理变革。本书是笔者团队于西方"新公共管理"浪潮持久不断广泛推进、中国公共部门深度转型以及公共管理实践不断拓展的背景下，从人力资源管理基本理论入手，结合中西方公共部门人力资源价值取向，吸收国内外新管理理论和人力资源管理新实践而进行的探索。本书重视人力资源管理基本理论的梳理，强调个性行为倾向在人力资源识别中的重要价值，强调公共价值取向在公共部门人力资源管理激励中的重要导向性，强调以规范性管理为基础的公共部门人力资源活力激发和提升手段，强化理论的规范性和操作的可借鉴性。全书将理论分析与案例讨论相结合，前沿性理论讨论与可操作性方法介绍相结合，尤其是结合中国公共管理改革的实践对新时期我国公共部门人力资源管理从理论到实操进行了系统介绍。

本书是团队合作的结果。笔者对全书进行了总体设计，相关团队成员结合自身的专业完成某些具体章节的编写，相关专业的研究生与老师一起进行案例的搜集以及整理，我们希望以团队的能力为读者提供一本既有理论深度，又具有中国现实指导意义的参考书。具体分工如下：唐志红博士负责第一、二、三、四、五章；周贤永博士负责第六、七章；万桂容（成都地铁运营公司）负责第八章；刘凤博士负责第九、十章。

西南交通大学研究生张谱心、潘宇森、周芝红、唐静、李冉、张明瑶、李世成、陈升林参与了资料的搜集和整理，为本书的出版做出了积极有效的贡献。

本书的写作参阅了相关资料，引用了众多学者的最新研究成果，并尽力在相关部分予以注明，如有遗留请海涵。

编　者

2017 年 6 月

目 录

第一章 公共部门人力资源管理导论 ………………………………………………… 001
 第一节 人力资源的内涵及人力资源管理发展 ……………………………… 001
 第二节 公共部门及公共部门人力资源管理的基本概念 …………………… 010
 第三节 公共部门人力资源管理框架 ………………………………………… 014

第二章 公共部门人力资源管理的理论基础 ………………………………………… 026
 第一节 公共部门人力资源管理的基本理论 ………………………………… 026
 第二节 公共部门人力资源管理的基本原理 ………………………………… 030

第三章 现代公共部门人力资源管理基本制度 ……………………………………… 039
 第一节 公务员的含义及国家公务员制度的缘起 …………………………… 040
 第二节 中国国家公务员制度 ………………………………………………… 045
 第三节 事业单位人事制度 …………………………………………………… 054

第四章 公共部门人力资源规划与职业发展 ………………………………………… 060
 第一节 公共部门人力资源战略 ……………………………………………… 060
 第二节 公共部门人力资源规划 ……………………………………………… 064
 第三节 公共部门人力资源的职业发展 ……………………………………… 071

第五章 公共部门工作分析与工作评价 ……………………………………………… 079
 第一节 工作分析 ……………………………………………………………… 080
 第二节 工作评价 ……………………………………………………………… 100
 第三节 公共部门的人员分类管理 …………………………………………… 105

第六章 公共部门人力资源招聘与配置 ……………………………………………… 114
 第一节 招聘概述 ……………………………………………………………… 114
 第二节 人力资源招聘的程序及方法 ………………………………………… 119
 第三节 人力资源招聘的工具 ………………………………………………… 125
 第四节 公共部门人力资源招聘与录用 ……………………………………… 132
 第五节 公共部门人力资源配置 ……………………………………………… 138

第七章 公共部门人力资源培训与开发 ··· 143
第一节 公共部门人力资源培训概述 ··· 143
第二节 公共部门人力资源培训的组织与管理 ····································· 148
第三节 我国的公务员培训制度 ··· 152

第八章 公共部门人力资源绩效管理 ··· 159
第一节 公共部门绩效管理概述 ··· 159
第二节 公共部门绩效评估指标建设 ··· 168
第三节 公共部门绩效评估的方法与技术 ··· 174

第九章 公共部门人力资源薪酬与福利 ··· 184
第一节 公共部门薪酬的基本原理 ··· 184
第二节 公共行政部门的薪酬设计 ··· 187
第三节 公共事业单位的工资制度 ··· 192
第四节 我国公共部门工资制度存在的问题 ······································· 199
第五节 公共部门的福利管理制度 ··· 202
第六节 我国公共部门社会保障 ··· 207

第十章 公共部门人力资源激励管理 ··· 210
第一节 激励及激励理论概述 ··· 210
第二节 公共部门的人员激励 ··· 219
第三节 公共部门人员激励机制 ··· 223

参考文献 ··· 233

第一章 公共部门人力资源管理导论

【引入案例】

2015年,教育部官网发布《教育部关于深入推进教育管办评分离促进政府职能转变的若干意见》,要求积极创造条件,逐步取消学校行政级别。中小学校长实行职级制改革,是校长职业化、专业化的要求,但仅仅取消行政级别,代之以校长职级序列,是远远不够的,还需要同步推进校长公选改革和学校现代治理改革。

2016年12月20日,济南5部门联合发布《关于推行中小学校长职级制度改革的实施意见》。根据意见,济南将取消中小学校及其干部行政级别,实行校长职级制,以后中小学校长不再有处长、副处长等行政级别,取而代之的是校长职级序列。中小学校长实行职级制改革,是校长职业化、专业化的要求,但仅仅取消行政级别,代之以校长职级序列,是远远不够的,还需要同步推进校长公选改革以及学校现代治理改革。现有模式改变了其职级,但校长仍由上级行政部门负责选拔、任命,只是由之前的组织部门选拔任命,变为教育部门选拔任命。这样选拔、任命的校长首先还是对行政部门负责,而不是对教育和师生负责。由于没有改革校长选拔、任命机制,很多地方在取消行政级别后,仍套用级别对校长进行聘期考核、管理。改革的效果不明显也就在意料之中了。

第一节 人力资源的内涵及人力资源管理发展

一、人力资源管理的基本概念

(一)资 源

资源是现代经济学中的一个核心概念,经济学的基础假定就是资源是稀缺的。《辞海》中的资源为"资财的来源"。从字面意义看,资源是资财或财富的来源。经济学通常将为了创造物质财富而投入生产过程的一切要素称为资源。当代西方经济学把资源分为人力资源、自然资源、资本资源和信息资源,这种资源的划分方法得到了人们的普遍认同。

(二)人力资源

据现有文献,15世纪50年代中国明朝学者丘浚(1420—1495)第一次提出了人力的概念。他说:"世间之物虽生于天地,然皆必资以人力,而后能成其用。其体有大小精粗,其功力有深浅,其价有多少,直而至于千钱,其体非大则精,必非一日之功所成也。"[1]人力资源作为一个词语最早出现于1919年约翰 R. 康芒斯的著作《产业信誉》,其意义与我们现在所理解的含义相去甚远。现代意义上人力资源概念被正式提出则是近百年的事情,目前广为传播的人力资源概念是管理大师彼得·德鲁克1954年在其名著《管理实践》中首先正式提出并加以界定的:人力资源是一种必须通过有效的激励机制才能开发利用的一种特殊资源。20世纪60年代以后,舒尔茨的人力资本理论得到了广泛的重视,人力资源概念深入人心。

从管理的角度出发,我们认为,所谓的人力资源就是人所具有的、在一定条件下可以被组织所利用,对价值的创造起贡献作用的体能、知识、技能、能力、个性行为特征与倾向等载体中的经济资源的总和。需要强调的是,现代管理愈发重视个性行为特征与倾向的价值,这种资源的属性在很大程度上决定了资源可使用程度及方向,一般性的能力可以通过短时间的培训获得或改变行为,倾向一旦形成则短时间内难以改变。就如嘎嘎叫是鸭子的行为倾向,要找一个具有执行力的人就必须寻找老鹰而不是光说不练的鸭子。

一般地,人分为个体人、群体人和任务人(如图 1-1)。不同层次的人,对应的力是不一样的。

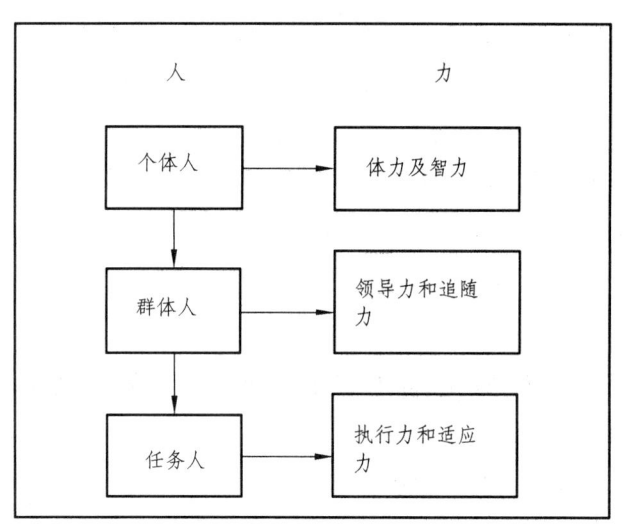

图 1-1 人-力的组合

人力资源是人身上所具有的可以使用的力,人仅是资源的载体,真正为我们所使用的是作为载体的人在一定条件下所发挥出来的能力。因此,著名人力资源管理专家、美国密歇根大学教授戴夫·乌里尔克认为,人力资源 = 能力水平 × 投入程度。中科院《中国可持续发展战略报告》的专家们指出,人力资源能力分为三个层面:人的体能(生理和心理的健全程度)、人的技能(掌握基本技术和生产流程的熟练程度)和人的智能(创造性开发及创新的程度)。专家认为,这三方面的能力对社会财富的贡献分别为1:10:100。按这样的计算,中国人的"人力资源能力"得分为7分左右,而发达国家平均得分在25分~40

---

[1] 丘浚:《铜楮之币//中国大百科全书(经济学卷二)》,中国大百科全书出版社1993年版,第378页。

分。中国是人口大国而并非人力资源大国就可以从这里得出结论。①

正确理解人力资源，还需要掌握其概念与相关概念的区别，如人才②。《辞海》指出，所谓的人才是指有才识学问的人，德才兼备的人。人才资源更多地强调了其能力、学识的异质性，而人力资源则强调了能力的共同性。

（三）人力资源管理

1. 管　理

认识人力资源管理，先要认识管理。什么是管理呢？哈罗德·孔茨认为，所谓的管理就是设计和保持一种良好环境，使人在群体里高效率地完成既定目标。彼德·德鲁克认为，管理是"人的价值与行为相整合的约束或社会秩序与知识探求"及"自由的艺术"。当今著名管理学家亨利·明茨博格在一次演讲中提出，管理是科学也是艺术，同时也是手艺。这些认识丰富了管理的内涵，并使我们相信，要理解管理就必须从实践出发。彼得·德鲁克的《管理实践》指出："最终检验管理的是企业的业绩。唯一能证明这一点的是成就而不是知识。换言之，管理是一种实践而不是一种科学或一种专业，虽然它包含这两方面的因素。"③

现代管理学认为，管理就是营造一个磁场，通过磁场效应凝结整合各个生产要素，使之整合在一起，形成合力和向心力，最终实现组织预先制定的目标（见图1-2）。

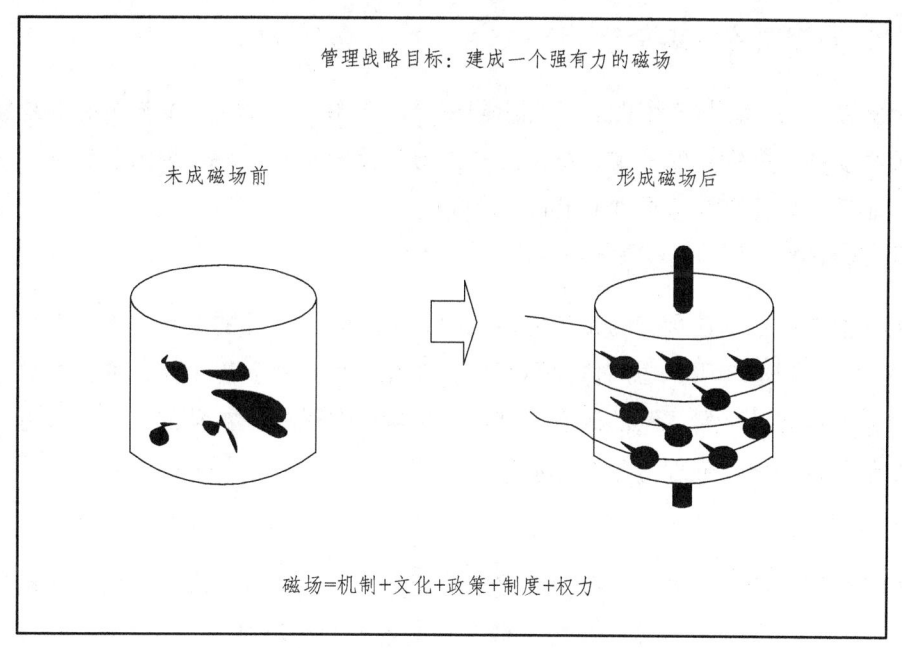

图 1-2　管理与磁场

---

① 腾玉成、俞宪忠：《公共部门人力资源管理》，中国人民大学出版社2003年版，第8页。
② 与人才同音的还有人材与人财。人材强调了人力资源某一方面特征的可塑性，人才强调了其能力的特性，而人财则强调了对人力资源的使用会创造更多的财富。任何一个组织本质上所需要的人都是人财。
③ 彼得·德鲁克：《管理实践》，上海译文出版社1999年版，第11页。

管理所营造的磁场效应通过机制、文化、政策、制度和权力实现。其中，制度是基础，机制是保障，文化是源泉，权力是杠杆，政策是措施。

2. 人力资源管理

所谓的人力资源管理是运用现代化的科学方法，对与一定物力相结合的人力进行合理的组织、培训和调配，使人力、物力经常保持最佳比例，同时对人的思想、心理和行为进行恰当的诱导、控制和协调，充分发挥人的主观能动性，使人尽其才、事得其人、人事相宜，以实现组织的目标。人力资源是数量和质量的统一体，因此人力资源管理就是从量和质两个方面进行管理。人力资源量的管理就是通过招聘、培训、组织和协调等方式使组织拥有所需要的人，实现人与组织岗位的恰当配置。人力资源质的管理就是通过对组织成员个体思想、心理和行为的整合与协调，提升个体工作能动性，创造更高的绩效。

人力资源管理的核心问题是"动态匹配"，即做到人与事的动态匹配。人与事都处于变化之中，世上没有无用之人，只有没有用好之人。一个人工作绩效好坏首先需要考察他是否适合此项工作。在此基础之上，好的绩效还需要恰当的物力支持。因此，人力资源管理的对象不是单纯的人，而应该是与物力相结合的人。管理的落脚点也不是人本身，而是人身上所承载的为管理所需要的能力。

二、人力资源的基本特征

人力资源作为一种特殊资源，具有不同于自然资源的特殊性。要充分有效地管理人力资源，就必须从人力资源的基本特征出发。人力资源的基本特征表现为能动性、时效性、增值性、非经济性、个体差异性和有限性。

1. 能动性

能动性指人力资源是所有的生产力要素中唯一具有能动性的要素，人力资源的载体总是有目的、有计划地使用自己的体力和智力，在社会价值的创造中始终处于主动的地位，是劳动过程中最积极、最活跃的因素，其他的要素则总是处于被动的状态。人力资源管理的重要任务就是调动被管理对象的能动性。

2. 时效性

时效性强调人的不同生命阶段人力资源的质量是不一样的，如果不及时使用则会出现"过期作废"的现象，通俗地说，人力资源不能实现库存。知识经济时代，科学技术的革命性发展使人力资源时效性的特征表现得更为突出，形象地比喻为人要"加速折旧"。

3. 增值性

增值性指人力资源的智力会因为使用和不断积累而更有价值，体力也不会因为使用而衰减，反而会因此得到增强。当然，智力和体力的增值都只能在一定的范围内。当人力资源积累到一定程度之后，其增值性越多，体现出边际递增的效益。美国经济学家舒尔茨教授认为："土地本身并不是使人贫穷的主要因素，而人的能力和素质却是决定贫富差距的关键。旨在提高人口质量的投资极大地有助于经济繁荣和增加穷人的福利。"许多先发国家的经验告诉我们，高素质人力资源的投资效益远高于固定资产投资的收益，人力资源的经济价值不断上升。春秋时期的管子有曰：一年之计，莫若树谷；十年之计，莫若树木；终身之计，莫若树人。一树一获者，谷也；一树十获者，木也；一树百获者，人也。

4. 非经济性

人力资源的载体即人，除了追求"高收入"的经济利益外，还有非经济方面的考虑，如个人兴趣爱好、职业晋升机会、工作环境、职业的社会地位等。经济性需求仅仅是人力资源发挥作用的必要条件而非充分条件。可以看出这样一种规律：在经济水平比较低的社会，人们重于谋生，追求更多的物质收益，对非经济性收入考虑较少，甚至不考虑，随经济水平的提升，人们开始更多地考虑非经济利益；在一定条件下，人们可能在物质利益都不满足的基本条件下更多地考虑非经济利益。

5. 个体差异性

个体差异性是指不同的劳动要素个体，知识技能条件、劳动参与率倾向以及要素产出都不一致，不存在完全一致的劳动要素。

6. 有限性

有限性则是指人力资源只能在相对有限的时间范围内有限使用。劳动者的生产过程和消耗过程同步进行，人的精力有限，人的生命有限，其使用也就只能是有限的。

7. 社会性

人力资源的形成及作用的发挥受到社会文化及环境的影响，具备明显的社会性特征，主要表现为人与人之间的交往及由此产生的千丝万缕的联系。不同民族、不同地区的人们具有不同的社会属性，也就具备不同的行为倾向。人力资源管理不仅要考虑人的个性，还要考虑人与人之间的团队关系，考虑这种关系对组织的影响。例如，中国人比较讲究感情，管理中重视沟通，重视组织内部关系融洽；美国人以制度为管理基础，强调法制，管理中重视规则。

三、人力资源管理的发展

迄今为止，科学的人力资源管理活动大约经过了百年历史。这个过程大体划分为传统人事管理阶段（20世纪初至30年代）、人力资源管理阶段（20世纪30年代至70年代）、人力资本管理阶段（20世纪80年代以后）三个阶段。

1. 传统人事管理阶段（20世纪初至20世纪30年代）

传统人事管理"主要处理工作中人的问题，以及人与企业的关系"①。

传统的人事管理重物轻人，把人当作工具，强调人事的有效配置，人适应机器。泰勒把企业看作是一个"大机器"，而企业的员工则是这一机器中的"零部件"。在管理中强调，通过利用具有法定的、严格的规章制度据此对每一个员工进行考核，并根据考核结果实行重奖重罚，奖励的主要方法是实行"差别计件工资"，以及奖金和其他福利与荣誉，对于中层以上的领导，还有分红、职务升迁等。处罚形式包括记过、罚金、长（短）期停职、降低工资、解雇；崇尚"蛋糕原理"，提倡工人与雇主共同进行"思想革命"，即双方都不要把心思放在盈余的分配上，而应放在增加盈余的数量（把"蛋糕"做大）上，使盈余增加到大家都认为没有必要去争论如何进行分配。为此，把和解奉为座右铭。

工业革命的伟大成果之一就是推动标准化的连续大规模生产，对于人而言就是使人的行为标准化。我们可以将标准理解为现代的规范化。显然，泰勒管理模式通过强调培训，使人具备标准、统一、机器化的行为，从而达到提高工作效率的目的，工作的需要是用人的出发点。

人的标准化经历过程见图1-3。

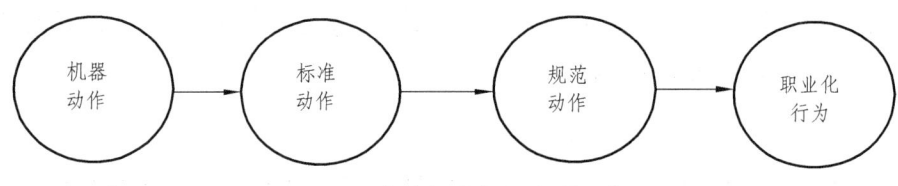

图1-3 人的标准化经历过程②

传统人事管理的一个缺陷就在于，它只把人作为机器，忽略人的能动性和潜能开发，注重人的能动性使人事管理转变为人力资源管理。但从行为标准角度出发，将人作为机器管理或许是一个训练的历程。这一点对于没有大规模经历工业革命的中国具有较强的指导价值。

2. 人力资源管理阶段（20世纪30年代至70年代）

主要代表人物有马斯洛及其"人类需求层次论"、赫茨伯格及其"激励因素-保健因素理论"、麦格雷戈及其"x理论-y理论"、大内及其"z理论"等。

在人力资源管理阶段，人们首先批判了传统的"经济人"人性假设，提出"社会人假设"和"自我实现人假设"，将人视为一种重要的资源，其需求具有层次性，因此将开发和激励作为人力资源管理的重点。在此基础上，人们强调了非正式组织和劳资合作对于提升人力资源管理绩效的重要性。

---

① 王锐添：《人事管理与组织行为》（修订本），商务印书馆1993年版。
② 唐志红、肖丕楚、韩文丽：《能本管理实用图解手册》，中国工人出版社2006年版，第14页。

与传统人事管理单纯强调理性管理相比，人力资源管理更加注重其管理的社会性和心理性，用"人性管理"统率对人的理性管理，拓宽了人力资源管理思想的内涵，具有"以人为中心"的管理雏形，但它仍只停留在对人的行为、人的心理、人的观念等分析认识基础之上，希望通过软化人的行为，平和人的心理，让劳动力"资源"更充分地发挥出来。它忽略（至少是不提）劳动者的文化科学技术素质。同时，即使对于"理性人"和"社会人"的关系，任何偏向一方而"淡化"（其极端是否定）另一方，都同样会陷入片面与僵化，达不到真正有利于提升人力资源管理效率的目的。

3. 人力资本管理阶段（20世纪80年代以后）

20世纪80年代初，随着发达国家在70年代末从工业社会向信息社会（后工业社会）的转变，人力资源管理思想出现了一个新动向：一方面是上一阶段"以人为中心"的管理思想日趋成熟，另一方面是人力资本理论开始全面介入企业管理。这种思想产生的背景，一是企业文化理论的系统化，促使一个新的管理学派——文化管理学派诞生；二是20世纪50年代末期由 W. 舒尔茨创立的人力资本理论，越来越多地被人们所认识和接受；三是以计算技术、现代通信革命为代表的信息科学，使世界经济全球化进入了前所未有的时代，市场竞争日趋白热化，企业之间的竞争就是科学技术的竞争、人才的竞争；四是系统科学与管理学的结合，把人力资本经营战略放在整体企业发展战略和企业管理的核心，逐渐达成共识。所有这些变化，标志着初期的把人当作物的附属物进行的"人事管理"，经过从30年代到70年代大约50年的"人力资源管理"，最终被代之以知识经济为特征的"人力资本管理"时代。著名管理学家德鲁克，著名经济学家加里·贝克尔、罗默、卢卡斯等人，都为这个阶段的发展做出了重要的贡献。

人力资本管理强调人是一种资本要素，而且是组织生存和发展的第一资本，强调人的自我发展和自我能力的释放。在具体的管理过程中重视以人力资本为中心的无形资本的经营。

人力资本管理论者主张，人力资本营运是一个系统工程。它具有两大体系：一是把人力作为资本进行运作的体系，二是把人力资本作为生产要素进行管理的体系。两大体系下面又有相关的若干子系统，如组织结构系统、指挥控制系统、计划配置系统、技术开发系统、市场信息系统、评价与考核系统、培训教育系统、监督（会计与审计）系统、社会心理测试系统、人事管理系统等。各个系统之间相互联系、相互影响、相互作用，从而构成一个整合的人力资本营运体系。

人事管理、人力资源管理和人力资本管理对人的认识有所不同（见表1-1），但管理的基本都立足于人。

表 1-1　人事管理、人力资源管理及人力资本管理的区别

	人事管理	人力资源管理	人力资本管理
人力资源现状分析	·定员定编，依据当前生产状况决定人员配置 ·多为感性认识	·以经营战略为导向 ·对员工的构成进行理性分析（年龄、性别、学历、技能等）	·用货币来衡量、评价现有的人力资本的价值，更有比较性 ·追求利润的最大化
员工招聘	·计划成分多 ·随意性大	·全面考核个人素质 ·只挑最好的	·以投资回报率的预测为基础决定取舍 ·只买对的，不买贵的
员工培训	·以解决现在问题为目标的一种活动 ·多为技能培训	·以文化和谐，素质提升为导向 ·培训内容广泛 ·制度化，规范化	·以可预期的未来收益为导向 ·选择收益最大的培训方案
员工考核	·为内部价值分配进行的员工排序 ·多为单纯的业绩评价或论资排辈 ·缺乏明确、统一的考核标准	·关注员工的未来表现 ·具有公正、明确、统一的考核标准	·用科学的方法对员工价值链进行评估，并不断指导员工进步
员工激励	·对已发生的行为奖惩 ·由于考核结果的不公正，导致激励效果不明显 ·多年一贯制，激励缺乏层次	·以公正的考核结果为依据 ·以员工的需求结构为导向 ·激励效果明显增强	·将员工的知识、技能、经理、态度、企业家精神等价值量化，通过职工持股计划，形成内在激励
员工使用	·"拉郎配"	·责以能授，职以需设 ·人适合于岗位，岗位适合于人	·以预期收益决定岗位的设定和人员调配

四、人力资源管理的 3P 模式——选人、育人和用人

1. 3P 模式的基本内容

从传统的人事管理到现代人力资本管理不是一个简单的文字游戏。实践中，许多单位更改部门名称或日常的称呼，其实质仍然是从事传统的人事管理，但工作本身并没有发生实质性改变。

现代人力资源管理重视人的开发和利用，重视适人适岗，一个组织具体的人力资源管理工作可以用 3P 来概括。

3P 即选人（pick）、育人（professional）和用人（placement）（见图 1-4）：选人要依据组织的性质、面临的任务和传统而提出组织自身的用人标准，并从社会招聘或内部现

有员工中选出适宜的人员；育人是要把选出的人从一个一般意义上的劳动力变成组织生产经营活动所需要的人，在知识经济时代人力资本折旧速度加快，员工通过不断的学习实现自身能力的保值增值，满足组织当前以及未来参与市场竞争或服务的需要；用人则提出要按照组织参与可持续竞争的需要，根据人员的能力，寻求企业、员工与竞争的最佳结合，实现企业人力资本的保值增值。可以认定，正确地使用正确的人以实现企业的目标是企业人力资源管理活动的归属，因为资本只有使用才能带来效益。

3P成功运行的关键是识别人。

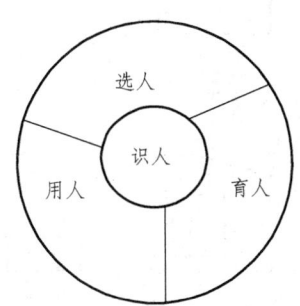

图1-4　人力资源3P管理与模式

"借我一双慧眼吧，让我把这一切看得清清楚楚，明明白白，真真切切"，人力资源管理者必须具备火眼金睛，通过各种途径识别人才，这是组织人力资源管理的基础。

2. 3P与人力资源价值链条

3P模式的提出基于价值链思想：人力资源管理是一项系统性的工作，选人、育人、用人是其中三项基本的工作，是人力资源管理价值链的关键环节；从工作流程的角度考察，选人、育人和用人是人力资源管理工作流程的传递；人力资本经营是现代企业经营的重要内容，而选人和育人是人力资本经营重要的投入项目，而用人后产生的绩效则构成了人力资本经营的产出。现代人力资源管理思想认为，任何一个组织都必须将自身的发展与员工的发展相结合，重视将员工的职业生涯管理与组织的发展以及人力资源管理活动相联系，人力资本经营活动要促进员工职业生涯规划的实现，培育员工与组织之间的忠诚度。

从组织人力资源管理活动的开展来看，选人、育人、用人是一个自然存在反馈的流程。对于一个新员工，经过招聘进入组织，经过新员工培训，具备从事组织某一岗位工作的实际技能，而根据培训的结果和组织的要求将该员工配置到合适的岗位上就构成了人力资源管理的一般流程。人员使用中表现的绩效与组织要求之间的距离决定了下一步的人员使用计划或培训计划。因此，我们要求依据用人的结果来对选人、育人成效进行评价。

3. 基于3P的人力资源管理体系

以3P为基准，我们认为现代人力资源管理是以岗位任职资格为基准，以人力资源所具有的能力及能力发挥为中心任务，以人力资源规划为前提，以工作分析和绩效考核为基础，以 3P 为线索的管理系统，见图 1-5。

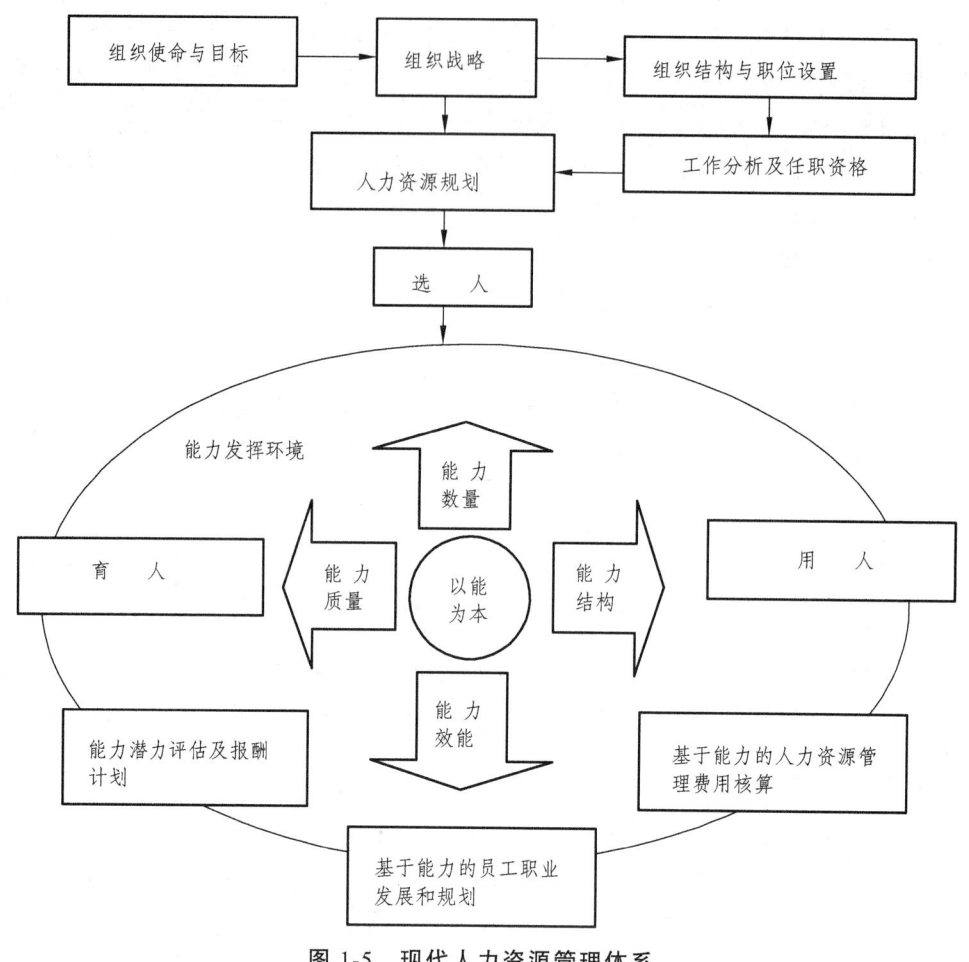

图 1-5 现代人力资源管理体系

现代人力资源管理的重心落在了促使人的能力发挥方面，因为只有行为才能带来真正的绩效。

第二节 公共部门及公共部门人力资源管理的基本概念

一、公共部门的内涵

从宏观角度看，我们可以将整个社会部门分为三大部门：政府组织、工商企业以及介于政府组织和工商企业之间的部门（公共企业或公益企业）。

经济学家希克斯认为：公共部门是指这样一种提供服务和产品的部门，其所提供服务和产品的范围与种类不是由消费者直接愿望决定的，而是由政府机构决定的，在民主社会，是由公民的代表来决定的。[①]该定义揭示出公共部门是以命令为基础的——具有相当的强制性，而市场则是自愿行为。孙伯瑛等人则明确指出，公共部门是相对于私营部门的一种重要组织形态。[②]葛玉辉等人为了适应公管管理范围日益拓展的趋势，将公共部门具体划分为政府部门、事业单位、公共企业和民间组织四类。公共部门是以公共权力为基础的。这种公共权力产生于社会，凌驾于社会之上，具有明显的强制性。

第二次世界大战之后，政府由传统的"守夜人"和社会生活的仲裁者，直接进入社会生活各个方面，政府直接投资教育，提升公民受教育程度，兴办企业提供公共物品，授权或委托其他社会组织，分担一部分社会事务管理责任，公共部门的范畴也就扩大了。公共部门不仅包括国家政权组织，管理社会公共事业的行政组织，还包括由政府直接投资，在所有制形式上属于国有的国有企业、科研院所、公立学校、公立医院以及得到政府行政授权的其他机构。[③]

随着社会的发展，大量的私营非盈利组织涌现，丰富了公共部门的认识。一些学者提出了第三部门的概念。约翰霍普金斯大学专家关于"第三部门"的定义是指不同于政府和市场组织的非营利、志愿、非政府组织。"第三部门"具有五个特征：① 组织性，即一定程度的机构化；② 私人性，即与政府部门分开、不执行政府权责；③ 非盈利性，即使有盈利也用于该组织的目的；④ 自我管治，即具有内部管治程序来控制其自身活动并享受有意义的自主；⑤ 志愿性，即有意义地志愿参与组织的实际运作、活动或管理组织的事务。

由于第三部门的服务性质带有很大程度的公共性，我们也将其纳入公共部门进行考察。因此，从广义的角度考察，公共部门主要是指以谋取社会公共利益为目的，依托公共权力或相关的法律，管理或参与社会公共事务，包括政府、科研院所、医院以及大量的弥补市场失灵和政府失灵的第三部门（NGO/NPO，非政府、非盈利组织，简称 NGO）。以政府为主体的传统公共部门是主体，本书所研究的公共部门人力资源管理主要是传统的公共部门。

二、公共部门人力资源管理的内涵

（一）公共部门人力资源管理的定义

公共部门人力资源管理有宏观管理及微观管理两个层面。从宏观上看，公共部门人力资源管理是指为了保证整个公共组织系统的有效运行，实现工作性质与人力资源整体结构的相互动态匹配，所进行的人力资源供需预测、规划，拟订人力资源管理的基本制度、政策以及相应管理标准，实现公共部门的社会服务职能。从微观上看，公共部门人力资源管理就是某个具体的公共行政组织为了履行其公共管理职能，实现公共利益，而依据国家相

---
① 腾玉成、俞宪忠：《公共部门人力资源管理》，中国人民大学出版社2003年版，第10页。
② 孙伯瑛、祁光华：《公共部门人力资源管理》，中国人民大学出版社1999年版，第5页。
③ 腾玉成、俞宪忠：《公共部门人力资源管理》，中国人民大学出版社2003年版，第11页。

关法律规定对其所属的人力资源进行规划、录用、培训、调配、保障等管理活动和过程的总和。

公共部门以提升社会总体福利为工作目标，不具有盈利性，国家拟订了包括《公务员法》等特殊的法律法规予以约束。

（二）公共部门人力资源管理的特殊性

1. 利益取向的公共性

公共部门具有公共性。公共部门是以具有强制性的公共权力为基础的，不以市场取向或利润、盈利为存在的目的，行为体现社会公平性，其目标是谋取社会的公共利益，对社会与公众负责而不偏袒于某个政党或集团的独特利益。如考虑个人所得税的计税基准及相应税率时，必须从公众利益出发，而不能以自己少缴为出发点。公共部门的人力资源管理必须以公共利益最大化为其基本价值取向。

2. 管理行为的政治性

公共部门职能的发挥是以具有的社会权利为基础的，政府是使用公共社会权力的绝对主体力量，因此公共部门的人力资源管理行为具有显著的政治性色彩，而不仅仅是一项纯粹的技术性人力资源管理工作。公共部门人员的行为在很大程度上就是公共权力等政治资源分配和调整下的结果，其本身也就是一种政治行为。

当然，不同的政治体制和公共部门人力资源管理制度下，政治性的要求是不同的。对于众多的西方民主国家，政府的运作会受到议会、民意代表的批评与监督，每次选举和政治官员的改组都将改变相关运作，明显受到政治因素的影响。在中国，坚持中国共产党的领导是每一个公务人员必须坚持的基本原则，其行为的政治性特征更加突出。

3. 绩效评估的非量化

公共部门不以盈利为目的，其相应的工作绩效就难以如同企业通过利润、成本费用率、销售收入、产品合格率、劳动生产率等进行评估，如何定义其工作绩效好坏是公共部门人力资源管理的一大难点，也成为近年来我国公共部门人力资源管理所需要解决的重要课题。

三、公共部门人力资源管理的产生及发展

漫长而又短暂的历史，公共部门人力资源管理应历史而产生，应历史的变迁而发展完善。

（一）中国公共部门人力资源管理的历史沿革

从第一个奴隶制国家夏建立至中华民国时期，依照官制变动的主线，中国公共部门人力资源管理大致经历了四个阶段，即夏启至先秦的萌芽阶段、从秦朝开始至南北朝的

定型阶段、隋唐至清末的成熟阶段、辛亥革命之后的国民政府时期的从传统向现代的过渡阶段。①

官制主要包括选拔官员的机制和官员的考核机制。

1. 萌芽阶段：夏启至先秦

在这个阶段，伴随着国家政权的产生，与之相对应的公共部门人力资源管理体系有了基本的雏形。

夏推翻了民主推举制，首创王位世袭制。周成王初，在宗法制基础之上实行了以分封制为核心的组织建设，以血缘亲疏为纽带的等级分封制成为西周调整中央与地方关系的准则之一。世卿世禄、父子继承和宗法血缘分封为特征的世袭国家人事体制成为这一阶段公共部门人力资源管理的主要内容。

教育体制作为国家官员的后备，从最初的"政教合一""学在官府"，到孔子兴办私学，以从政为官为主要目的的教育体系为中国古代政府的人才选拔提供了基础。

2. 定型阶段：秦朝开始至南北朝

中央集权政治制度逐渐定型，与之相匹配的官员选拔制度也逐渐定型。

秦朝以考试法选拔低级官吏，以保举连座法、征召法和纳财拜爵法，同时也保留了有条件限制的世袭制产生任职官吏。秦朝颁行"五善五失"的官吏考核标准：吏有五善，一曰忠信敬上，二曰清廉毋谤，三曰举事审当，四曰喜为善行，五曰恭敬多让，五着毕至，必有大赏；吏有五失，一曰夸以迣，二曰贵以大，三曰擅折割，四曰犯上弗知害，五曰贱士而贵货贝。②汉代以察举和征辟为主要的人才选拔途径，以考课和每年年终考课地方主官政绩的"上计"制度构成对在任官员的考核机制。魏晋南北朝时期实行"九品中正制"，主要以家世、状、品级为选官标准，在全国各州、郡、县设大小中正官。

3. 成熟阶段：隋唐至清末

隋文帝创立科举制标志中国古代公共部门人力资源管理进入成熟时期。

创立于公元587年，直至清光绪31年（公元1905年）被废除的科举制是中国古代对世界文明的一大贡献。科举制通过考试取人，机会均等，在一定程度上打破了门第、年龄、地域和民族的界限，扩大了选官的范围，为社会各界人士提供了进入公共部门的机会，在等级制度异常森严的古代，这一制度的进步意义远超过其弊端。

唐朝在完善既有制度基础之上，对职官的管理实行了亲属回避和地籍回避，通过"四善"和"二十七最"对官员进行考核。宋朝推行"分化事权"以便相互牵制。明朝则在前朝的基础之上，对官员实行监察苛严，酷刑治吏，开创了"进士观政"和"监生历事"制度。

---

① 陈昌文：《公共部门人力资源开发与管理》，四川人民出版社2000年版，第26页。
② 《云梦秦简释文·一·为吏之道》，载《文物》1976年6期，转引自陈昌文：《公共部门人力资源开发与管理》，四川人民出版社2000年版，第31页。

通观中国古代的人事制度，我们可以看到，比较完整的人才选拔制度、考核与监察并重，实施"公开办公"，这些都是有利的一面。当然，古代的人事制度在选拔官员时更加注重政权的稳固，重视考核人员的效忠程度，重视政治而不重视科技专业人才，这些都是严重的缺陷。1911年清王朝开始改制，标志中国古代官吏制度的结束和中国公共部门人力资源管理转型的到来。

（二）西方国家公共部门人力资源管理制度的演进

从古代民主共和制到现代文官制度，西方国家公共部门的人力资源管理经历了从民主到专制再到民主的轮回。

古希腊的民主政体和古罗马的贵族共和制以民主为主旨，将国家政治理解为大多数人的公共事务，公民都有机会参与公共部门的管理。欧洲18世纪"朕即国家"的专制政治时代产生了所谓的官僚型人事行政制度，选拔官员以君主主观好恶为转移，以君主是否信任为关键。西方民权革命大风潮运动掀起之后，民主自由的政制逐渐建立，开始了选举制度，民主政治走向了政党政治。1828年，亚当斯当选美国总统之后"分配者属于选举之胜利者"的言论，推动西方公共部门的人力资源管理制度进入了分赃制度阶段（也称为分肥制）。该制度的运行暴露了许多问题。1855年英国、1883年美国先后成立职司考选的独立的官治委员会，建立了考任制，法律界定政务官和事务官范围，这两大事件标志西方进入了文官时代。

20世纪以后，公务员制度的产生推动了公共部门人力资源管理制度从政治性的控制转变为行政性的建设，人力资源管理的各种理论在公共部门人力资源管理中得到了全方位的应用。

1978年，美国卡特政府通过的《公务员制度改革法》是西方公共部门人力资源管理制度建设的重要里程碑。该改革确立了功绩制的原则，强调公务员必须以能力、知识和技术决定录用和晋升，强调公务员工作中的道德素质和品质，强调建立与公务员体制相对应的培训制度，以提升公务人员的综合素质。

第三节 公共部门人力资源管理框架

一、公共部门人力资源管理的环境

其任何管理活动本身也就是环境之一，环境与管理活动之间形成交互作用。美国管理学教授理查德·L.达夫特在分析组织环境时指出："组织环境可以定义为存在于组织边界之外的并对组织具有潜在的或部分的影响的所有因素。"[1]

公共部门人力资源管理的产生和发展始终与其环境密切相关。按照孙柏瑛、祁光华的

---

[1] 理查德·L.达夫特：《组织理论与设计精要》，机械工业出版社1999年版，第38~39页。

观点：所谓公共部门人力资源管理的环境，是指直接或间接地影响或作用于公共部门人力资源管理系统及其活动的各种要素的总和。依据环境因素对公共部门人力资源管理系统及其活动的关联程度，将环境划分为一般环境和交互环境。[①]其中，一般环境包括文化环境、教育与人口环境、技术环境和社会环境，是能够影响一切人力资源管理活动的共同因素。交互环境包括绘制制度与行政体制、行政发展改革与政府组织目标、组织文化与组织气候等，是直接影响和作用于公共部门人力资源管理系统与活动的各种要素的总和。

我们认为，对象处于环境之中，并与环境始终保持能量交换，所以公共部门人力资源管理活动的环境是指一切影响公共部门人力资源管理活动的因素，包括其管理活动自身。一般地，公共部门人力资源管理环境因素包括外部环境和内部环境。

（一）外部环境

外部环境指公共部门以外影响公共部门人力资源管理活动的环境因素，主要包括人口教育环境、文化环境、技术经济环境以及国际国内社会环境等四大因素。

1. 人口教育环境

人口教育环境包括一个国家或地区劳动力供给的数量、质量、性别、年龄、结构、地区分布、受教育程度、教育专业化水平等因素，这些因素直接影响公共部门人力资源供应的数量、质量以及时间。如人口多少直接形成公共部门人力资源供给基础，而教育制度的完善以及专业化程度关系到公共部门能否获得其所需要的各种合格人员的程度。

2. 文化环境

文化环境即一个国家的社会历史背景、意识形态、价值观念和社会准则等，以及由此产生的社会人际关系、交往方式、行为理念等。人力资源本身就具有社会文化属性，文化环境将影响到公共部门人力资源管理模式的选择以及具体的管理行为。

3. 技术经济环境

技术经济环境指一个国家的经济制度、所有制形式、经济发展水平以及技术手段应用程度、科学技术发展水平等。技术经济环境构成了公共部门人力资源管理的物质基础和可行的技术手段。

4. 国际国内社会环境

国际国内社会环境指国家的社会结构、社会制度、社会阶层的变化和发展，以及社会团体、社会组织、社会控制、贫富差距、社会变迁和社会管理水平等。社会环境决定了公共人力资源管理的德才标准和开发目标。从当今社会发展看，国际社会发展态势对一国国内的公共部门人力资源管理活动的影响日渐增加。因此，我们考察社会环境时必须考察国际国内社会环境的总体影响。

---

① 孙柏瑛、祁光华：《公共部门人力资源管理》，中国人民大学出版社1999年版，第13页。

（二）内部环境

内部环境指公共部门内部影响人力资源管理的因素，是直接影响和作用于公共部门人力资源管理活动的各种要素的总和，包括利害关系人、政治制度与行政体制、公共组织的目标与行政发展、行政法治环境、组织文化环境等。

1. 利害关系人

公共人力资源管理的形成与运作，基本上就是多元利害关系人（见表1-2）各种价值观综合作用产生的结果，利害关系的利益取向及相互作用直接影响公共部门人力资源管理的内容、政策、制度及运作。

一般地，公共部门人力资源管理的利害关系人包括雇佣双方（公共部门及公共部门的工作人员）、相关公众、其他企业团体。

表1-2 公共部门人力资源管理的利害关系人与其价值观取向

利害关系人	价值观取向
·公共部门管理者	·效率、效能、绩效、成本、公平、个人价值取向
·公共部门工作人员	·工作生活质量、个人抱负
·相关公众	·公共服务的质量及取得的代价
·其他企业团体	·竞争优势、效率、效能、收益

资料来源：依据吴琼恩等著的《公共人力资源管理》北京大学出版社2006年6月版第22页表2-1修改而成。

2. 政治制度与行政体制

政治制度包括国家政权组织的组织形式、政治体制、政治结构、政治权力集中或分散的程度、政治组织的性质、政党政治等。行政体制则包括行政权力的性质、部门领导的权力及权力制衡机制、行政权力的划分结构等。公共部门特别是政府部门本身就是政治系统的一个子系统，行政管理的一部分，与国家政治制度和行政体制的关系极为密切。一方面，公共部门人力资源管理的各种活动必须要有效地维护国家现有的政治体系与行政体系的稳固及运作，西方国家还要求公共部门的人力资源管理不受政治大选的影响；另一方面，政治体制决定了政府高级管理人员的产生及任用方式，决定了公共部门人力资源管理的体制及人事管理权的划分方式。

3. 公共组织的目标与行政发展

目标是所有管理行为的终点。公共组织目标的拟定和变化直接影响公共部门人员的行为方向及内容，决定了公共部门人力资源管理的内容。在公共组织适应社会发展不断调整自身的行政方式及内容的同时，公共部门人力资源管理的发展必然要适应现代公共组织发展的需要，其本身就构成了行政发展的内容。

4. 行政法治环境

行政法治环境即公共部门人力资源管理的相关立法、执法、守法、司法水平等。任何管理都必须遵循法律，因此，公共部门的选人、育人、用人等所有人力资源管理具体行为都必须以遵循法律作为基本要求，才能切实维护人力资源管理部门和被雇佣人员双方的合法权益，保障公共部门人力资源管理活动的有序进行。

5. 组织文化环境

组织文化是组织中所有成员共有的一整套价值观、信念、理解能力、思维方式和行为判断标准，是组织在其长期发展过程中，把组织内部全体成员结合在一起的行为方式、价值观念和道德规范。组织文化环境构成了公共部门成员的管理理念、态度、价值观、进取心，成员间的凝聚力、团队精神，以及成员对组织的归属感、承诺度等，决定了公共部门工作人员对各项管理措施及相关法律的态度及理解执行程度，进而影响到公共部门人力资源管理的效率和效果。

二、公共部门人力资源管理的价值观

价值观是公共部门人力资源管理开展的基石，不同的价值观将形成不同的公共部门人力资源管理的指导思想和评价。

1. 传统的价值观与影响

公共部门的人力资源管理存在于四个经常发生冲突的基本社会价值之中，大多数管理行为及政策目标就是试图在两个或更多的价值之间达成妥协。这四个价值为政治回应性、组织效率、个人权利和社会公平。

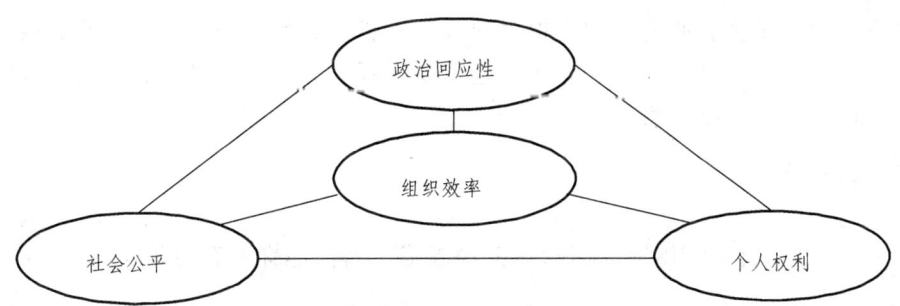

图1-6 公共部门人力资源管理的传统价值

政治回应性认定，政府能够积极地回应并回答通过民选官员表达出来的公民意志。政治忠诚度也是公务员应征或任用的重要资格之一。

组织效率体现了管理的基本准则，公共部门的人力资源管理必须反映出管理过程中资源投入与产出之比率力图达到最大化的期望。西方公共部门人力资源管理的功绩制就通过雇员的知识、技能和能力（knowledge, skills and abilities, KSAs），而不是政治忠诚度或其他非工作才能的标准，以此体现出对管理效率的追求。因为一般的管理常识告诉我们，任用最有能力的人来担任公职，理应获得好的工作效率和效能。需要指出的是，这里所说的能力是从公职岗位的要求出发进行的界定而不是一般意义上从人自身出发所进行的界定。

个人权利强调公共部门的人力资源在工作中将获得工作安全保障以及任何行政处分与对待皆必须符合正当程序两项个人权利,以此避免政府官员对公民个人不公正行为的侵害。

社会公平价值认为:公民个人基于先前的牺牲(如退伍军人)和社会歧视(如女性、少数民族、身心障碍人士等)等原因,应该尽可能使其与其他公民一般获得公平的担任公职机会。美国政府"经济保障弱势行动"就是社会公平性价值的体现。

从公共部门人力资源管理角度,我们可以根据某一活动是否实现了四个相互竞争价值的某一个或两个价值,评价制度及相应政策的合理性。如对弱势群体的保护,一方面体现了公平的原则,另一方面却违背了效率原则。促进社会公平是我们的行为原则,而促进组织效率则是我们的追求。

2. 新近凸显的价值观及影响

20世纪80年代以后,现实国际政治、经济环境发生了巨大的改变,以不同的方式影响了作为公共部门人力资源的传统价值基础,个人责任、有限的和分权的政府、社区提供公共服务责任就成为新近凸现的公共部门人力资源管理价值观。

个人责任强调社会公民必须依照自己的目标,做出最适当的选择,也可以对自我选择的结果承担责任,而不是被动地推诿其责任,让社会来承担。德鲁克一直强调,对于管理者而言,责任远大于权利。

有限的权力与分权化的政府强调将中央政府的权力限制在保证个人言论、新闻、机会和隐私权等基本权利自由的界限上,强调公共部门的服务功能。这种价值的提出是社会公众对国家、政府,甚至对于公务员的不信任。

社区责任价值观主张政府机关所提供的公共服务,需要由非营利组织或非政府组织来增强或提供,充分发挥"在地精神"(问题发生在哪里,就由哪里解决)使社区成为公共政策和公共服务方案的提供者。

【阅读材料】

白宫离职潮有人离别伤感掉眼泪,有人心怀不满搞破坏

俗话说,"铁打的营盘流水的兵"。随着特朗普1月20日入主白宫,"铁打的营盘"——白宫,送走了一批老员工,迎来一批新人,整座楼弥漫着一股依依惜别的伤感情绪。

"带着家人、穿着正装,他们在椭圆办公室附近排起长队,静候与奥巴马总统进行最后的话别"——美联社18日的报道描绘出近一周白宫内的真实场景。随着大批员工选择告别白宫工作岗位,大家忙着打包装箱,把咖啡机、照片框等个人物品收走,同时要按照交接清单的要求交还所有公用办公物品,包括白宫出入证、保密手机、办公电脑等。媒体披露,本周四晚,离职员工必须清空个人所有物品,为即将进驻的特朗普团队腾空办公室。

一朝挥别多年辛勤奋斗的工作岗位,难免令一些白宫员工五味杂陈。照美联社的说法,这次白宫主人更迭对员工而言,除了难舍之情,更平添不少伤感,因为不少员工并不认可特朗普的政策表态。过去3年一直在白宫经济委员会工作的罗文泰尔对媒体表示:"一想

到新来的一拨人，会彻底颠覆掉我们为之奋斗到最后一刻的那些东西，心里就特别难受。"

白宫发言人欧内斯特显得尤其伤感。17日，他最后一次出现在新闻发布室时，不少白宫职员的脸上都挂着泪花。一些前员工也专程返回白宫，观看欧内斯特同白宫记者团的最后一次"交锋"。欧内斯特感慨表示："我会怀念这里……看到别人站在我的位置，着实得花点时间去适应……"有媒体称，特朗普团队已透露要改变白宫新闻发布会的"画风"，甚至不排除特朗普通过推特直接跟民众互动，而不让媒体记者当消息的"二道贩子"。所以，今后还有没有白宫新闻发言人这个岗位都不好说了。

一小部分出了大学校园就开始追随奥巴马的雇员，迎来职业生涯中的"首次失业"。白宫网络战略办公室工作人员克莱·杜马称："这是我唯一了解的工作环境。"2008年起，他就开始效力于奥巴马的竞选活动，之后成为白宫实习生，得到正式聘用。他希望自己的下一份工作将成为白宫职业生涯的延续，但目前尚未找到理想工作。

美国哥伦比亚广播公司（CBS）称，对于手下员工的去向，奥巴马十分关心，甚至邀请网络平台和企业代表为他们提供"就业指导"。距白宫不远的华盛顿乔治城大学还专门设计了一个名为"未来44"的就业发展项目，专门帮助奥巴马手下的工作人员规划"后白宫时代"的职业生涯。美国有线电视新闻网（CNN）称，就在17日，奥巴马还亲自为一批老员工"谋出路"。其中，奥巴马的高级顾问瓦莱丽·贾勒特被安置到肯尼迪表演艺术中心的董事会，国家安全顾问罗兹被派到美国大屠杀纪念博物馆理事会任职。还有一些员工也早已在纽约和旧金山等大城市找到了对口的工作。

当然，也有一些员工不急于找工作，认为离开白宫是"如释重负"。有人表示，离职后终于可以不必设置闹钟，有时间看看书，一觉睡上10小时；还有人准备回老家探望阔别多年的亲戚朋友或者到国外休长假。奥巴马前顾问迈克·威尔表示，为总统效力意味着极大的工作压力，自己经常疲劳到"拿着眼镜找眼镜"。

另据美国《纽约时报》报道，白宫交接之时，难免会有一些离任者心怀不满，给继任者留下点"纪念品"。比如在克林顿和小布什政府交接时，白宫就出现了大量破坏痕迹，还有一些物品失窃。国会调查人员称，白宫一些办公室的抽屉被胶水黏合，电话语音信箱充斥着侮辱新总统的言辞，男厕所的墙壁也遭涂鸦。据估算，这一系列破坏给白宫至少造成了1.4万美元的经济损失。

美国广播公司披露的2014年白宫员工数据显示，白宫雇员共有457人。其中，最高级别职员为总统助手，次级职员为总统副助手，接下来还有不同级别的雇员。总统助手年薪在17万美元以上，比如白宫发言人欧内斯特2016年年薪达176 461美元。总统副助手年薪通常有十五六万美元，如协调联系参议院工作的保内2016年年薪为16万美元多。不过，这些高级员工在白宫占比并不高，大多数还是各级普通雇员。数据显示，白宫差旅办公室负责人的年薪约为7.8万美元，许多初级雇员的年薪只有四五万美元。值得注意的是，华盛顿生活成本比全美平均水平高22%，全美平均年收入约为2.8万美元，华盛顿地区的平均年收入约为4.5万美元。

（《环球时报》2017年1月20日，特约记者 刘晧然 甄翔）

三、公共部门人力资源管理的基本内容

美国人力资源管理协会确定了人力资源管理六大基本领域：人力资源规划、甄补和选用，人力资源发展，报偿与福利，安全与健康，员工与劳工关系，人力资源研究。我们前面界定的 3P 模式则明确了组织人力资源管理主要就是选人、育人和用人，一切的职能都是为了有效地推动 3P 的有效运行。这里我们仍然以 3P 模式为基准，讨论公共部门人力资源管理的基本内容。

1. 选　人

人力资源管理中有"5 个恰当"的提法，即：恰当的时间、恰当的地点、恰当的方法、恰当的人、恰当的目标。选人是实现 5 个恰当的基本手段。

公共部门人力资源管理中的选人见图 1-7。

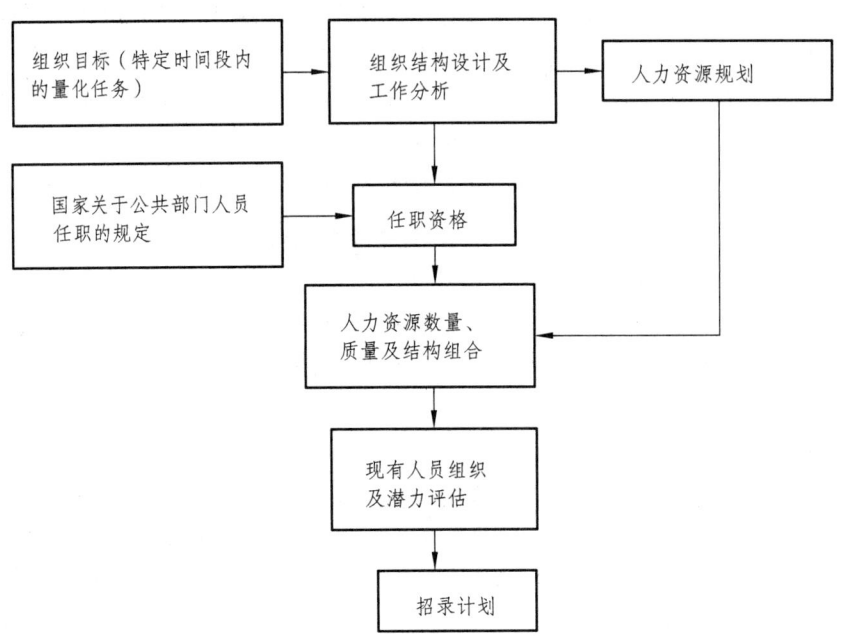

图 1-7　公共部门人力资源管理中的选人

任何管理都是时间、任务、资源及相应的资源组合手段的结合。要做好选人，就需要从组织的目标入手，界定基本任职资格。

要选好人，首先就必须做好人力资源规划。相对于企业的发展而言，公共部门人力资源规划的可预测性、可操作性更强，且具有相当的稳定性。依据组织结构设计和人力资源规划的相关内容，确认每一个岗位基本的任职资格，即用人的标准，此为公共部门人员选聘的基本条件。在此基础之上，进一步核算组织现有的人力资源及未来潜力，结合市场供需，确认组织的选人计划及实施方案。

选人涉及人力资源管理中的规划、工作岗位设计和分析、招聘等相关具体环节。需要提醒的是，实现拟定好用人的标准是选人的前提条件。公共部门由于其性质具有相当多的

公共性质，对人力资源就存在一些具体的要求，国家通过法律法规予以明确。

2. 育　人

育人即培训，是公共部门人力资源管理的一项重要工作，将一个一般意义上的人力资源转化为组织某一岗位上的人员，实现人事匹配和人与组织的融合。

育人与选人相结合的重要环节是选出一个具有培训价值的人，也就是具有培养潜力的人。依据组织的目标，一方面选到岗即用的人，另一方面选择具有培训价值的人。育人的前提是育人成本，这是我们可以承受的。作为公共部门的育人而言，一方面是为了有效地保障现有人员动态地胜任组织岗位的能力，另一方面还是相关法律法规所限定的。

如图 1-8 所示，育人的依据一是公共部门的人力资源规划（包括员工个人职业生涯）；二是组织绩效考核所体现出的不胜任性（现在不胜任和将来不胜任）；三是岗位任职资格。

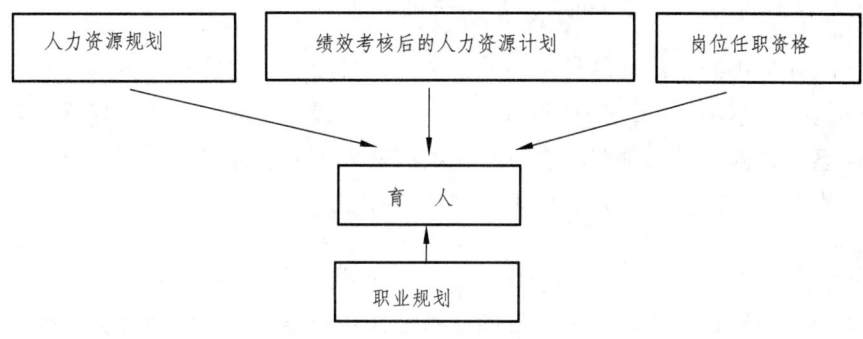

图 1-8　人力资源管理的育人

在制订和实施育人计划时，需要首先考虑一个问题，即是通过育人提高现有人员的素质还是从外部招人更符合经济原则。相对于企业而言，公共部门的育人更加重视对被培训对象的个人人格（特别是公德心）、政治性等方面进行培训。

具体地讲，育人涉及组织的绩效评估、培训、人力资源费用预算及核算、人力资源绩效考核结果等环节。

3. 用　人

资源只有使用才能带来效用，用好人是公共部门人力资源管理的战略环节。人力资源管理中有一句俗话：没有无用之人，只有没有用好的人。

从人力资源管理的定义看，实现人尽其才，事得其人是人力资源管理用人需要遵循的基本原则。用好人的好，一方面是作为人的形容词，说明人是一个"好人"；另一方面则是作为用的状态词，说明将人用好。因此，用人就涉及两个问题，即什么人是好人以及判断人用好的标志是什么（见图 1-9）。

图 1-9 人力资源管理中的用人

在用人的环节上判断人是否是好人,首先是看此人能力(动态)与岗位要求之间的匹配度,再考察此人与其他相关岗位现有人员的合作度,最后再考察此人是否有意愿在此岗位上尽心工作。

在用人的过程中考察我们是否是将人用好的首要判断标准是,看是否达到了我们事先设定的用人目标,其次是考察团队乃至组织的绩效是否因此而得到保障或提升,最后考察是否充分挖掘了此人现有的能力并开发出其潜力。

将人用好,涉及人力资源管理中的激励管理、团队管理、薪酬福利等。

四、公共部门人力资源管理的任务

1. 建立符合社会主义市场经济要求的新型管理体制

整个中国社会正处在从计划经济向社会主义市场经济全面转轨、转型的发展阶段,这就为公共部门的改革和发展,公共部门的建立及运行提出了新的要求。建立符合社会主义市场经济体系、有助于公共部门社会公共职能有效发挥的公共部门人力资源开发与管理机制,就成为当前公共部门人力资源管理的首要任务。

2. 创造一个良好的用人环境

管理学大师哈罗德·孔茨认为:管理就是设计和保持一个良好的环境,使人在群体里高效率地工作,完成既定目标。公共部门的管理者首先就应该在创造环境方面下功夫,良好的环境使人心情愉悦,并能够发挥能动性,自觉以维护社会大众利益为行为的基本出发点。良好的环境可以激发人的潜能,推动人才的成长,而恶劣的环境将压制人才的积极性,甚至扼杀人的创造性和成长。

3. 建立一套科学的公共人力资源管理方法及管理手段

人力资源管理是一门科学。长期以来,我们对人的管理及考核多为定性,更多是沿用传统的经验式管理方法,在管理以人为本和管理需要定量的指导下,我们需要大量引进现代人力资源管理的方法,包括心理测评、绩效考核以及拓展训练等,使公共部门人力资源管理更为科学和现代化。

4. 强化公共部门人力资源管理的法制化建设

依法治国是现代社会的基本治国原则和行为准则。强化公共部门人力资源管理的法制化就是为了规范政府的人事行政管理行为,坚持公开、公平、公正的原则,推动公共服务职能的实现。我国公务员立法及实施就是这一管理原则的体现。

五、公共部门人力资源管理的目标

舒勒和胡博认为，人力资源管理活动直接影响组织目标的实现，有效的人力资源管理目标应该是和组织目标相一致的，是为组织目标服务的。他们将这一和组织目标相一致的人力资源管理目标分为三个层次，即直接目标、具体目标和最终目标。直接目标是通过人力资源管理活动来吸引员工、留住员工、激励员工和再培训员工；具体目标是提高员工生产率、改善工作质量、遵从法律的要求、获取竞争优势、增强员工的灵活性；最终目标是通过组织中有效的人力资源管理活动来维持组织的生存、促进组织的发展和实际利润的增长、提高组织的核心竞争力和适应外部环境不断变化环境的灵活性。①

与一般组织人力资源管理目标不同的是，公共部门是以社会公众的利益为基本导向，各个部门之间不是竞争关系，而是协调、分工、合作关系。因此，公共部门人力资源管理的目标就是紧紧围绕政府等公共部门的社会管理和社会服务等公共管理目标，配套设计包括竞争机制、保障机制、激励机制、更新机制和监控机制在内的一整套公务人员管理规则或制度化措施，提升公共部门人力资源管理的效率及水平，促进公共部门雇员职业的发展，并最终促进社会经济福利总水平的提升。从本质上看，公共部门人力资源管理的目标就是建立起与公共部门性质相吻合的内部人力资源运行机制，以充分发挥公共部门人力资源的能力最终提升公共服务水平。有效的运行机制包括竞争机制、安全性保障机制、激励机制、更新机制和监控机制。

竞争是市场经济的基本特征。积极采用市场化手段，从劳动力市场获取公共部门发展所需要的人力资源，并始终保持公共部门人力资源活力，就必须将竞争机制引入公共部门，包括公开考试、择优录用、功绩晋升、人才流动等，这是现代经济有效运行的基本要求。

安全性保障机制是公共部门人力资源高效管理的基本保障。一方面，我们需要引入市场竞争机制，打破铁饭碗，实现人才的优胜劣汰和合理流动；另一方面，依据公共部门工作性质，保障公共部门人力资源队伍的稳定性、连续性，在吸引优秀人才的同时能够留住人才，并激励人才更好地发挥其作用，包括职业身份保障、政治权利保障、经济权利保障等法定权利的保障机制建设也就成为公共部门人力资源管理重要的制度建设目标。

与人力资源特性相匹配的激励机制是发挥公共部门所拥有的人力资源的能力效力的配套措施，且是正面的推力机制，主要包括职务升降、在职培训、薪酬福利等。公共部门与企业不同，本身不产生利润，绩效评价以大众福利提升为标准，在基本的薪酬福利体系下，更多考虑与公共部门性质相匹配的非物质性激励机制将是公共部门人力资源管理运行机制的重要内容。

更新机制是公共部门人力资源管理满足人力资源动态性特性的必需。其主要包含两层含义：一是公共部门工作人员的正常新老交替，以保持公共部门人力资源队伍的稳定性以

---

① 赵曙明：《企业人力资源管理与开发国际比较研究》，人民出版社 1999 年版，第 21 页。

及合理的年龄结构体系；二是在知识更新速度加快的大背景下，依据适才适用发展原则和职业生涯发展的条件，依据公共部门人力资源培训以及相关的法规，实施的公共部门有关人员职位交流配置的人才流动。更新机制主要包括离退休、任职回避、交流调配、教育培训等。

监控机制是推动公共部门人力资源管理公共利益导向的基本保障。公共部门人力资源效力的发挥多以其所拥有的公共权力为基准，而权力最大的危险就是权力腐败或失控，有效的监控机制将使公共部门的人力资源依法行政，以社会大众的利益作为其自身行为处事的基本立足点，依法行政。公共部门人力资源管理的监控机制包括行政惩戒、相关纪律及规章等。

【案例思考】

江苏13个省辖市党政一把手全部异地任职

江苏13个省辖市市委换届上月底圆满结束，选出了149名新一届市委领导班子成员。记者昨获悉，换届后，13个市的党政正职及纪委书记、组织部长，全部实现了异地任职，组织部长任满5年和在同一岗位任职满10年的党政班子成员全部进行换岗交流。

换届后，13个市26名党政正职平均年龄49.9岁，具有研究生学历的13人。13市新一届市委班子成员中，具有大学学历的57人，研究生学历67人，大学以上学历占83.2%；具有博士学位的8人。这些干部大都熟悉经济工作或党务、政法等工作，专业知识结构更为优化。具有研究生学历的更是占到了45%，高出上届近36个百分点。

江苏干部交流的范围大大拓宽。记者注意到，在新任的纪委书记、组织部长中，既有来自纪委、组织系统的，也有来自宣传、人事、群团等系统的；既有来自省级机关的，也有来自市县的。统计资料显示，换届后，组织部长任满5年和在同一岗位任职满10年的党政班子成员全部进行了换岗交流。

干部交流的形式也更趋多样。既有回避交流，也有任期交流；既有区域交流，也有上下交流；既有提拔交流，也有平职交流，并且平职交流成为主体。全省干部使用"一盘棋"，形成了活水长流的良好势头。

省委组织部有关人士介绍说，除了干部交流这一"亮点"外，13个省辖市的党政"一把手"及纪委书记、组织部长，全部实现了异地任职。新提拔进省辖市委领导班子的干部中，异地任职的更是占到了三分之二。

（资料来源：http://news.sina.com.cn/c/2006-10-08/103610180051s.shtml）

思考：
1. 干部异地任职有什么意义？
2. 高学历干部的增加对于中国公共部门人力资源管理有什么启示？

【本章小节】

　　从人力资源管理的基本概念入手，介绍了人力资源管理发展的里程及各个阶段的重点。在此基础之上，讨论了公共部门人力资源管理的内涵、特征、环境、内容以及目标。

【核心概念】

　　公共、管理、人力资源

【复习思考题】

1. 公共部门人力资源管理与企业人力资源管理有什么区别？
2. 影响公共部门人力资源管理的环境因素有哪些？

第二章　公共部门人力资源管理的理论基础

【引入案例】

电视连续剧《亮剑》的热播，使李云龙这一屏幕形象得到了广大观众的追捧，李云龙与赵刚之间的搭配也就成为领导班子配置的经典示范。

李云龙和赵刚的绝佳配合不是随便什么人都可以做到的。电视里李云龙先后配有几任政委，与赵刚的配合也是从抵触到最后的绝佳搭档。前面几任政委，要么是太过教条，要么是太过死板僵化，两者都与李云龙处不好。而赵刚，也在医院里深刻分析了两人的长短处。赵刚不适合做军事长官，不仅是因为缺乏军事知识和军事经验，也是因为思维方式不适合对付日本鬼子，而李云龙则善于分析敌我形势的变化，敢于挑战上级的指挥而依据战场的变化和凸显的战机触动出击，赵刚一方面站在公正无私的立场上，坚决贯彻执行上级命令和纪律，才能对李云龙有所约束，另一方面则敢于和李云龙一起承担领导的责任。电视中两人经常发生直面冲突，正是两人"相克"关系的表现，但从另一个方面说明二者搭配得很好。

性格迥异的二人组合产生了巨大的领导能量，从个体人到团队人，再到组织人、社会人，我们需要识别出个人的能力，需要识别出组织结构化人力资本的效能。科学配置人力资源，需要从其基本理论的认知出发。

探索公共部门人力资源管理原理，必须从管理基本理论出发，总结基于管理、基于人力资源的现代公共部门人力资源管理理论基石。

第一节　公共部门人力资源管理的基本理论

一、劳动价值论

"人生而具有追求幸福的权力"，这是近现代各民主国家立宪的人权基准，劳动则是通网幸福的大道。理论认为，劳动是人类财富唯一的源泉。

亚当·斯密认为，人们之所以劳动，是被劳动结果——幸福欲望所拉动的。不同国家的人，其劳动质量和效率不同，从而导致各国的财富差异巨大。斯密提出了"劳动效率递减律"，他认为，劳动效率依下列条件递减：① 劳动成果归己；② 享有部门劳动超过；

③ 按完成工作领取报酬；④ 按工作时间领取报酬；⑤ 奴隶劳动。[①]此定律的推导，便有了私有制是拉动效率最可靠的保障，市场调节是劳动资源的最佳方式的结论。要使劳动者自愿并热爱劳动，至少要让他获得劳动结果的幸福，进而劳动本身也就成为幸福。

劳动价值论的核心问题是商品价值的源泉问题。马克思正是在深入研究资本主义社会劳动和古典劳动价值论的基础上，依据对资本主义制度下劳动者付出大量劳动而最终贫穷的现象提出了著名的劳动异化论，提出了劳动二重性原理、商品二因素原理、价值形成和增殖原理、社会再生产原理、剩余价值生产和分割原理等，创立了剩余价值理论，不仅构筑了超越前人的政治经济学体系，而且为社会主义从空想走向科学奠定了基础，而劳动价值论也成为整个马克思主义经济学的基石。马克思一再明确指出，劳动（指抽象劳动）是创造商品价值的源泉和实体。马克思主义认为，劳动推动社会发展但劳动关系和上层建筑往往成为自主劳动、创造性高效率劳动的最大障碍，因此，"一切权力归人民"就成为必然逻辑。

两位政治家关注同一问题得出了相反的结论，但都毫无疑问地肯定了劳动的价值，并提出将能不能鼓励劳动，保护劳动自由，推动劳动的相关权利最大限度地归劳动者所有作为检验制度好坏的标准之一。

在新的历史条件下，劳动价值论有了新的发展。人们日渐认识到，创造价值的劳动作为一个整体，其内涵主要由科学技术劳动、经营管理劳动和熟练操作劳动三部分复杂劳动构成。不同层次的复杂劳动，在创造价值中各自发挥着不同的作用。在外延上，随着科技发展和生产分工的细化，间接生产劳动将会越来越多地从直接生产劳动中分离出来，它在生产劳动整体中的比重会越来越大。过去只把直接生产劳动看作价值源泉已不符合实际，现在应该明确：不论是直接劳动还是间接劳动（包括服务性劳动），都是劳动整体的重要组成部分。劳动对市场的依存度空前提高，需要重新认识市场对商品价值形成的作用。

劳动力市场的供给与需求在很大程度上决定了劳动力价值生成空间，公共部门只有依照社会对公共服务的需要展开人力资源组织并依照劳动力市场的供需使用人员，才能保障公共部门的有效运行。

二、公共权力论

所谓的公共权力，是指在公共事务管理的过程中，由政府官员及其相关部门掌握并行使的，用以处理公共事务、维护公共秩序、增进公共利益的权力。从本源上讲，公共权力来源于人民。公共权力的产生是为了维护社会公共秩序，增进社会公共利益。公共权力的运行过程实际上就是把权力的运行机制应用到经济、社会公共事务的管理之中，进而实现一定的经济、社会目标。拥有并能有效地运用公共权力是公共部门有效运转的前提条件。

公共权力的形成是人类为了自我利益而产生的一种妥协。每一个人都有相应的自我利益，不同的人之间产生自我利益冲突时就需要寻找一种有效保障社会有效运行和最大化群

---

① 陈昌文：《公共部门人力资源开发与管理》，四川人民出版社2000年版，第69~70页。

体人利益的机制,并将多数人的利益定义为公共利益,公共权力也就成为约束个人行为、推动社会公共利益最大化的一种保障措施。

公共资源是公共权力的物质基础,社会财富和自然资源是公共资源的基本组成部分,公共资源是公民社会不可分割的共同财富,是全社会私有资源总和的剩余物。全体公民让渡出来的公共资源需要按照公意(公民立法)委托专门的机构(公共部门)进行管理,公共机构中的职位就称为公职。公共权力论的核心观点是认为国家权力、政府权力、司法权力等不是某种特权或私权,而是社会的权力、人民的权力;行使这些权力的机关和人员不应是凌驾于社会之上、人民之上的官僚机器,它们必须是不谋私利、不以权营私的,是全心全意为人民服务的,本意就被称为公仆。

设立公共权力的初衷是旨在更好地实现公益和维护公民权利。公共权力的另一作用,就是为社会的正常发展创造内部与外部的条件和环境,成为正常有序的社会规律,为社会发展、经济发展提供公平自由的条件,创造有利于公民的生活环境。

公共权力的来源和基础是公共利益,公共利益具有公共性和最高权威性,公共权力部门(个人或机构)得到公众授权,代表公众行使公共权力,追求和实现公共利益。公民人人生而平等,个人权利神圣不可侵犯,这是现代政治的基本信念。因此,当公共利益与个人利益完全一致的时候,二者可以并行不悖,个人利益和权利将得到保护。但是,一旦公共利益和个人利益不相一致,甚至相互矛盾时,如果公职人员能有效地正当运用这些权力,就能保护、服务和促进公共利益;反之,公民权利就会受到代表公共利益的公共权力部门和个人的威胁和侵害,公职人员出于个人私利,违背公共权力意志,增加公共权力运行成本,破坏公共福利的提升和社会的公平性。因此,公共权力的最大危险是权力腐败。为了防止这种经常出现的可能性,权力必须受到制约、监督和控制。所以,在公共权力的设计上,基本上采用的是分权制,来形成公共权力的彼此制约与均衡。权力分立,不仅是指立法权、行政权、司法权的分立,也指每个部门都享有宪法和政治上的独立性,这样就有了制约和平衡,使各个部分得以有效地延缓或阻止其他部门的不当行动。从公共权力本身的性质上来看,也存在着公共权力具有自我膨胀的倾向,一切有权力的人都容易滥用权力,这是万古不易的一条经验。如果公共权力没有受到制约,掌权者还会利用手中的权力谋求特权,破坏平等,欺压民众。有权力的人使用权力一直到有界限的地方才休止。

对于公共部门的人力资源管理而言,构建一个既有利于公共部门更好服务社会的权力保障机制,又能有效地防止公共部门工作人员权力腐败的监督机制就成为公共部门人力资源管理制度建设极为重要的一个组成部分。这一点对所有的国家都是如此。有效行使权力的基础在于拥有权力首先意味着拥有义务和责任。权力来自大众,应该是服务于大众而不是凌驾于大众之上的。中国传统封建集权体制下,"君权神授",百姓臣服于官员,官员拥有特权,从而公共部门的官本位意识浓厚。讨论公共部门某一个职位首先考虑的就是该职位所对应的权力、级别、待遇。我们认为,对于任何一个公共部门的公职人员,其对社会大众的责任也远大于其权力,这是公共权力论的基本论调。

三、人力资本论

人力资本理论是 20 世纪 60 年代在西方经济学领域迅速发展起来的一种理论。美国经济学家西奥多·舒尔茨（Theodore W.Schultz）是最著名的代表人物。除了舒尔茨外，还有加里·贝克尔（Cary S.Becker）、罗默（P.M.Romer）、卢卡斯（R.E.Lucas）等。

对人力资本思想的溯源表明，中国的丘浚（1420—1495）当属世界上第一次提出人力资本价值论思想的人。他说："世间之物虽生于天地，然皆必资以人力，而后能成其用。其体有大小精粗，其功力有浅深，其价有多少。直而至于千钱，其体非大则精，必非一日之功所成也。"①其后差不多一百年，古典经济学威廉·配第（William Petty）才于 1676 年提出人力资本的思想。

人力资本是指体现在劳动者身上的、以劳动者的数量和质量表示的非物质资本，表现为劳动者具有一定的健康体魄、操作技能和劳动熟练程度。劳动者技能和熟练程度的差别，就是人力资本质量的差别。在某种意义上说，一个社会人口和劳动力的多少，预示着人力资本存量的丰裕程度。

一般地，人力资本要素包括教育投资、科学研究费用、卫生保健投资、劳动力国际国内流动的支出等。

教育投资包括用于正规教育（初等、中等和高等教育）和非正规教育（成人教育、业余教育和继续教育等）的投资，而人所具有的能力是通过具有投资属性的活动培养起来的。教育投资有两种积极作用：一是直接"知识效应"。教育提高劳动力的质量，即直接增加劳动者的知识，提高人们的文化修养、工作能力、劳动技能和劳动熟练程度，从而增加国民收入。二是"非知识效应"。人们接受教育后，改变不正确的价值判断，提高劳动纪律性，增强社会责任感，从而促使劳动者在工作中更积极、更努力，为社会创造更多的社会财富。由此可见，在人力资本形成的各个要素中，教育支出是对人力资本的长期投资，也是形成人力资本最重要的途径。

人们在受教育中不断地积累知识、总结经验并逐步形成体系，这又是科学研究的过程。科学研究是能够产生新形态资本的"行业"，其收益比传统意义上的资本（物质资本）形态的收益高得多。这类科研投资也理应是人力资本投资。

卫生保健投资包括卫生保健及其相关设施和服务的费用。卫生保健的功能，一是保持人们的卫生与健康，二是恢复人力资源的劳动能力。因此，可以说是一种为满足社会对劳动力的持续供给需要而支出的保健费用和"修理"费用。

劳动力国际国内流动支出是为达到将来某种目的，由家庭和个人投入的用于改善工作、生活和居住环境的劳动力流动迁移费用。随着社会开放程度的扩大和文明程度的提高，人们流迁的范围也广泛得多，因而用于流动迁移的费用也就越多。无论哪一个国家，人口和劳动力都不会是均衡分布的，在劳动力供大于求的地方，存在着人力的浪费，人力资本的作用得不到充分发挥，这是人力资本的浪费。同样，一个国家的人力资源配置也不可能是

---

① 丘浚：《铜楮之币》。转自中国大百科全书《经济学》卷二，第 738 页。

尽善尽美的，对于学非所用、用非所长的人来说，人力资本的作用得不到充分发挥，这也是人力资本的损失和浪费。因此，调剂劳动力的余缺、改变劳动力配置、发挥人才专长的人口流动迁移的费用，也是形成人力资本的一条途径。

人力资源管理已经进入人力资本管理时代，现代公共部门的人力资源管理也以人力本资本理论为决策的依据。将招聘作为资本的外延扩张，将培训作为组织人力资本的内涵扩张，重视提升资本的运转效率，提升资本使用的收益。

第二节 公共部门人力资源管理的基本原理

一、要素有用

"没有无用之人，只有没有用好之人。"每个人放在与其能力和愿望相匹配的岗位上，就能发挥其价值。也就是说，当组织中某个成员工作绩效不高的时候，我们首先应该考虑我们是否把他安置在合适的岗位上，再进一步考察其在工作中的态度及能力是否适应。

我们可以三个方面来理解这一原理。第一，人才的任用需要一定的环境，包括知遇和政策。知遇是说要有伯乐式的领导者对人才任用所发挥的关键作用。政策是指具体的人力资源使用政策，如"公开招聘""竞争上岗"等政策，使许多人才走上更高的岗位，甚至领导岗位。第二，人的素质往往呈现复杂的双向性。例如，吝啬鬼有时也很慷慨，一向认真的人也会马虎，坚强的人也会有胆怯，懦弱的人也会铤而走险等。第三，人的素质往往在肯定中包含着否定，在否定中包含着肯定。优点和缺点共存，失误往往掩盖着成功的因素。各种素质的模糊集合使人的特征呈现出千姿百态，形成"横看成岭侧成峰，远近高低各不同"的现象。平庸的人，也有闪光的一面。一个优秀的领导者应当成为善于捕捉每个人身上的闪光点并加以利用的伯乐。人力资源管理的问题本质上是管理者怎么用人的问题。

二、同素异构

同素异构原理来自化学中的一个原理，意思是指事物成分因排列次序和结构上的变化而引起不同的结果甚至发生质的变化。把自然界的同素异构原理移植到人力资源开发与管理领域，意思是指用同样数量的人，用不同的组织网络连接起来，形成不同的权责结构和协作关系，达到正确处理劳动者之间的关系，充分发挥每个劳动者的技能、专长和积极性、创造性，可以取得完全不同的效果，即优化组合人力资源。利用系统理论分析，组织结构的作用是使人力资源形成一个有机整体，有效地发挥整体功能大于个体功能之和的优势。

该原理提示我们，人都是有能力的，就看我们怎样用人。人的很多能力都是在特定的环境和条件下表现出来的。能力是复杂的，我们无法全面定量地分解一个人所具有的能力，能力是简单的，我们可以通过特定的事件和行为考察其所具备的能力及能力水平。能力是变化的，我们所看到的往往是其现在和过去的能力，而需要的却是其将来的能力。能力不是单一的，需要在团队中与不同能力的人组合在一起从而表现出其能力。能力不是平面的，处于不同的管理层次展现的能力层级是不同的。

三、激励强化

人的思想感情对其潜力的发挥至关重要。依据管理学家统计研究结果，一个计时工，只要发挥其个人潜力的 20%～30%就可以保住饭碗，但通过恰当的激励这些工人的潜力就可以发挥出 80%～90%。显然地，激励可以调动人的主观能动性，强化期望行为，从而显著地提高劳动生产率。这就叫作激励强化原理。根据这一原理，对人力资源的开发与管理，除了应注意人在数量上调配外，更应注意对人的动机的激发。这里的关键是设置目标，目标应该符合企业总体目标的要求，又包含较多的个人需要，既具有一定的挑战性，也在一定程度上存在实现的可能性。目标管理可激励组织成员能动地工作。此外，及时地鼓励和承认也将在很大程度上起到对被管理对象的激励作用。

心理学研究表明，人们的行为由动机决定和支配，动机则是在需要的基础上产生的。每一需要满足的程度将引起新的需要的产生。

依据行为的形成过程（见图 2-1），美国管理学家 A.D.希拉季和 M.J.华乐斯把激励的过程分为七个阶段（见图 2-2）。

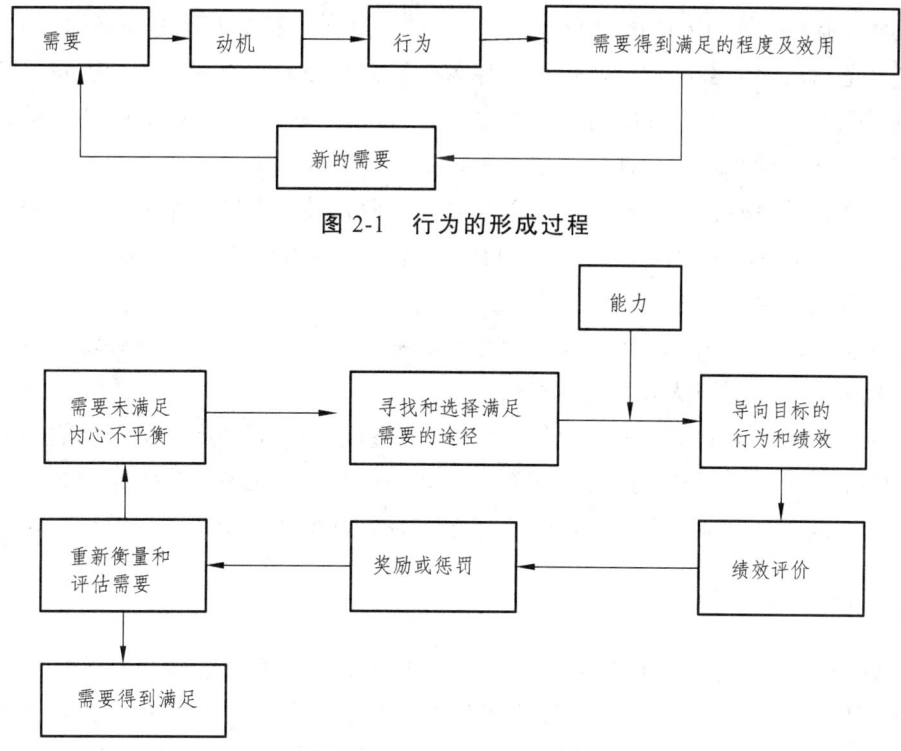

图 2-1 行为的形成过程

图 2-2 激励的基本过程

资料来源：徐子建. 管理学[J]. 对外经济贸易大学出版社，2002：206.

能动性是人力资源与其他资源相区别的一个显著特征,激励是调动人力资源能动性的基本措施。激励一方面使人得到了尊重,另一方面使人得到了行动的动力。激励的关键是把握人的需求,人的欲望是动态变化的,是有层级的,只有成功地把握被激励对象的兴趣,才能科学地激励,才能强化行为人的行为或刺激我们需要的行为的发生。

四、互补增值

人作为个体,不可能十全十美,而是各有长短,即所谓"金无足赤,人无完人"。但我们的工作往往是群体承担的,作为群体,完全可以通过个体间取长补短而形成整体优势,达到组织目标,这就是互补原理。互补的目的是获得整体大于局部之和的结果,实现人力资源的增值。

互补的内容主要包括:知识互补、能力互补、性格互补、年龄互补、关系互补和性别互补等。若个体在知识领域、知识的深度和广度上实现互补,那么整个集体的知识结构就比较全面、合理。若个体在能力类型、能力大小方面实现互补,那么整个集体的能力就比较全面,在各种能力上都可以形成优势,这种集体的能力结构就比较合理。若每个个体各具有不同的性格特点,具有互补性。比如:有人内向,有人外向;有人急躁,有人冷静;有人激烈,有人温和;有人直爽,有人含蓄,等等。那么,作为一个整体而言,这个集体就易于形成良好的人际关系并胜任处理各类问题的良好的性格结构。员工的年龄不仅与人的体力、智力有关,也与人的经验和心理有关。一个集体,根据其承担任务的性质和要求,都有一个合适的员工年龄结构,既可以在体力、智力、经验、心理上进行互补,又可以实现人力资源的新陈代谢,焕发出持久的活力。每个员工都有自己特殊的社会关系,包括亲戚、朋友、同学、同乡以及师傅、徒弟、师兄弟、老上级、老部下、老同事等。如果社会关系重合不多,具有较强的互补性,那么从整体上看,就易于形成集体的社会关系优势。从性别角度看,女性较为细心和有耐心,男性则普遍较为粗犷和坚强,男女性别合理搭配,可以带来互补的优势。

互补增值原理体现出组织构建团队的思想,只有团队中成员依据互补增值原理配置,团队才有战斗力,否则团队易成为"团伙"。

唐僧西天取经团队就是一个互补增值的结果:唐僧是个好领导,有明确的方向和坚定的毅力;孙悟空是个好员工,总是排妖解难;猪八戒是团队润滑,给大家带来了欢乐;沙僧则踏踏实实地工作,各种杂事都任劳任怨地做好;白龙马则能出人意料地当好替补。

五、弹性冗余

弹性冗余原理是指在人力资源管理过程中必须留有余地,保持合理弹性,一方面使人感觉工作紧张,有压力;另一方面又感觉还有潜力和余力。也就是人的工作状态处于合理的"度"的状态。这个度包括体力劳动强度、脑力劳动强度、劳动时间强度和工作目标强度。

工作中过分紧张，压力转化为压抑，轻松过余又使人丧失斗志，缺乏战斗力。这些都不是弹性冗余的要求。

现代社会，人们普遍感觉压力大，工作时呈现出疲惫状态。弹性冗余原理要求我们始终让相关人员处于有活力的状态，有能力、有潜力、有余力完成需要完成的工作。

六、能力成长

能力成长原理认为，尽管不同的人，其能力成长具有不同的特点，相同的人在不同的阶段，其能力成长也具有不同的特点，但是，能力成长还是具有一定的规律性。

人的能力的成长与年龄变化、智力成长速度、知识及经验积累程度密切相关，并呈现出不同的变化特点（见图 2-3）。

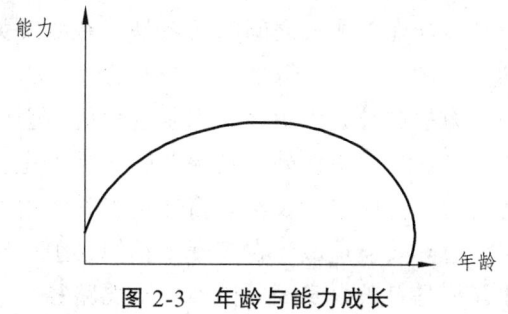

图 2-3　年龄与能力成长

首先是年龄与能力成长，一个人刚出生时，其能力很低。随着年龄的增长，个人能力也会不断地增长，但增长到一定程度以后，个人能力将不再增长，并逐渐出现能力衰减的趋势。到一个人死亡时，其能力也就完全失去。这就提示我们，需要构建组织员工合理的年龄结构，也就是我们常说的老中青结合。当然，不同行业、不同岗位对年龄的要求是不一样的。

其次是智力与能力成长，一个人的智力决定一个人的能力，智力的成长速度决定能力的成长速度，智力的结构决定能力的结构（见图 2-4）。但是，一个人的智力高于另一个人，并非表明其能力一定高于另一个人，因为智力转化成能力需要一个过程，还会受到各种因素的制约。现实中用人，如果无法判断用谁，最简单的方法就是智力测验，用智力高的人风险较小。

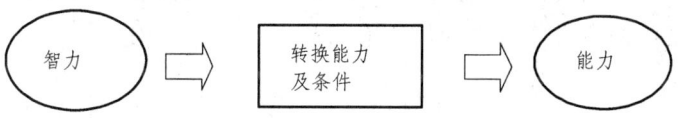

图 2-4　智力与能力成长

再次是知识与能力成长，一个人的知识总量越多，其可能的能力就越高；一个人的知识增长越快，其能力成长也可能就越快（见图 2-5）。反过来，一个人的能力高就有助于其掌握更多的知识并进一步将知识转化为能力，从而形成知识与能力的良性互动。但是，个人的知识总量及其增长速度受到智力的制约，没有智力就不可能掌握知识。在招聘的时候，我们通过笔试对应聘者的知识进行测验，也可以通过看其文凭的高低简单地理解其知识水平。

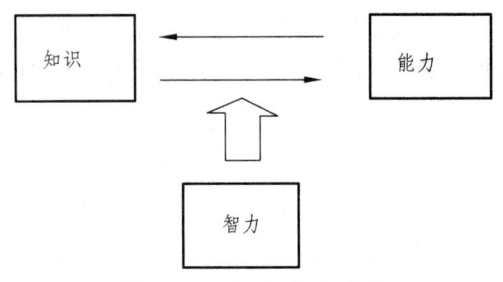

图 2-5　知识与能力成长

最后是经验与能力，经验与能力成长之间的关系是一种曲线关系：一个人的能力会随着经验的积累而不断增加（见图 2-6）。但是，一个人的经验积累到一定程度以后，经验的继续积累并不一定促进能力的成长，因为经验积累过度后，会使个人形成思维定势，降低个人吸收新知识的欲望。当然，也有例外。经验与能力是否完全呈现出正向关系，其根本就在于创新思维及创新能力。克服能力及经验惰性是提升经验对能力正向作用的关键。总体是，经验与能力之间呈边际效益递减。在管理中我们必须突破惰性，所以培养新鲜血液，积极从外部引进人才都将是打破自身经验惰性的重要路径。

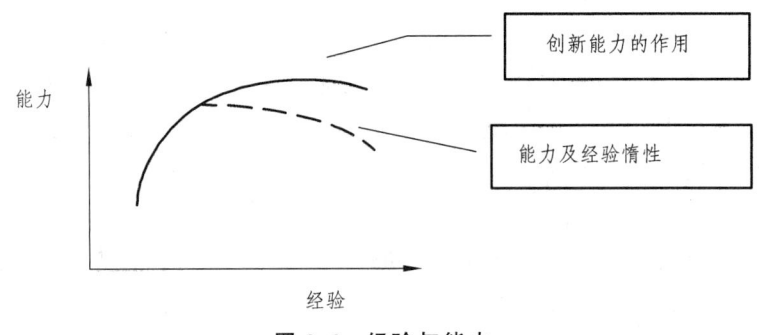

图 2-6　经验与能力

能力成长原理告诉我们，用一个人应更多地关注其可能的潜力，不应看重他的今天。因为今天正在消失，我们要关注他的成长，看是否具有成长潜力以及成长成本是否是我们所能承受的，这是我们选人、育人和用人的依据。

七、能力实现

人力资源的核心是人身上所拥有的能力，而人力资源管理关注的则是能力实现的程度，能力实现成为人力资源管理的基本原理。

按照能力所处的状态，能力可以分为潜在能力和现实能力，潜在能力转化为现实能力，就是能力的实现问题。能力的实现与激励程度、工作压力、职位能力要求以及外部环境支撑有密切的关系。

能力只是一种客观存在，只有将能力表现在行为中才能由能力创造出效益。潜在能力的发挥与激励程度、自我认知存在正相关关系。也就是说，对一个人采取的激励措施越有力，其发挥潜在能力的积极性越大，从而能力实现的程度就越高。

这里要特别强调两点：

其一，能力实现与激励程度密切相关，但二者不是简单的线性关系（见图 2-7）。即使没有激励，能力也能得到一定程度的实现；当从无激励到有激励时，个人能力的实现程度有一个很大程度的提高。随着激励不断增强，能力实现程度也在不断增加，但是，当激励程度达到某一临界值后，能力实现程度提高的速度将逐渐放慢。甚至到原有激励措施提高到一定程度时，能力实现程度反而有所下降。原因就在于人的欲望是呈螺旋式上升，激励措施边际效益递减。

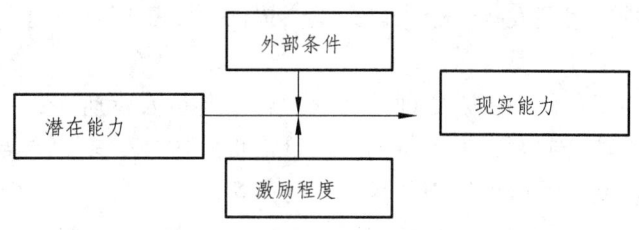

图 2-7　能力实现与激励程度

其二，能力实现程度与个人获得激励预期密切相关（见图 2-8）。即当一个人认为自己能够通过努力获得激励的预期越肯定，其发挥潜在能力的积极性就越高，从而能力实现程度就越高。当一个认为自己根本不可能通过努力获得激励（获得激励的预期为零）时，这个人将几乎不可能发挥潜在能力，能力实现程度将降低。许多管理者都用许诺来刺激员工努力就是对此原理的运用。不论怎样激励，人的能力的发挥都存在相对的极限。且一旦预期落空，人们的能力实现程度可能将大大不如没有激励。所以，我们不能随意许愿。

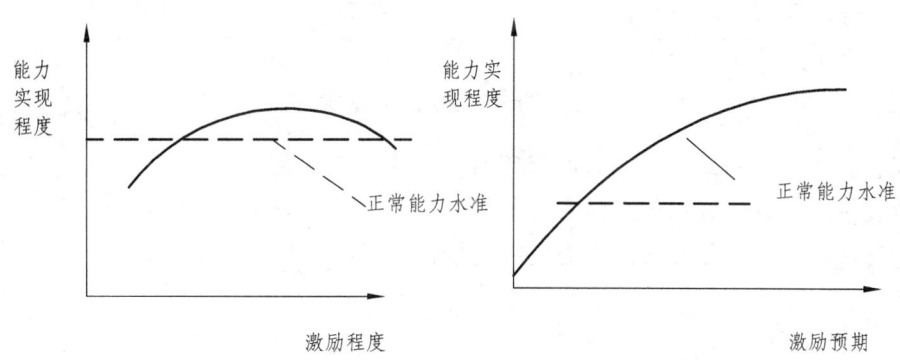

图 2-8　能力实现程度与个人获得激励预期

再来看能力实现与职位能力要求的适应度，如果人潜在能力与其所在的岗位相适应，则能力实现程度较高，反之较低。

个人潜在能力与职位能力要求的适应有四种情况：

其一，完全适应。即个人潜在能力与所在职位对能力的要求完全一致。这种情况下，个人潜在能力得到完全发挥，个人能力总量不变。当然，个人的潜能发挥也不是一蹴而就的，而是在工作中逐渐发挥出来，并最终将其潜能充分地发挥出来。

其二，高度适应。即个人潜在能力与所在职位对能力的要求略有差异。这种情况下，个人潜在能力能够得到完全发挥，个人能力也会迅速提高。

其三，低度适应。低适应又有两种情况：一种情况是个人潜在能力远远达不到所在职位对能力的要求，另一种情况是个人潜在能力远远超过所在职位对能力的要求。这两种情况都使个人潜在能力难以较好发挥，个人能力也难以较快提高，且能力实现甚至还可能远低于正常水平。这就提示我们，人才高消费的后果是严重的，而我国一些地方现在存在明显的人才高消费现象。

其四，完全不适应。即个人潜在能力与所在职位对能力的要求完全不一致。这种情况将使个人潜在能力难以得到发挥，个人能力不会提高，甚至还会减退。表现出来的就是人没有能力。

研究能力实现与职位能力要求之间的关系，就是要将人所拥有的一般意义上的能力与企业特定职位的要求结合起来，评价一个人的价值也就应该更多地与特定的职位相联系。这一原理更充地分说明人力资源管理的核心就是匹配。

如图 2-9 所示，个人能力的实现还与压力有关。压力过大和过小都不能促进能力的正常发挥，压力过大变成压抑，而压力过低则不能激发员工的兴奋度。

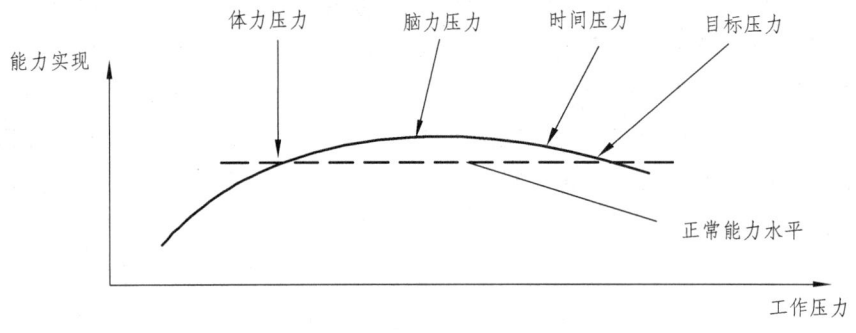

图 2-9　能力实现与工作压力

管理者需要注意的是，能力高低无所谓，最重要的是其在现实中可能实现的能力，只有实现的能力才可以给我们创造财富。

创造良好的环境，促进人的能力发挥是现代人力资源管理关注的焦点。

八、能岗匹配

不同的岗位对能力有不同的要求，岗位对能力的要求既包括总量的要求，也包括结构的要求；一个人的能力不同，适应的岗位类别不同，对岗位难易程度的要求也不同，因此，必须使能力与岗位之间保持良好的匹配关系，这种匹配关系是一种动态的匹配。

应用能岗匹配的关键是从人的能力出发要求实现将恰当的人放在合适的位置上，还是从岗位的要求出发，使每一岗位的人都有与其要求相对应的人？从市场竞争角度看，应该考虑依照岗位的要求，从管理发挥人的能动性出发，则需要考虑的是合理安排人。

能岗之间的匹配是相对的，不匹配是绝对的。应用能岗匹配原理就是看将能还是将岗放在更为主动的位置推动能本管理。

从人的能力出发，一定的能力对应了一定的责、权、利，在其能力责任范围之内。一定岗位也对应了一定的责、权、利，这是从企业岗位责任出发所界定的，事不对人。从人的角度出发所界定的能力对应的责、权、利与岗位所对应的责、权、利二者重合属于偶然的，因此，能力与岗位之间的不匹配是绝对的。个人特征与工作岗位特征的有机结合是高绩效的基础。

每一个人都有能力，组织评价一个人的能力不是单纯地评估其能力，而是把他与特定岗位联系起来。注意一个简单的原则，一位优秀的士兵并不一定就会是一位合格的班长。企业在用人中常常犯一种错误，就是将一个在某一岗位表现突出的人提拔到领导岗位上，其结果可能适得其反。

能力与报酬的匹配程度越高，组织成员的工作绩效会越好。具有不同的能力总量和结构特点的组织成员，应该给予不同的报酬，能力总量越高，待遇越好；在能力总量相同的情况下，能力结构越能适应组织发展需要，待遇越好。这就是能酬匹配原理的基本内容。

薪酬高低始终是吸引和激励员工努力工作的重要手段。长期的人力资源管理实践，使我们高度认识到薪酬与多种因素相关。

市场的薪酬水平将直接决定本公司是否具备外部公平性和工资竞争力，这是公司薪酬策略必须考虑的内容，企业经营风格则决定了公司薪酬的结构以及在市场的水平，业绩是薪酬的基础，职位/角色的差异是公司内部工资等级的重要参照，而个人能力与公司薪酬之间形成一种量性互动的关系。薪酬是能力表现和提升的催化剂，也是能力表现和提升的结果。

需要提醒的是，这里的能酬匹配中的"能"，更多地是指与能力相关的薪酬，这就有能力的潜力、能力的表现、能力的产出结果。对于主要从事程序性事务工作、能力结构较为稳定的组织成员，应以固定报酬作为其报酬的主要组成部分。如对于一般意义上的内部行政人员就是如此。对于主要从事非程序化工作、能力结构不够稳定、潜在能力较大的组织成员，应以非固定报酬作为其报酬的主要组成部分，将其报酬与其能力发挥情况联系起来考核，如技术研发、市场销售人员的薪酬等。

需要进一步提醒的是，我们考察能岗匹配，不能单独考察某一个人的能力与特定岗位之间的匹配度，还需要关注与相关联岗位之间其他人员能力之间的协调性。

【案例思考】

五粮液又来一个厅官

2017年3月23日五粮液集团公司召开干部大会，宣布四川省宜宾市委、市政府关于五粮液集团公司主要领导调整的决定，即李曙光将出任五粮液集团有限公司党委书记、董事长、五粮液股份有限公司党委书记；王国春、唐桥任五粮液集团有限公司名誉董事长。

白酒行业专家蔡学飞认为，此次换帅对五粮液的销售和未来市场发展战略没有什么影响，春糖会对白酒企业来说其实是承上启下的节点，意味着新年新篇章的开始，也是酒企正常的过渡期。山东温河王酒业集团总经理肖竹青也认为，此次换帅并不会对五粮液形成很大的震荡，因为五粮液在唐桥时代完成了品牌定位延续与人才梯队的建设，已脱离了"能人时代"。

李曙光1962年1月生于重庆，西南财经大学工业经济管理专业毕业，大学学历。曾先后在省机械工业厅企管处、办公室和省计经委办公室工作。1992年7月出任四川省经贸委办公室秘书科科长，此后出任四川省经贸委办公室主任、省经贸委办公室调研员、省经委医药化工处处长、省经委办公室主任、党组办主任。2010年4月任四川省政府国有企业监事会主席。2012年5月任四川省经济和信息化委员会总经济师、党组成员。2012年10月起任四川省经济和信息化委员会副主任、党组成员至今。

思考：
1. 厅官与公司董事长角色的差异是什么呢？
2. 企业换领导对企业有没有影响吗？

【本章小节】

劳动价值论、公共权力论和人力资本理论是公共部门人力资源管理的基础理论。在具体管理中，我们应该坚持要素有用、同素异构、激励强化、互补增值等基本原理。

【核心概念】

劳动价值、公共权力、人力资本、同素异构

【复习思考题】

1. 同素异构与互补增值有什么不同？
2. 能力实现在人力资源管理中具有什么样的意义？

第三章　现代公共部门人力资源管理基本制度

【引入案例】

基层公务员是党和国家工作的基石。为加大基层公务员队伍建设力度，解决艰苦边远地区基层公务员招不到人、留不住人的问题，2014年9月，中央办公厅印发《关于加强乡镇干部队伍建设的若干意见》，要求省、市、县党委要将乡镇干部队伍建设摆上重要议事日程；中组部、人社部和国家公务员局联合印发了《关于做好艰苦边远地区基层公务员考试录用工作的意见》，对在艰苦边远地区适当降低公务员进入"门槛"，提出适当降低招考职位学历要求、放宽招考专业限制、适当调整报考职位年龄条件、不限制工作年限和经历、合理确定开考比例、单独划定笔试合格分数线等六条措施。

各地针对艰苦边远地区基层机关招人难问题，积极采取合理设置招考资格条件、适当降低开考比例，单独划定合格分数线、拿出一定数量的职位面向当地人员招考等政策措施，取得了一定成效。河南省研究制定了从优秀村党组织书记和村委会主任中考试录用乡镇公务员暂行办法，建立了一系列向基层倾斜的招录政策：放宽专业和年龄限制、放宽学历要求，合理设置报考资格条件，并拿出75%的选调生名额和一定数量的乡镇公务员职位面向大学生村干部、"三支一扶"等服务基层项目人员招录，为愿到基层施展抱负的人员搭建干事创业平台。广西要求各招录机关在编制招录计划时，对专业条件遵循"宜宽不宜严"的原则，综合管理类和行政执法类职位的专业按学科类别设置。专业技术类职位可以按专业设置，但专业数量必须达到3个以上，并首次规定凡乡镇机关职位一律不限专业。

招来人，更要留得住。各地关心基层公务员成长，努力给他们更多成长机会，更多关爱。推进建立公务员职务与职级并行制度，在部分地方开展试点工作，提高基层公务员待遇。一些地方安排领导和业务骨干担任导师，对基层新录用公务员在工作上耐心指导，并帮助他们疏导心理困惑、解决生活难题。

高效的管理依托规范的制度。国家公务员制度是半个世纪以来公共部门主导性的人事行政管理制度，以反对"人治"、个人（或党派）恩赐与政治分赃为主线，倡导公务员价值中立性，以能力和功绩评价为本位进行了制度安排，顺应了20世纪以来公共组织的理论发展和实践探索，为公共部门职能的发挥奠定了制度基础。本章将对西方国家公务员制度、中国公务员制度、中国事业单位的人事制度进行介绍，以便对现代公共部门人力资源管理基本制度有所了解。

第一节　公务员的含义及国家公务员制度的缘起

现代意义上的公务员制度，最初形成于西方资本主义国家，以英国1855年5月21日公布的《关于录用王国政府文官的枢密院令》作为现代公务员制度（也称文官制度）正式确立的标志。公务员制度的历史不过160多年，至今已形成了比较稳定的特征。

一、公务员和公务员制度的概念

1. 西方国家公务员的含义和范围

"公务员"（civil service 或 civil servant）是个专门名词，也是个舶来语。英国公务员原本称为"crown servant"，直译为"女王的仆人"，近代则改为（civil servant），通常译为"文官"或"文官制度"，有人译作"公务员"或"公务员制度"。美国则称为"政府雇员"（governmental employe）。日本在第二次世界大战前称"文官"，战后改称"公务员"。法国直称"公务员"（fonetionnaire）。当今世界，许多发达国家以及一些发展中国家都纷纷仿效英美等国，把政府中从事公务活动的人员称为"公务员"，建立起自己的公务员制度，但在不同的国家，公务员的内涵和外延有着种种区别。

（1）以英国为代表的小范围划分法。公务员仅指国家政府系统中非选举产生和非政治任命的公职人员，即常务次官以下通过公开考试择优录用并实行常任制的政府工作人员，也称事务类公务员或常任公务员。这种划分以英国为代表，亚洲的印度、巴基斯坦、缅甸、斯里兰卡、马来西亚，非洲的加纳、阿尔及利亚、肯尼亚、南非，澳洲的澳大利亚、新西兰等国家也是这种范围。

（2）以美国为代表的中范围划分法。将政府行政机关中的所有工作人员统称为公务员。美国公务员范围包括总统、特种委员会成员、部长、副部长、部长助理以及独立机构的长官等政治任命官员和行政部门的所有工作人员，也包括在政府部门工作的工勤人员。在美国联邦政府的公务员按职务性质可分两大类，即政务类公务员（也称"政务官"）和事务类公务员。政务类公务员由民选产生或总统任命，通常与总统共进退；事务类公务员多由公开的竞争性考试择优录用，他们担任政府的日常工作，其身份受公务员法律制度的保护，任期不因政党政府的更换而受影响，无重大过失者，可以任职到退休。受美国影响，公务员范围与其类似的国家有德国、菲律宾、泰国、韩国等。

（3）以法国为代表的大范围划分法。将从中央到地方行政机关的公职人员、各级立法机关、审判机关、检察机关、国立学校及医院、国有企业等部门的所有正式工作人员，统称公务员。如非洲的科特迪瓦、摩洛哥、突尼斯、几内亚、尼日利亚、乍得，亚洲的黎巴嫩、日本、中国澳门特别行政区、中国台湾省的公务员统计等属于此类。这一类划分法包含的范围最为广泛。但在法国，又将公务员分为两类：一类是不适用公务员法的公务员，主要指议会工作人员，法官，军事人员，工商性的国家管理部门，公用事业和公益机构的人员，市镇公职人员和依照合同服务的职员等；另一类是适用于公务员法的公务员，如中央政府和地方政府机关中从事行政事务管理的公职人员、外交人员或公立、公益机构中担任专职的工作人员，其范围大体上与英国的常任文官相同。这些公务员具有明确的法律地位，享受法律规定的权利，承担义务，职业稳定。

2. 公务员制度的概念

公务员制度（又称现代文官管理制度），是现代关于公务员管理的原则、规范和体系的通称，是一种科学、系统、规范的政府机关人事管理系统。

公务员制度是整个社会人事管理体系的一个重要分支，其内容包括公务员管理的各项具体制度，如公务员的聘任条件义务权利、职位分类、考试录用聘任、考核奖惩、职务任免与职务升降、培训、交流回避、工资保险福利、辞职辞退、退休、申诉控告、法律责任等制度，是通过制定法律、法规和规章对政府中行使国家权力、执行国家公务的人员，依法进行科学管理的制度。

二、西方国家公务员制度产生的社会历史背景

国家公务员制度最早产生于19世纪的英国，这与英国的政党政治以及英国最早完成工业革命息息相关。

1. 社会经济背景

英国公务员制度从表面看是英国国内民众对英国传统的选官制度不满和反败反贪污而导致的结果，本质上则是英国工业革命在民主政治方面产生的结果。

19世纪初，英国在世界上最终完成了工业革命，成为世界经济霸主。社会化大生产使政府增加了管理社会事务的内容。政府不但管理治安、国防、财政、税收等传统事务，而且日益增加了对经济、文化等社会事务的管理，政府内部管理的多元化和复杂化要求推进人事制度的改革。进一步地，经济的高速发展提升了民众对政治更高的要求。在工业革命中发展壮大起来的资产阶级和其他社会阶层要求建立廉洁而有效率的政府，要求更多地参与政治事务，要求政府公职向社会更广泛地开放，以维护资本主义的生产关系，促进资本主义社会生产力的发展。

2. 社会政治原因

19世纪后，随着选举制度的广泛推行，各主要资本主义国家先后形成了以"政党分肥"制为特征的任官制度。在竞选中获胜的政党，一上台就将官职作为战利品，公开进行分赃。官吏的频繁更换，破坏了政府工作的连续性，影响了社会的安定和政局的稳定，也阻碍了社会经济的发展，引起了公众的不满。1883年美国一个支持在野党而不被雇佣的求职者刺杀了当时的总统加尔菲尔德，直接促成美国国会通过《彭德尔顿法案》，确立了美国现代国家公务员制度。因此，政务官与事务官相分离，职业文官不与政党共进退，实行职务常任成为公务员制度的重要原则。

3. 思想文化基础

资产阶级革命所具有的人人平等、天赋人权的思想、资产阶级要求参与政治的思想，为文官制度提供了主要的理论依据。民主主义思想形成的浓厚政治文化氛围，为公民争取平等的公职权力创造了良好的社会环境。

三、西方公务员制度的基本特点

1. 公开考试，择优录用

借鉴中国古代的科举制，公开考试，择优录用，是西方公务员制度最重要的原则之一，也是现代公务员制度最根本的标志之一。它强调录用事务官时必须遵循机会均等、公开公正、择优录用原则，通过考试来择优录用。这不仅保证了公务员的基本素质，防止了以权谋私和政党分肥制的种种弊端，而且在实际上奠定了公务员制度的基本方面。

2. 功绩晋升

功绩晋升强调各级公务人员的任用、留任、加薪、晋级中均应以工作"功绩"为依据。这种"重表现看才能"、论功行赏的考核制度亦称"功绩制"。这种制度强调权责一致、奖惩结合、公平对待。该制度的实施意味着输送行政精英不再是门阀士族的专利，普通百姓只要受到教育，拥有足够的行政能力和职业倾向，就可以成为公职人员，并有可能成为社会精英。

3. 职务常任

西方公务员制度最大的特点之一，就是业务类公务员实行"无过失不受免职处分"的职务常任制，对政务官则实行任期制。西方国家将政治活动和行政管理加以分离，从事政治活动的官员称政务官，通过选举产生，有任期，并随选举胜负而进退。从事政府行政事务管理的官员称事务官，通过公开考试，择优录用，并实行职务常任。职务常任制适应了资本主义经济发展日益复杂化、专业化的需要，有利于维持政局的稳定，最终有利于维护国家行政机器的正常运转。

4. "政治中立"

所谓的"政治中立"是指政府中的业务类工作人员，在执行公务的过程中超然于政党政治和个人政治理念或价值观，以社会公众利益至上以客观、公正、公平的态度和中立的能力立足自身的岗位职责为公众提供服务。西方国家规定公务员不得参加某些政治活动。如不得任议员，不得参加政党或工会，不准罢工，不能接受政治捐款，不得对政党、政治团体提供援助等，目的是避免公务员受到党派政治斗争的影响及"与内阁共进退"。这种"政治中立"的规定，是政府对政党分赃制带来的弊端所做的必要防范，是西方公务员制度的核心特点。

5. 较完备的法律保障

为使公务员职业稳定,公务员系统有序地运转,西方各国对公务员的身份、地位、权利、义务都做了较详细的规定,颁布了专门的公务员法。其法律保障主要包括:① 对公务员的基本权利做了明确的规定。如考试公开、平等;就业、晋升机会均等;报酬合理;享有接受培训权;享有各种津贴;个人信仰自由;言论自由;休假权;获得社会救济权;享有辞职、退休权,等等。② 对权利的保护。当公务员的权利受到侵犯,或因违反义务受到不适当的处分时,有权向司法部门或专门机关提出申诉,寻求法律保护。英国的惠特利委员会和美国的功绩制保护委员会、公平就业机会委员会都是这样的组织。③ 强调公务员没有任何违法乱纪的特权,体现"官与庶民同罪"原则。西方国家之所以对公务员权利保护详加规定,主要是为实现公务员"无过失不受免职处分"的法律原则,确保常任文官(公务员)制度的正常运行。

四、当代西方公务员制度改革的发展态势

西方公务员制度在长期发展演变中积累的矛盾导致了一些"制度疲劳",这是公务员制度改革的直接动因。管理权限过于集中于中央人事管理机构,造成"管人与管事脱节";职位分类制度过于复杂,带来了僵化繁琐;终身雇佣制度保证了公务员"非经法定事由、非经法定程序,不被免职、降职、辞退",但降低了政府人力资源开发的灵活性;对公务员规制过度,"为了监督 5%的坏人,结果遏制了 95%的好人的创造性",等等。这些问题的存在,要求改革西方公务员制度。

当代西方公务员制度改革的基本发展态势体现在以下五个方面:

1. 更多下放权力,增强用人单位的自主性

改革前,西方国家公务员管理体制呈现一种集权特征。人事权由中央统一管理,各部门特别是基层部门在人事管理权限上缺乏灵活性和自主权。这种集权化的管理模式使管事与管人相脱节,既抑制了各部门特别是基层部门的积极性,又影响了工作效率。伴随公共服务的市场化,一线公务员要求比以前有更大的监控能力,更强的谈判与合同管理能力。在"让管理者来管理"的思想指导下,西方国家不同程度地精简了中央人事部门的职能,逐步将人事管理权限下放给部门和地方。英国1981年就取消了公务员部,将原有公务员部的职能划归到财政部和内阁办公厅下设的管理与人事局负责,且遵循新公共管理理念,将公务员工资、晋升、人力资源和财政管理权力分散到各部和各机构。

2. 分类管理制度走向简化、融合

职位分类与品位分类是两类基本的公务员分类方式。各有侧重,互有长短。前者以美国、加拿大为典型;后者以英国为典型。职位分类是公共部门人力资源管理的基础性环节,是公共部门人员职位的有序化过程,以职务分析为基础,在横向结构上按照工作性质的不同而划分为若干职系、职组、职门,纵向结构上根据难易程度、责任大小、所需资格条件的不同而区分为若干职等和职级,从而形成有序的职位类别和等级体系。职位分类以"事"

为中心的分类,侧重的是职位的职务、职责、职权,而不是担任职位的人。品位分类是以"人"为中心的职位分类,侧重人的资历条件,而不是职位。职位分类按职位要求择人,利于公务员专业化发展;缺陷是过于繁琐,灵活性不足,不利于人才流动。品位管理相对简单,利于吸收受教育程度较高的优秀人才,便于流动;缺陷是不利于公务员的专业化发展。美国、加拿大试图简化过于繁琐的职位分类制度,同时增加一些品位分类的因素。以英国为代表的品位分类在改革的过程中增加了更多的专业化发展职位分类内涵。简化分类,并没有取消分类,职位分类与品位分类是在"合流",而不是"分流",这是西方公务员分类制度改革的两大鲜明特点。

3. 更新制度日趋具有弹性

改革前,绝大多数西方国家的公务员实行委任制,职务常任。公务员的专业化是由职业化保证的。改革后,不少国家打破了职务常任、终身雇佣的传统僵化做法,通过扩大聘任制的实施范围,在疏通出口上取得了突破性的进展,试图在淡化职业化的过程中,实现公务员的专业化。如新西兰、澳大利亚、瑞典、瑞士等国引入私人部门的做法,所有的政府雇员都实行聘任制。其他一些国家的聘任制公务员的范围也呈扩大之势,形成了常任制公务员与聘任制公务员并存的格局,试图走出公务员队伍稳定性与灵活性相统一的新路子。

另外,将公私部门之间的交流作为人力资源开发的手段。当前,西方国家普遍扩大公务员职业流动机会。不仅鼓励部际之间的流动,鼓励公共部门之间的流动,而且鼓励公共部门与私人部门之间的流动。就连比较保守的法国也不例外,如法国公务员可以为了国家的利益到公共公司、私人机构或提供公共服务的协会工作,由这些机构为其支配工资,但公务员继续享受原属群体的晋升机会与领取养老金的权利。

4. 激励保障制度日趋富有竞争性

职务晋升通常被视为公务员最重要的激励手段,工资保险福利是公务员最基本的保障。改革前,职务依据资历自动晋升,工资自动同步增长。改革后,自动晋升的形式被公开招聘和内部竞争所代替。许多国家拿出一定比例的司局长职位向社会公开招聘,无论是否具有公务员身份的人都可以应聘。面向社会公开选拔高级公务员职位,这对西方公务员制度的激励机制是一个突破。另外,"旱涝保收"的工资增长政策也逐步被灵活的绩效工资政策代替。当前,越来越多的西方发达国家不再采取法定年功晋升的做法,而是通过合同和协商确定;同时加大绩效工资的比重,逐步改变了工资同步、同比增长的做法。

5. 更多地以结果管理来代替规则控制

西方公务员制度是作为政党分肥制的对立物而出现的,因此,其首要的价值选择是公平、公正,而不是效率、效能。西方国家十分重视通过规范化的操作程序对权力进行约束,因而人事管理统一性、标准化的程序方面的法律规章很多。这种做法对于防止用人腐败确实具有重要作用。但由于程序越来越严,规章越来越多,严重地束缚了公务员积极性的发挥。放松规制,建立弹性化的管理制度,成为改革的重要内容。

第二节　中国国家公务员制度

中国的国家公务员制度是在替代中国干部人事制度基础上建立起来的。伴随中国改革开放的深入推进，公共部门的改革尤其是人事制度的改革也不断深入推进。为保证机关工作人员优化、精干、稳定、廉洁，形成强有力的、高效能的机关工作系统，卓有成效地管理国家公共事务，促进社会主义市场经济建设，我国在学习西方现代公务员制度优点基础之上，探索建立起符合我国政治体制和社会发展阶段的公务员制度。1993年，《国家公务员暂行条例》的出台，标志中国已经确立并实施了公务员制度。2006年1月1日《公务员法》正式实施，这是中国公务员管理科学化、法制化的里程碑。

一、中国公务员的含义和范围

我国《公务员法》将公务员定义为"依法履行公职、纳入国家行政编制、由国家财政负担工资福利的工作人员"。

从着眼于维护和发展中国基本政治制度出发，确定我国公务员范围的原则包括：第一，必须是行使国家权力，执行国家公务的工作人员；第二，必须是纳入国家行政编制的工作人员；第三，由国家财政负担工资福利的工作人员；第四，必须是受国家有关法律、公务员法及其配套法规管理的工作人员。其具体包括：中国共产党机关工作人员、各级人大机关工作人员、各级国家行政机关工作人员、各级政协机关工作人员、法官、检察官、各民主党派机关工作人员等。这比许多西方国家公务员的范围要宽泛。

二、中国公务员制度的特点

我国公务员制度的建立虽然借鉴了西方国家公务员制度的一些合理因素，但由于我国的社会政治背景与西方国家不同，所以我国的公务员制度也显示出自己的特点。

1. 我国公务员的分类管理方式与西方国家不同

分类管理是现代公务员制度的共同原则。但西方国家的具体做法是：一方面，在政务官和事务官之间进行严格的区分，即所谓"两官分途"，政务官强调"政治化"，事务官强调"职业化"，两者之间相互不能转任；另一方面，在事务官的分类中，多以职位分类为主。我国公务员没有西方意义上的严格的"政务官"和"事务官"的区分，而是采用了"领导职务"和"非领导职务"两个序列的划分。此外，我国政府组成人员和非政府组成人员虽然在产生方式上不同，但他们在政治上都要接受党的领导，与党中央保持一致，他们之间也可以根据需要互相转任。

2. 我国公务员的考试录用范围与西方国家不同

西方国家的考试录用方式适用于所有事务类公务员，也就是说所有事务类公务员都必须通过考试并取得合格证书才能被录用为公务员,考试录用是进入事务类公务员队伍的主要途径。在我国,进入公务员队伍有多种方式。对于非领导职务的公务员主要通过公开考试方式录取,而对于担任领导职务或者副调研员以上及其他相当职务层次的公务员,则可以从国有企事业单位、人民团体和群众团体中从事公务的人员中调任。

3. 我国对公务员的政治要求与西方国家不同

西方国家为了避免多党政治给政府管理工作带来不利影响,对事务类公务员提出了"政治中立"要求,限制他们参加党派之间的政治活动,要求他们在公务活动中不得带有党派的政治倾向。我国的公务员制度是在党的组织路线和干部策略指导下确立的,是党的干部路线的重要组成部分,公务员必须坚持党的基本路线,必须执行党的路线、方针和政策;公务员中的党员必须参加党的组织生活,执行党的决议,遵守党的纪律,发挥党员的模范带头作用。

4. 我国公务员的管理体制与西方国家不同

西方国家公务员管理"不受政党干涉""与党派政治脱钩",是独立于党派之外的政府人事管理系统,任何党派不得直接管理公务员。我国公务员制度的各项具体管理制度是按照党的干部路线、方针、政策来制定的。各级政府组成人员和其他重要干部由各级党委管理,他们的任免由党委组织部门考察,党委集体讨论决定,然后推荐给各级人民代表大会进行选举产生或由政府任命。这种管理体制体现了党的领导与法制管理相结合的原则。此外,中国的公务员制度不实行政务官和事务官的区分。公务员系统划分为政府组成人员和非政府组成人员,领导职务序列与非领导职务序列,他们的产生虽然有所不同,但所有公务员不论职务高低,都是人民公仆,他们之间可以根据需要相互转任,管理体系有较大的开放性。

三、中国公务员管理的制度

《公务员法》是以《国家公务员暂行条例》的基本框架为蓝本的,但在若干管理环节以及运行机制方面有所改变、有所突破、有所创新。《公务员法》关于公务员管理的制度主要如下:

(一)分类制度

分类管理是对公务员实施科学管理的基础与前提,在于建立科学的、合理的人事管理制度。职位分类的依据是:工作性质、难易程度、责任轻重和所需资格条件。与《国家公务员暂行条例》相比,《公务员法》在公务员分类管理的制度设计方面迈出比较大的步伐。

1. 关于类别划分

《公务员法》在职务分类上,从综合管理类中分离出专业技术类、行政执法类、法官、检察官等应对职位类别,从而为结束单一化的公务员管理模式,更好地对不同类别公务员进行分类管理奠定基础。

综合管理类职位是指机关中除行政执法类职位、专业技术类职位以外的履行综合管理以及机关内部管理等职责的职位。

专业技术类职位是指机关中履行专业技术职责,为实施公共管理提供专门的技术支持与保障的职位。与其他类别职位相比,专业技术类职位具有下列三个特征:一是只对专业技术本身负责的纯技术性。专业技术类公务员在自己的专业岗位上,只对专业技术业务本身负责,一般不直接参与公共管理,不具备行政决策权。个别属于例外。二是低替代性。专业技术类职位与其他职位之间的替代性不强,应尽量避免跨类别的人员流动,专业技术类公务员交流应以相同或相近岗位的交流为主。三是技术权威性。专业技术类公务员提供的技术结论不受行政领导干预,不因行政领导意志的改变而受影响。但这种权威性仅体现在技术层面上,为行政领导决策提供参考和支持,最终的行政决策权仍属于行政领导。对于技术结论所建议的方案,行政领导可结合其他因素做出自己的选择。鉴于专业技术类职位的以上特点,决定了专业技术类公务员必然是一支"少而精"的队伍。

行政执法类职位是指政府部门中直接履行行政监管、行政处罚、行政强制、行政稽查等现场执法职责的职位。与政府机关的综合管理类、专业技术类职位相比,行政执法类职位具有下列特点:一是纯粹的执行性。与综合管理类相比,只有对法律的执行权,而无解释权,出现纠纷时不具备裁定权。二是现场强制性。与专业技术类相比,依照法律、法规现场直接对具体的管理对象进行监管、处罚、强制和稽查。行政执法类职位只存在部分行政机关,且只存在这些行政机关中的基层行政机关。

2. 关于职务设置

根据公务员承担职责的性质,将公务员的职务分为"领导职务系列"与"非领导职务系列"两种类型。只有领导职务系列的公务员才负有行政领导职责,非领导职务系列的公务员只承担岗位职责。领导职务系列在所有类别职位中均可设置。非领导职务系列分别在不同类别职位中设置。如专业技术职务可以在专业技术类职位中设置,行政执法类职务可以在行政执法类职位中设置,法官、检察官职务只能在法官、检察官类职位中设置。新的职务设置,应使公务员职业发展阶梯更加多样化。同时,根据责任大小、业务能力高低、工作实绩,可以对每一个职务系列进行职务层次划分。

3. 关于级别设置以及与职务的对应关系

公务员的级别根据所任职务及其德才表现、工作实绩和工作年限确定。级别不仅是不同类别公务员利益平衡比较的统一坐标系,而且还是公务员职业发展的重要台阶,是确定公务员工资待遇及其他待遇的重要依据。并按照职务与级别相结合的原则,以"倾斜基层"为导向,加大了职务层次与级别的交叉对应幅度,而且职务层次越低,与级别的交叉对应幅度越大,从而为公务员特别是广大基层公务员开拓更大的职业发展空间。

（二）更新机制

更新机制是保证和不断提高公务员素质水平的一项非常重要的机制，包括录用、职务任免、培训、交流、辞职辞退、退休、职位聘任等项制度。

1. 录用制度

（1）录用的适用范围及方法。加大"凡进必考"的落实力度，严把进入公务员队伍的录用"门户"，从源头上把握住公务员的素质能力关。凡是录用担任主任科员以下及其相当职务层次的非领导职务公务员，必须采取公开考试、严格考察的办法，择优录取。

（2）录用的原则及标准。全面落实公开、公平、竞争、择优的管理原则，保证公务员职位的公共性。凡是中华人民共和国公民，只要符合规定的条件，都有平等的权利和机会报名参加考试；报考者能否被录用，取决于本人的政治、业务等素质，机关根据报考者的考试成绩和考核结果，择优录用。德才兼备是必须坚持的录用标准，既注重政治思想、道德品质，又注重文化知识水平和业务能力。

（3）录用的主管机关。中央机关及其直属机构公务员的录用，由中央一级公务员综合管理部门负责组织。地方各级机关公务员的录用，由省级公务员综合管理部门负责组织，必要时省级公务员综合管理部门可以授权设区的市级公务员综合管理部门组织。

2. 职务任免制度

职务任免是任职与免职的统称。公务员职务任免制度就是公务员任用方式、任免机关、任免权限、任免程序、任免情形等方面的规定和规范。职务任免的实质是职务管理，就是确认机关与公务员的某种职务关系。公务员职务任用的形式：一是选任制。即经过选民和人大代表选举产生而任职的。二是委任制。即通过立法机关或行政机关任命而任职的。三是考任制。即通过法定的录用考试结果而任职的。四是聘任制。即按照合同选聘任职的。公务员免职的主要条件：转换职位离职的；晋升或降低职务的；任期已满，不再连任的；非公派离职学习期限超过一年的；因健康原因不能坚持正常工作一年以上的；退休的；因其他原因职务发生变化的。

3. 培训制度

公务员的培训是指机关适应国家发展战略和公务员职业发展需要，根据工作和提高公务员素质的需求，按照职位的要求，有计划有组织地为提高公务员政治和业务素质进行的教育、训练活动。公务员培训的类型包括：一是对新录用人员在试用期内进行初任培训。二是对晋升领导职务的公务员在任职前或任职后一年内进行任职培训。三是对从事专项工作的公务员进行专门业务培训。四是对全体公务员应当进行更新知识、提高能力的在职轮训。公务员培训的结果作为公务员考核的内容和任职、晋升的依据之一。

4. 交流制度

公务员交流，是指机关根据工作需要或公务员个人的愿望，通过法定形式，变换公务员工作岗位,从而产生、变更或消灭公务员职务关系或工作关系的一种人事管理活动与过程。交流是公务员管理制度的重要环节。建立公务员交流制度,标志着公务员管理系统的灵活和开放,体现出公务员管理体制的生机和活力。公务员交流具有法定的形式,即调任、转任、挂职锻炼三种。公务员交流的范围,既包括在机关内部的交流,也包括与国有企业事业单位、人民团体和群众团体中从事公务的人员交流。公务员交流的原则包括依法有序原则、因才适用原则、适当照顾公务员切身利益原则。

5. 辞职辞退制度

辞职辞退制度是为了解决公务员队伍"能出"的问题,这样有利于形成公务员管理制度的优胜劣汰机制和新陈代谢机制,有利于促进人才有序流动和合理使用,优化人才资源配置,有利于提高公务员队伍的整体素质。

辞职包括公务员辞去公职及辞去领导职务。辞去公职,是指公务员根据本人意愿,依法辞去所任职务,并解除与机关的全部职务关系,丧失公务员身份。辞去领导职务,是指担任领导职务的公务员依法向任免机关申请不再担任所任的领导职务,不丧失公务员身份,可按照规定另行任职,包括因公辞职、自愿辞职、引咎辞职和责令辞职。辞退是指机关依照法律规定的条件,通过一定的程序解除与公务员的全部职务关系,被辞退公务员离开机关并丧失公务员身份。辞职和辞退都是终止公务员与国家行政机关任用关系的行为。辞职是为了保障公务员的职业选择权,而辞退是为了保障机关的用人权。

6. 退休制度

公务员退休,是指公务员达到法定退休年龄、为国家服务达到一定工作年限或者丧失工作能力,依法办理手续,退出公务员队伍,由国家给予生活保障,并给予妥善安置与管理。退休既是公务员权利,又是公务员的义务,建立和规范公务员退休制度,从法律上对公务员老有所养的权利予以保障,同时督促公务员必须履行退休义务,发挥退休制度"出口"管理和新陈代谢的作用。

7. 聘用制度

聘用制度,一般称聘用制,是指在专业性较强和辅助性职位,参照公务员考试录用的程序进行公开招聘,或从符合条件的人员中直接选聘任职的,实现合同管理。聘用制是一种贴近市场机制的行政公务人员管理制度,它的核心是根据合同对公务员进行管理。在传统的公务员任用制度之外增设聘任制,主要有三种考虑:一是与部分政府工作的阶段性与周期性相适应,增加政府部门对人力资源的弹性管理。二是增加公务员的危机感和责任感,激活公务员队伍。三是通过市场化的价格而不是普通公务员的福利待遇来吸引专业性较强的专门人才,如国际金融管理、信息技术管理、外经外贸管理等。聘任制适当引入了市场机制,赋予机关和公务员双方协商的权利,可以体现公务员的主观意志和主动选择,较大地发挥了机关和公务员两个方面的积极性,具有较强的灵活性。它在一定程度上弥补了委任制的不足,消除公务员能进不能出、缺乏活力等负面影响,激活公务员队伍。它与传统的公务员制度相辅相成、并行发展,成为公务员的一种任职方式。

(三）激励机制

激励机制是激励公务员的工作动力，提高其积极性的一项重要机制，其主要包括考核、奖励、职务升降、工资保险福利等项制度。

1. 考核制度

公务员考核制度是指公务员主管部门和各机关按照公务员管理的有关法律，对所属公务员的思想品德、工作成绩、工作能力和工作态度等方面进行的定期和不定期的考核评价。公务员考核是公务员管理的基础环节。公务员考核的内容包括德、能、勤、绩、廉五个方面，考核重点是在全面实施考核的基础上，着重考核工作实绩。公务员考核的方式分为平时考核和定期考核。公务员考核的等级分为优秀、称职、基本称职、不称职四个等次，通过加大考核的区分度，着力解决考核实践中存在的"称职大平台"现象。公务员考核的结果，作为调整公务员职务、级别、工资以及奖励、培训、辞退的依据。

2. 职务升降制度

职务升降是指根据行政机关工作需要和公务员的工作实绩，依法提高或降低公务员职务的行为。职务升降包括职务的晋升和降职。职务升降是公务员管理中的关键环节和重要内容，是选贤任能的重要手段，是形成竞争激励机制，促进公务员能上能下，保持公务员队伍的生机和活力的主要途径。公务员职务晋升的方式包括：非领导职务实行内部晋升方式，有利于鼓励公务员勤奋工作起到稳定队伍的作用；部分领导职务采取公开选拔、竞争上岗的晋升方式，有利于引入竞争机制，打破论资排辈的陈规，拓宽用人渠道，促进具有领导才能的优秀人才脱颖而出。降职是一种任用行为，不属于惩戒行为。公务员在定期考核中被确定为不称职的，按照规定程序降低一个职务层次任职。实行公务员降职制度，是我国公务员管理制度改革的重要内容，是对原制度中能升不能降的弊病的改革。

3. 奖励制度

公务员的奖励，是机关对在工作中表现突出有显著成绩和贡献，或者有其他突出事迹的公务员或者公务员集体给予一定精神和物质利益以示鼓励的制度。公务员奖励既注重奖励个人，也注重奖励集体；既注重定期，又注重及时；既以精神奖励为主，又要与物质奖励相结合。对公务员进行奖励，对激励公务员奋发向上，尽忠职守具有重要的示范作用。

4. 工资、福利与保险制度

工资福利保险是公务员的基本保障。工资是劳动者根据其劳动成果以货币形式表现的收入。公务员实行职务和级别相结合的基本工资制度，其工资结构由基本工资（职务工资、级别工资）、津贴、补贴和奖金组成。级别与待遇适当挂钩，实行向基层公务员倾斜的政策，这有利于确立公务员"职务晋升"与"级别晋升"的双梯制。福利是指机关为改善和提高公务员物质文化生活水平而采取的一些措施或提供的待遇。公务员福利制度是机关工资分配制度的重要补充，具体内容主要包括工时制度、休假制度、优抚制度和其他福利制度。保险是劳动保险的一种,是国家对因生育、年老、疾病、伤残和死亡等原因,暂时或永久丧失劳动能力的公务员给予物质保障。工资福利保险具有保障、激励和调节功能。

(四) 监督机制

公务员的监督机制渗透在人事行政的各个管理环节,通过对公务员行为的法律监督,旨在实现公务员权利与义务的平衡。公务员监督机制包括义务与权利、惩戒、回避、申诉控告与仲裁、法律责任等项制度。

1. 义务与权利

公务员的义务,就是国家法律对公务员必须做出一定行为或不得做出一定行为的约束和强制,即公务员的义务包括作为义务和不作为的义务。公务员的权利,就是国家法律对公务员在履行职责,行使职权,执行国家公务的过程中,可以做出某些行为,要求他人做出某些行为或抑制某些行为的许可和保障。公务员必须认真履行义务,否则就要受到纪律处分和法律制裁;公务员的权利必须得到合法保护,否则,只能够依法得到救济。

2. 惩戒制度

公务员的惩戒是指对玩忽职守、违法乱纪公务员给予惩罚或处分的一种制度。惩戒规定包括两方面的内容,即公务员应遵守的纪律和违反纪律应受到的行政处分。公务员应该遵守的纪律包括政治纪律、工作纪律、廉正纪律、社会公德纪律等方面。公务员违反纪律受到的行政处分包括警告、记过、记大过、降级、撤职、开除六种类型。制定公务员的惩戒制度,对于加强行政机关国家公务员队伍的建设,改进机关工作作风,遏制政府机关中的腐败现象,促进行政机关的廉政勤政建设,具有重要作用。

3. 回避制度

公务员回避,是指通过对公务员所任职务、执行公务和任职地区等方面做出限制性规定,减少因人为因素对工作的干扰,保证公务员公正廉洁地执行公务的法律制度。公务员回避包括职务回避、公务回避、地区回避三种类型,三者的有机结合构成一个完备的回避制度。建立和完善公务员回避制度,对促进机关廉洁建设,帮助公务员摆脱各种亲属关系的羁绊,公正履行职责,提高工作效率,有积极的促进作用。

4. 申诉控告制度

公务员的申诉是指公务员对机关做出的涉及本人权益的人事处理决定不服,依法要求法定机关重新处理的法律活动。公务员控告是指公务员对机关及其领导人在职权活动中侵犯其合法权益的行为向上级机关或纪检、监察机关提出的指控。申诉与控告都是维护公务员合法权益的法律监督手段,但申诉的目的是及时修正机关的不当人事管理行为,控告属于制止和惩罚机关及其领导人的违纪违法行为。公务员申诉控告制度对加强机关廉洁建设,反对官僚主义,防止滥用人事管理职权,维护公务员和机关的合法权益,提高行政效率,保持公务员队伍的稳定,都具有重要作用。

5. 法律责任

有权力必须有责任，权责统一，这是加强监督的应有之义。公务员及其机关应该承担的法律责任包括：责任人主体承担的受到批评或行政处分的行政法律责任；恢复名誉、赔礼道歉、消除影响等民事法律责任；赔偿损失等经济法律责任；刑事法律责任。

四、中国公务员制度的优化和完善

中国国家公务员制度形成于中国市场经济改革初期，政府是经济的绝对主导力量，时至今日，市场力量日益强大，政府也更多从权力型政府向服务型政府转型发展，完善公务员制度，既要充分总结2006年《公务员法》实施以来的经验教训，又要密切关注当代新公共管理理论的发展以及中国全面深化改革大背景下公共部门改革的需要，考虑信息化时代人力资源管理的新特征。

（1）以结果换取权限下放，稳步改革人事管理体制。西方多数国家普遍下放公务员管理权限，以增强地方与部门人才资源开发的积极性、主动性与灵活性。我国公务员管理体制也存在下放公务员管理权限的压力与动力，既存在管理权限过于集中的弊端，又面临公务员管理机关权威不够的难题。因此，比较现实的做法是"以绩效换放权"，当然，这样的做法还必须与我国行政体制改革尤其是部门设置的改革相结合，直管县、撤县设区、撤县设市、纵向直管都是这种改革的体现。

（2）兼顾品位分类的合理因素，增加职位分类的内涵，创新公务员分类管理制度。我国从党、政、企、事、群几大系统干部队伍中，逐步分离出公务员队伍，它从根本上改变了用单一模式管理所有"国家干部"的状况，是探索科学的人事分类管理制度的重要开端。但我国现行公务员制度的一个突出问题是，公务员内部没有按照职位性质和特点进行分类，所有的公务员都适应一套职务系列，实行一种管理方法。这种大一统的单一管理模式，难以提高公务员队伍的专业化与科学管理水平。因此，划分职位类别是我国公务员分类管理的突破口。2016年4月18日，中央深改组第二十三次会议审议通过了《专业技术类公务员管理规定（试行）》和《行政执法类公务员管理规定（试行）》。会议指出，深化公务员分类改革，加快建立专业技术类、行政执法类公务员管理制度。要着眼于提高管理效能和科学化水平，确立体现工作性质和职位特点的职业发展通道，分类录用、分类考核、分类培训，突出对公务员特别是基层公务员的持续激励，更好地调动公务员的积极性。

【阅读材料】

2016年7月14日，中办国办印发的《专业技术类公务员管理规定（试行）》和《行政执法类公务员管理规定（试行）》全文公布，对专业技术类和行政执法类公务员分别制定了职位设置、职务升降等方面的规定。两类公务员设置11层次，对应公务员相关级别。其中，专业技术类公务员职务，从专业技术员到一级总监对应公务员26级到8级。

两个规定标志着我国公务员分类管理的制度框架体系基本确立。文件将专业技术类公务员的职级从专业技术员到一级总监分别设置 11 个层次,分别对应公务员二十六级至八级。将行政执法类公务员从二级行政执法员到督办分别设置 11 个层次,对应公务员的二十七级至十级。在职位的序列上,两个规定结合专业技术类、行政执法类公务员的工作性质和职位特点,着眼于提高管理效能和科学化水平,为两类公务员建立了各自的、不同于综合管理类公务员的职务序列。专业技术类职位是专门从事专业技术工作,为机关履行职责提供技术支持和保障的职位。行政执法类职位是机关中依照法律法规的规定,对行政相对人直接履行执法职责的职位。

在职务晋升上,李忠表示,分类管理突出对公务员,特别是基层公务员的持续激励,畅通职业发展通道,以更好地调动公务员的积极性。在日常管理上,针对两类公务员的特点,实行分类录用,分类考核,分类培训。

(3)慎重探索公务员任用制度,完善常任制与聘任制相结合的制度。20 世纪 80 年代以来,西方公务员制度借鉴现代企业对从业人员进行合同管理的经验,越来越多地采用聘任制公务员,出现了一种淡化职业化,强调专业化的发展趋向。但我国公务员管理的"进口"依然不严,"出口"依然不畅。因此,现阶段我国也需要增加对公务员的弹性管理,增强公务员队伍活力,吸引专门人才。为此,可以采取一些较为灵活的做法,如保持行政职位和行政岗位的公共性、开放性和流动性,留出一定比例的高级职位或低端辅助性职位实行聘用制。但在扩大聘任制公务员范围这个问题上,我们应格外慎重,职务常任毕竟是公务员制度的本质特征之一。我国实施公务员制度毕竟只有 20 多年时间,没有公务员的职业化,就没有专业化。职业化是专业化的前提。应强调常任制是我国公务员最基本的任用制度,聘任制只处于辅助性、从属性的地位。

(4)完善公务员职务和级别相结合的制度,创新激励保障制度。《国家公务员暂行条例》规定了公务员职务与级别的对应关系,共分为 12 个职务层次与 15 个级别,职务层次与级别之间有一定的交叉对应关系,体现了不能升职务可以升级别的初衷。但"依职定级"的色彩仍然很重,级别晋升主要是依靠职务晋升。级别太少,不利于发挥级别的激励功能,难以调动中低层公务员的积极性。因为我国是单一制国家,政府层级、机构规格限定了大部分公务员的职业发展空间。我国绝大多数公务员其职务层次在科级以下,在晋升渠道过于单一的状况下,中低层的公务员的积极性很难调动起来。因此,在职务晋升之外,寻找适合广大公务员的晋升渠道与职业发展的阶梯,是创新激励机制的重点所在。创新我国公务员激励保障制度的基本思路是,增加级别,由原来的 15 级增加到 27 级,并完善级别功能,逐步走出一条职务晋升与级别晋升的"双梯制"。级别既是衡量不同类别、不同职级公务员贡献的一个标尺,又是公务员职业发展阶梯中晋升的方式,还是确立公务员工资的重要依据。

(5)强化责任追究制度,完善监督机制。1993 年以来,已经颁布实施了与《国家公务员暂行条例》相配套的 37 项单项制度,公务员管理环节基本上做到有章可循,有法可依。

干部人事监督机制开始发挥作用。但有些运作不规范,公务员的权利未能得到有效保护。1995年至1999年,各级人事部门受理公务员中诉案件287件,其中,只有20%的申诉控告处理决定被撤销或被建议撤销。我国既要加强对公务员的管理和监督,通过对公务员行为的法律监督,旨在实现公务员权利与义务的平衡;又要进一步保护公务员的合法权益,特别是通过强化责任追究,遏制用人腐败,改革和完善公务员监督机制。

第三节 事业单位人事制度

事业单位人事制度是与我国经济体制、政治体制和干部管理体制相联系、相适应的。中华人民共和国成立以来,在建立高度集中的计划经济体制和干部管理体制的过程中,逐步形成了一套以管理党政机关干部的模式管理事业单位工作人员的人事管理制度。截至1993年,我国并不存在独立的事业单位人事制度,事业单位人事制度与机关单位人事制度同属于机关事业单位人事制度。1993年,国家开始推行公务员制度,在机关事业单位人事制度中剥离出公务员制度,事业单位人事制度才成为相对独立的人事制度体系。2014年《事业单位人事管理条例》的出台和实施标志着事业单位工作人员的"铁饭碗"全面打破,中国事业单位人事制度改革和建设进入新的历史发展阶段。

一、事业单位的概念及特点

1. 事业单位的概念

事业单位是一个有着鲜明中国特色的概念,是我国特有的提法,产生于中华人民共和国成立之初。随着事业单位的不断发展,对事业单位范围的界定也不断变化。对事业单位概念的界定,存在着多种说法。根据2004年6月27日国务院修改发布的《事业单位登记管理暂行条例》的规定,事业单位"是指国家为了社会公益目的,由国家机关举办或者其他组织利用国有资产举办的,从事教育、科技、文化、卫生等活动的社会服务组织"。按此规定,本书所称事业单位,仅指国有事业单位即全民所有制事业单位。

2. 事业单位的特点

事业单位是我国各类组织类型中仅次于企业单位的第二大类组织类型。从总体上看,事业单位具有非政府机关、非营利特征。与机关单位和企业单位相比,事业单位具有以下特点:

(1)事业单位不代表国家行使行政权力,不具有行政职能(不包括法律、法规授权的具有公共事务管理职能的事业单位)。

(2)事业单位通常以社会公益为主要发展取向,具有社会和经济双重属性,需兼顾社会和经济双重效益。

（3）事业单位一般以脑力劳动者为主体，是人才知识密集程度较高的社会组织，其劳动成果一般是知识和精神产品。

（4）事业单位门类繁多，情况复杂，既有社会公益性事业单位，又有经营开发性事业单位；既有全额拨款、差额拨款的事业单位，又有自收自支、企业化管理的事业单位；既有党政机关举办的事业单位，又有社会力量举办的事业单位；既有数万人的大型事业单位，又有几个人的小型事业单位。事业单位可谓人员多、门类广、跨度大。

事业单位的这些特点，要求我们在推进事业单位人事制度改革时，必须从我国事业单位的实际情况和基本特点出发，对不同类型的事业单位，逐步研究探索出科学分类的改革和管理办法，逐步建立符合各类事业单位特点的人事管理制度。

二、事业单位人事制度存在的问题

1993年，我国事业单位人事制度正式建立以来进行了许多改革，如扩大单位用人自主权，实行专业技术职务职称制度，专业技术职务评聘分开、建立辞职辞退制度、改革工资分配制度等，初步形成了具有中国特色的事业单位人事制度。这种人事管理制度对促进我国经济、科技、教育和文化的发展，曾起到过积极的作用。但是，这种改革在总体上是不够彻底和全面的，经过改革后的事业单位人事制度仍然具有以下特点：一是独特的公职制度，即不属于公务员，但又占用事业编制、享受财政供养，是一种不同于公务员制度的特殊的公职制度。二是整体因袭与局部改革并存，没有从根本上改变事业单位人事制度的基础，符合各类事业单位特点的人事管理制度还没有完全建立起来，有效的竞争激励机制和自我约束机制还很不健全，能上能下、能进能出的用人机制还没有形成。三是旧的弊端尚未根除，新的问题不断产生。如按照行政管理模式管理人事，事业单位缺乏用人自主权；缺乏科学分类；管理手段落后，管理机制缺乏活力等弊端依旧存在，而社会转型过程中的人员增长过快、收入差距加大、人员分流不畅、社会保障体系不健全等问题又凸现出来。

当前我国改革开放和现代化建设事业已经进入一个新的历史时期，经济体制改革不断深入，科技、教育、文化、卫生体制改革日益深化，党政机关干部制度改革和企业人事制度改革全面展开。所有这些，都要求把加快推进事业单位人事制度改革作为促进国家整体改革和发展的一项重要而紧迫的任务。

三、事业单位人事制度改革

事业单位是我国各类人才的主要集中地，是增强我国综合国力的重要领域，是实施科教兴国战略的重要阵地。搞好事业单位人事制度改革，对建设高素质、社会化的专业技术人员队伍，推动经济发展和社会全面进步，实现我国改革开放和现代化建设的宏伟目标都具有十分重要的意义。新的改革中，将把全额拨款单位、差额拨款单位和自收自支单位重新划分为一类公益事业单位和二类事业单位。一类公益事业单位保留编制，财政全额拨款；二类公益事业单位则取消编制，实行全员聘任。这些改革都需要系统设计，既要面向未来发展还需要充分考虑历史。

1. 事业单位人事制度改革的基本思路

事业单位人事制度改革的基本思路是：按照"脱钩、分类、放权、搞活"的路子，改变用管理党政机关工作人员的办法管理事业单位人员的做法，逐步取消事业单位的行政级别，不再按行政级别确定事业单位人员的待遇；根据社会职能、经费来源的不同和岗位工作性质的不同，建立符合不同类型事业单位特点和不同岗位特点的人事制度，实行分类管理；在合理划分政府和事业单位职责权限的基础上，进一步扩大事业单位的人事管理自主权，建立健全事业单位用人上的自我约束机制；贯彻公开、平等、竞争、择优的原则，引入竞争激励机制，通过建立和推行聘用制度，搞活工资分配制度，建立充满生机活力的用人机制。通过制度创新、配套改革，充分调动各类人员的积极性和创造性，促进优秀人才成长、增强事业单位活力和自我发展能力，减轻国家财政负担，加速高素质、社会化的专业技术人员队伍建设。

2. 事业单位人事制度改革的主要内容

（1）在用人制度上全面推行聘用制度。破除干部身份终身制，引入竞争机制，在事业单位全面建立和推行聘用制度，把聘用制度作为事业单位一项基本的用人制度。所有事业单位与职工都要按照国家有关法律、法规，在平等自愿、协商一致的基础上，通过签订聘用合同，确定单位和个人的人事关系，明确单位和个人的义务和权利。通过建立和推行聘用制度，实现用人上的公开、公平、公正，促进单位自主用人，保障职工自主择业，维护单位和职工双方的合法权益。通过聘用制度转换事业单位的用人机制，实现事业单位人事管理由身份管理向岗位管理转变，由单纯行政管理向法制管理转变，由行政依附关系向平等人事主体转变，由国家用人向单位用人转变。

（2）在人员引进上，实行公开招聘和考试的制度。对缺编人员，一律参照招录公务员的办法，做到凡进必考，按岗位要求，通过规定程序，坚持公正、公平的原则，择优予以公开招录。除公开招考外，因保密不宜公开招考的职位或因专业特殊难以形成竞争的职位，由组织人事部门核准，进行个别选考。招聘事业单位领导职位和高层次紧缺人才，可以采取选聘的方式，直接考核聘用。要制定具体的招聘考试办法，从制度上规范事业单位选人用人的程序和做法，把优秀人才吸引到事业单位中来，提高事业单位各类人员的素质，把好选人用人关，防止通过各种非正当途径向事业单位安排人员。

（3）在人员管理上，推行事业单位内部的岗位管理。

① 建立符合事业单位性质和工作特点的岗位管理制度。遵循按需设岗、精简效能、结构合理、依法管理的原则，在界定职能、核定编制、裁减冗员的基础上，科学合理设

置岗位，实行岗位管理。对专业技术岗位，坚持按照岗位要求择优聘用，逐步实现专业技术职务的聘任与岗位聘用的统一，强化并完善专业技术职务聘任制度。对管理岗位，要建立体现管理人员的管理水平、业务能力、工作业绩、资格经历、岗位需要的等级序列，推行职员制度。对工勤岗位，建立岗位等级规范，规范工勤人员"进、管、出"等环节的管理办法。

② 实行全员竞聘上岗。彻底打破传统的职级观念，在科学设岗基础上，按照"公开、平等、竞争、择优"原则，根据人员履行职责能力对照岗位要求和任职条件，每1—2年实行一次全员公开选拔，竞争上岗、按岗聘任，可低职高聘、高职低聘，也可试聘、缓聘、待聘，努力做到能者上，平者让，庸者下，为实现人尽其才、才尽其用提供制度保障。事业单位领导任用，改变单一的委任制，在坚持党管干部原则、严格干部管理权限的前提下，结合单位实际，按规定的程序，采取竞争择优、招标聘任和选举聘任等多种形式予以聘用，实行任期制；一般管理、技术岗位和工人岗位全面实施竞争、双向选择上岗，签订聘用合同。对于紧缺的特殊人才，实行重点倾斜，但特殊人才的认定必须以其成果为主要依据，履行有权部门鉴定手续，可以一人一策，签订聘用合同。

③ 建立形式多样、自主灵活的分配激励机制。贯彻按劳分配与按生产要素分配，效率优先、兼顾公平的分配原则，扩大事业单位内部分配自主权，逐步建立重实绩、重贡献，向优秀人才和关键岗位倾斜，形式多样、自主灵活的分配激励机制。全面深化分配制度改革，逐步建立符合各类事业单位特点、体现岗位绩效和以岗位绩效工资为主体，分级分类管理的事业单位薪酬制度。加强对事业单位工资总量的调控，在事业津贴全面实行考核发放的基础上，加大浮动工资力度，彻底打破"铁饭碗"，扩大档案工资与实际收入相分离的力度，全面放开搞活差额补贴与定额补贴事业单位薪酬分配机制。采取特殊人才特殊分配、优秀人才优厚待遇的政策，对关键岗位特殊人才实行协议工资制，事业单位主要领导试行年薪制，提倡科技成果、技术、管理、信息等生产要素参与分配，鼓励自带成果参股，无形资产配股等股权激励机制。

（4）在人员解聘上，实行解聘辞聘制度，畅通出口。建立与聘用制度相配套的、保证人员正常流动的解聘辞聘制度。事业单位可以按照聘用合同解聘职工，职工也可以按照聘用合同辞聘，在解决社会保障基础上形成人员退出机制。通过建立解聘辞聘制度，疏通事业单位人员出口渠道，增加用人制度的灵活性，解决人员能进能出的问题。

（5）在人事监管上，建立起宏观管理、政策监管和个案争议处理相结合的监管机制。加强对事业单位人事工作的监督，要保障单位和职工的合法权利，保证事业单位在国家法律、法规规定的范围内行使用人自主权；建立健全事业单位人事工作的宏观管理制度，对主要靠财政拨款的事业单位要建立健全工资调控体系，建立起人员总量、结构比例、收入分配的宏观调控体系；做好事业单位人事争议的处理工作，要积极开展人事仲裁工作，及时受理和仲裁人事争议案件，切实维护用人单位和职工双方的合法权益。

【案例思考】

篮协拒付160万工资，宫鲁鸣恐无缘里约奥运

　　里约奥运前，网上一则"篮协拒付160万工资，宫鲁鸣恐无缘里约奥运"的消息，让球迷的心提到了嗓子眼。尽管后来宫鲁鸣和中国篮协都出面辟谣，不过，像宫鲁鸣这样在体制内的主教练该拿什么样的薪水，却是体育部门面临的新问题。

　　男篮主教练是个高薪的岗位，要谈奉献，也不能回避合理的薪水。中国男篮聘请过多位外籍教练，无论这些教练带领中国男篮取得的成绩如何，他们的年薪都远远超过160万元，扬纳基斯的年薪甚至还超过千万元。更何况宫鲁鸣是中国篮球史上标志性的人物，不仅在球员时代与中国男篮创下了辉煌的战绩，出任国家队教练也为中国男篮和女篮都留下了浓重的一笔。2014年再次出任中国男篮主教练，完全是出于一份责任。当时的中国男篮正陷入历史性的低迷中，不过，宫鲁鸣接手中国男篮一年半后，中国男篮重新站在了亚洲之巅，球队也完成了新老更替。就算拿到160万元，宫鲁鸣的性价比依然非常的高。

　　其实，中国篮协恐怕也不是不想为宫鲁鸣支付百万级的年薪，而是碍于制度。中国男篮去年重夺亚锦赛冠军后，曾有媒体报道，特殊的身份让宫鲁鸣无法和队员以及其他教练组成员那样得到冠军奖金。宫鲁鸣目前仍是国家体育总局篮管中心的正式聘用干部，根据国家体育总局和篮管中心的相关政策和规定，薪酬无法跟社会招聘的薪资水准接轨。

　　当篮管中心让宫鲁鸣去当国家队主帅时，他就有了第二身份：职业教练。这是组织派遣，职务职责范围之外的工作。篮管中心和体育总局应当为宫鲁鸣指导工作身份负责，保驾护航、创造条件、排忧解难。如果认定他只能有一种身份——国家干部，就不能让他当国家队教练，否则就是篮管中心违规，且明知故犯。作为运动队管理部部长，国家队主教练不是宫鲁鸣的工作职责范围。

　　宫鲁鸣遭遇的是体育改革中的新问题。中国足球、篮球已经开始市场化、职业化改革，教练员的薪水已经全面与市场接轨，国足与中国男篮聘请外籍教练已经完全按他们的市场价格支付薪水。从某种程度上来说，薪水就是教练员价值的体现。2014年国务院出台的关于加快发展体育产业的文件中，明确提出支持教练员职业化发展。像宫鲁鸣这样的优秀本土教练，理应获得市场认可的薪水。这时，体育部门就要改革原有体制，让这些优秀本土教练员不再有后顾之忧。

思考：
1. 中国男篮主教练是一个什么样的岗位？
2. 宫鲁鸣可以拿高薪吗？

【本章小节】

　　本章通过对公共部门人力资源基本制度的介绍，让其对西方国家公务员制度的概念、

特点和产生的历史背景有一定的了解；重点对中国公务员制度的概念和范围、中国公务员制度管理的具体内容、目前中国公务员制度面临的问题及其进行改革完善的路径选择进行分析，以便从中西方公务员制度的区别和结合点上更好地理解中国公务员制度；并通过对事业单位人事制度的介绍，了解目前事业单位人事制度面临的困境及其改革基本思路。

【核心概念】

公务员、公务员制度、公务员法、事业单位人事制度、改革

【复习思考题】

1. 我国公务员制度与西方公务员制度有何区别？
2. 西方公务员制度改革基本趋势有哪些？我国在完善和健全公务员制度时应该如何借鉴西方公务员制度改革的经验？
3. 事业单位人事制度改革面临的困难有哪些？
4. 应该如何加大力度推进事业单位人事制度改革？

第四章 公共部门人力资源规划与职业发展

【引入案例】

1980年中共十一届五中全会召开，邓小平在会上提出一个问题："下届中央委员会，是不是可以选50个50岁以下的人？大会代表是否应该有相当数量50岁以下的人？这是我们的事业能否兴旺发达的一个重要标志。"

2015年，102个人站在人民大会堂的西大厅一侧，这102个人，是受到中组部表彰的优秀县委书记。习近平对他们寄予厚望，在随后的讲话中，这位中国的最高领导人要求各级党委和组织部门关心爱护县委书记，支持县委书记干事创业。

接见是在6月30日，此后四个月里，截至11月5日，这些县委书记中至少27人获得不同程度提拔，履任新职，另有至少4人拟任新职，共计31人职务调整，占比近1/3。中国共产党新闻网因此发表评论称："近三成全国优秀县委书记履新是选人用人上的'新风向'。"

对比2800多名县委书记，102只是个很小的数目。而这也只是中国庞大官员体系中的一部分。我国目前有700多万国家机关公务员，而财政供养人员则达到5000万人。

人员获取和配置是公共部门人力资源有效管理的关键环节。为了实现对人力资源获取的有效性、合理性和经济性，我们必须在对公共部门战略性规划和功能界定基础之上拟定与其相匹配的公共部门人力资源发展战略，进而科学规划员工职业生涯发展，实现人事动态匹配。

第一节 公共部门人力资源战略

快速变化的外部世界和不断强化的竞争环境使战略在组织管理中的地位比以往任何时候都显得更为重要，也使战略的制定和实施变得更加困难和复杂。人力资源管理战略的实施过程就是组织实现战略目标，获取竞争优势的过程。

一、人力资源战略概念的提出

人力资源管理这一概念的独特意义在于，其强调"人力资源是企业追求永续化竞争优势的重要基础，如果人力资源管理没有被放在组织战略管理的框架下来讨论，则无法突显出其人事管理之间的差异"（Christopher Mabey）。人力资源活动必须要实现"内在配适调和"和"外在配适调和"，即人力资源的实务活动彼此之间必须形成整合一致的功能，并与组织追求战略目标和方向相一致，才能发挥最佳的综合效果。因此，人力资源管理是组织战略的一个关键组成部分，如何使组织内部人力资源管理活动保证员工的行为和技能能够配合组织战略的达成，成为组织各层次管理人员最重要的管理任务。

对于人力资源战略的定义并不完全一致：有人力资源管理学者认为，人力资源战略是"程序和活动的集合，它通过人力资源部门和直线管理部门的努力来实现组织的战略目标，并以此来提高组织目前和未来的绩效及维持竞争优势"（Schuler, Walker, 1990）；也有学者认为，人力资源战略是"指员工发展决策以及对员工具有重要和长期影响的决策，它表明了组织人力资源管理的指导思想和发展方向，而这又给组织的人力资源计划和发展提供了基础，组织的人力资源战略是根据组织战略确定的"（Cook, 1992）。还有些学者则将人力资源管理战略定义为：人力资源管理战略是"组织所采用一个计划或方法，并通过员工的有效活动来实现组织的目标，帮助组织获取和维持其竞争优势"（Comez Mejia, 1998）。尽管重点各有不同，但大家公认的是人力资源管理战略从属于组织战略，并支持着组织战略的实现。

所以，人力资源战略实质上是使人力资源管理与组织战略内容相匹配的手段的总和，其宗旨在于充分合理地运用组织人力资源，使其发挥最大优势，以实现组织目标的各种模式和活动的总称。它包括三个层次的内容：

（1）战略层次。人力资源战略指出了总体方向，立足于组织的整体利益和长远发展，是对组织环境分析基础上组织发展使命、愿景与员工期望的结合，通过人力资源管理战略目标的确定和总体规划体现出来。

（2）管理层次。即在人力资源战略基础上进行的人力资源管理政策的制定。在这一层次上，人力资源战略的目标和总体规划被分解为一系列具体的行动计划和措施，包括多种必需的活动以及方案，且规定相应的实施期限和责任。

（3）操作层次。管理层次所确定的管理任务在此得到落实。同时，对人力资源战略实施的过程进行控制、监督、分析、评价，在反馈的基础上进行适当调整，以确保组织目标的实现。

二、公共部门的人力资源战略

人力资源战略的提出源自于企业对于竞争优势的不懈追求，是属于企业部门所强调且积极从事的营运观点和管理法则。事实上，公共部门与企业而言，两者之间的差异十分明显，最大区别在于公、私两部门所追求的终极利益完全不同：公共部门以公共利益为运行目标，而私营部门或者说企业则以追求股东利益最大化为归宿；从运行环境来看，企业面对的是不断变化的激烈的竞争环境，企业各项战略的设计和运用，通常都源于环境的威胁，而公共部门组织在其功能业务领域内往往具有相当的垄断权力，而不会受到竞争机制的过多影响。那么，人力资源战略是否可以在公共部门中应用？如果可能的话，又该如何定位？其发展趋势会是什么样的？这都成为有待讨论的现实问题。

（一）人力资源战略在公共部门实施中面临的挑战

人力资源战略的确立与实施对于企业竞争优势的获取和保持有着重要意义，也正因为此，私营部门的战略思维绝大多数是针对竞争激烈的市场环境而生的。那么要将这一有效的工具应用到公共部门势必面临着众多的挑战。

（1）外部环境的软化限制了公共部门战略思维的培育。相对于私营部门而言，公共部门对于业务范围和任务的垄断性以及由此而产生的权力，使其面临着与私营部门完全不同的柔软的外部环境，几乎没有生存的压力以及相应的求生意志，在没有强烈的市场竞争机制的作用下，也较难培育出战略思维。

（2）"依法行政"的管理原则限制了公共部门战略的发挥。企业战略具有前瞻性、计划性和一定的稳定性，但其最根本的特征却在于动态性。由于企业内、外部环境时刻都在发展变化，为了追求竞争优势就必须适时调整企业战略，包括人力资源战略，因此表现出来的就是，企业的组织结构和管理流程是变动和富有弹性的。同时，充分的组织授权是战略规划与管理的基本条件，当组织发生变革时，如果没有相应的权利，根本无法顺利发挥企业战略的功能。而公共部门大多是在"依法行政"的基本原则和前提下开展活动，基本不可能像企业那样比较弹性地进行组织结构与工作流程的调整，各种法律、规章给公共部门的人力资源活动规定了活动的范围和条件，组织自由活动的空间十分有限，其发挥权力的空间也十分有限。在既存的制度结构下，公共部门推动新的人力资源管理方案时，往往会比私营部门更难落实下去。

（3）对政治风险的关注使公共部门战略的制定和实施缺乏理性的基础。私营部门在推动企业战略与组织变革时所考查的是方案背后的财务风险及企业的承担能力，财务风险是明确的，可以通过确定的指标进行分析和判断，从成本和利润的对比来评估目标与手段之间的关系来做出理性的选择和决策，这种风险对于公共部门几乎是不存在的，它关注的是政治风险。政治风险是模糊的，存在着较多可操作和诠释的空间，因此战略在公共部门可能更多地表现为"文字游戏"和"修辞"斗争；公共部门所采取的政策措施要倾向于"能否为广大公众认可和接受"，而且很多时候公共部门常常还会追求一组相互矛盾的政策目标，这就使其目标与手段之间的关系更为模糊。

（4）虽然人力资源战略在由企业向公共部门转移的过程中面临着诸多问题，但这并未阻挡公共部门"战略性人力资源管理"观念的进程。西方新公共管理运动的兴起，使公、私两部门之间的界限在缩小，分权化、私营化、管理者主义思想的树立推动了公共部门人力资源战略的确立。在我国，随着政府职能的转变以及市场经济的发展，人力资源在两大部门之间的流动，公共部门人力资源管理与企业人力资源管理的互动，都促进了公共部门人力资源战略的深化。

（二）公共部门人力资源战略的确立与发展

公共部门人力资源战略的确立源自于两方面的力量：一是理论的研究。正如美国行政管理学家古利克所说，公共管理与企业管理尽管其目标和侧重点不同，但它们二者都是同一门广泛科学的组成部分，都是要利用分工的方法对为了实现规定目标而工作的人员进行分组，都是通过计划来做出政策决定，都要进行协调、指挥并负有责任，都要设法通过激励和对人、物和时间的最佳利用来获得最好的工作绩效，都必须在不断变化的环境中密切关注公共舆论和管理工作的连续性。因此，企业人力资源管理中的人力资本思想、以人为本的观念、人力资源的时效性原则等管理战略的成功实践对于公共部门而言仍然是有效的。二是实践的探索。20世纪80年代，西方发达国家兴起了"新公共管理"的改革浪潮。以英国为代表的各国政府面对政府管理市场出现的"失灵"现象，巨额的政府债务、低下的管理效率和日益不满的公众情绪，提出了新公共管理的思想。其思路主要体现在：实行公共服务社会化和市场化的改革，政府从部分公共产品领域退出，由社会资本提供部分混合公共产品，注重发挥市场在公共产品供给中的作用。

在公共部门走向服务化和市场化的过程中，人力资源战略思想由此形成。

（1）"解除官僚化"及推动"分权化"，实现管理方式的转变。政治因素对现代组织的影响越来越突出，公共部门人力资源战略更是如此，"解除官僚化"和"分权化"意味着公共部门更多是服务型部门，更好地面向大众，更多强调公共管理对市场的回应。政治因素始终决定和左右公共部门人力资源战略的方向。

（2）引入私营部门的管理风格，增进公共部门人力资源管理的弹性。企业运行中人力资源战略的操作手段和工具被广泛地应用到公共部门：传统的笔试制度被更富有活力的考试制度所替代，委托私营企业或公共法人机构处理招聘工作，公务员的培训由非政府组织进行，使这方面的工作可以更符合实际需要；基层单位被赋予更多的人事与财务自主权，以保证人力资源管理的实务工作有更多创新性的表现；重视建立市场中的合同关系，公共部门提供的服务通过合同来进行交易，使整个组织的运作同市场运行联系在一起，创造竞争力的公共组织；绩效考评与绩效管理全面推行，量化的外部的事后评估体制取代了传统的由自我进行的定性的评估体制，并在个人绩效与个人全面发展和组织发展之间达成一个清楚且有效的结合；以"非科层制"的组织结构替代原有的员工管理模式，工作通过平等的协议合作完成，以保证每个人享有均等的招募、奖励、发展和晋升的机会，包括以个人雇用合同为基础的弹性雇佣关系，与绩效挂钩的付薪方式和晋升机制等。

（3）通过组织结构变革来控制组织的投入和产出。组织结构真实地反映了组织中的协调过程、控制过程以及个人、群体、职业和职能之间的权力与义务关系。详细、全面的中央控制体系下，员工高度的积极性、工作团队的发展、更灵活的工作细分方法的创造是很难实现的。当代公共部门运用组织的投入产出理论，通过调整政府各部门间的关系和部门内部关系的结构形式，实现对组织过程的控制；通过竞争引入适度分离组织，或通过竞争、合同建立组织间的合作关系，通过建立成本目标体系来削减管理层次。这样的结果使公共部门的改革呈现出一种组织分化与整合的趋势：一方面表现在组织的多样化，集权与分权的确立、管理层级的减少、矩阵式的管理模式以及网状结构的组织形态；另一方面则体现在不同组织形式为了达成共同目标，强调协调与相互合作，从而使组织的服务效率与产能大幅度提高。

进入 21 世纪，各国都更期望公共部门能高效、廉洁，并提供更优质的服务，新公共管理关于战略性人力资源制度的建立的确为公共部门改革提供了成功的经验。然而，这并不表示新公共管理对于公共部门战略性人力资源管理的运作完全不会产生负面影响。事实上，不管是新公共管理的倡导者英国，还是积极推行者美国都还面临着一些问题，如对文官体系晋升制度的不满，聘任职务的短期性以及政治任命职务的数量变化都有可能破坏过去的功绩主义、专业主义等价值基础（Kearmey, Hays, 1998），如何避免这些问题可能将成为未来公共部门人力资源战略管理讨论的主要议题和重要任务。

第二节　公共部门人力资源规划

人力资源规划是人力资源战略的重要组成部分，是人力资源管理过程各项具体业务活动的起点。组织的任务需要通过相应的人来完成，人力资源规划就是一个将组织目标分解成为对特定人力的需求，通过具体政策制度的实施，确保组织人事相宜，完成战略目标的过程。

一、人力资源规划的内涵

人力资源规划经历了一个相当长的发展时期，使之由最初一个针对人员配置需求的狭义过程发展到一个较为宽泛的组织与人力协调相容的组织管理过程。早期对于人力资源规划的运作主要集中在未来人员配置、管理人员的接续等具体工作上，20世纪初人力资源规划的目的在于"确保其管理人员、办事员及工头是适合于其本职工作的人并正在称职地工作"（Alfred Marshall）；到60年代，伴随企业快速地扩展以及多元化进程，人力资源规划关注的重点转移到了人力资源的供求平衡上，尤其是管理人才、专业和技术人力的供求平衡。此时对人力资源规划的普遍看法是，组织预测其未来的人力需求，预测其内部人力资源供给满足这些需求和程度，确定供求之间的差距，通过人力资源规划制定人员的招募、甄选和培训方案，并确定其晋升和发展路径；进入80年代之后，组织和员工对职业规划、弹性工作时间与工作分享，绩效管理和激励更加关心，人力资源规划强调的是人员接续、机构精简、组织结构变革，人力资源规划开始向实用、灵活和更富有效率的方向发展。

人力资源规划的发展历程展示了人力资源规划内涵的变迁。时至今日，人力资源规划的范围已不限于供求平衡或数量预测，它向上与组织战略相联系，向下则与具体的行动方案相结合，是组织对内外部环境变化做出的反应，是阐述如何通过人力资源活动来获得和保持竞争优势的计划。

二、公共部门人力资源规划的作用

20世纪中期，人力资源规划就已经被各类政府组织所接受，人力资源规划的各项技术和工具在各级公共部门中得到了广泛的运用。通过人力资源规划中的工作分析、分类、评估等活动，组织实现了资源和项目优先权的外部控制，同时，还把预测活动与其他的人事活动，包括招募、绩效管理、培训、选拔、劳资关系管理与职业生涯发展联系起来。

如今，人力资源规划已经成为公共部门人力资源管理与开发的重要环节，是公共部门发展战略和重大决策的组成部分。在我国，人力资源规划是当前政府改革与组织重塑根本的配套措施，其地位日显突出。

（1）公共部门人力资源规划有助于政府的持续稳定发展，实现公共部门的政治目标。人力资源规划根据政府的总体战略，明确政府在未来发展中总体人员的需求状况，并制定相应措施，以保证员工的数量、质量、结构与战略相一致，保证工作的连续性，以维持社会、政治秩序的稳定。

（2）公共部门人力资源规划有助于组织实现现代管理，实现公共部门的经济目标。人力资源规划是人力资源管理过程中技术手段最集中的领域，它包括战略规划、预测评估技术等多种方法。通过人力资源规划的现代技术和科学方法，公共部门的管理过程和管理结果更加有效，有利于促进公共部门的科学化管理程度。同时，通过规划，不仅使人事相宜，人尽其才，而且还可以在宏观上控制人力资源成本，提高货币资本和人力资本两方面的使用效率。

（3）公共部门人力资源规划有助于公职人员自身的成长，促进自我价值的实现。现代组织的根本目标是实现组织与个体的协调发展，力争使员工个体价值与组织目标有机地结合起来。人力资源规划则是在组织与个体之间搭建的桥梁，通过规划促使员工了解自己在组织中所处的位置及未来的发展方向，明确自身素质与组织要求之间的差距，积极寻求提高自身水平的途径，使自我更好地成长。而对于那些没有兴趣或无法胜任公职的人员，通过人力资源规划，使他们能够明了自己的兴趣所在，并找到适合自己的岗位，实现自我价值。

三、公共部门人力资源规划的内容

人力资源规划包括两个层次的内容：总体规划和各项业务规划。人力资源总体规划是对人力资源管理和开发的总目标、总政策、实施步骤以及总预算的安排，各项业务规划则是总规划的展开和细化。

1. 总体规划

人力资源总体规划以公共部门的战略目标和未来发展趋势为依据，围绕组织人力资源开发与管理的总目标展开设计，并提出人力资源政策的实施方针、步骤、时间安排、经费预算等若干思路。它强调规划内容上，数量规划与质量规划的统一，规划结构上外部和内部的统一。外部统一意味着总体规划与组织战略的一致性，而内部统一则是指总体规划与各项业务规划及业务规划之间的配合协调。

2. 业务规划

业务规划是总体规划确立原则下关于各项具体人力资源管理业务活动的方案安排的计划,是人力资源战略和人力资源总体规划得以实现的实施保证。从内容上看,公共部门的人力资源业务规划包括以下几个方面:

(1) 公职人员的补充计划。主要涉及公职人员的类型、数量、结构和效果设计,包括对公职人员的来源、任职资格、福利待遇以及招募、甄选、调任、轮换等以及相应费用预算的计划。

(2) 公职人员的使用计划。主要涉及各部门的定编、定岗和定员方案,包括部门职务分类与设置标准、绩效管理目标、交流调配制度、任职资格考核、聘任与解聘制度及相应的时间、资金安排等。

(3) 公职人员的培训开发计划。一般围绕提高公职人员的政治素养、业务素质、爱岗敬业、增强组织凝聚力、提高员工满意度等目标展开,主要涉及公职人员培训目标、政策、教育办法、时间安,经费预算的安排等。

(4) 绩效评估与激励计划。绩效与激励计划的目标主要在于稳定队伍、强化责任感、改善组织内部关系、发挥员工的创造性和达到组织目标。在具体实施过程中,涉及绩效管理体系的设置、激励和薪酬政策的制定,分步实施的时间安排,各项费用的预算等。

值得注意的是,为了保证各项计划的实施,除了上述各项内容外,人力资源规划还应明确执行、监督规划的责任部门和人员以及相应的权利义务。从时间上讲,人力资源规划要有相对的稳定性,但这并不意味着人力资源的各项规划是静止的,它必须是柔性的,随着组织结构内、外部环境的变化,人力资源规划必须做出相应的调整,在变化中不断发展和完善。

四、公共部门人力资源规划的制定程序

公共部门人力资源规划的制定和实施经历准备、实施和反馈等若干环节,一般说来要经过以下几个步骤:

(1) 收集资料,分析现状。信息资料是制定人力资源规划的依据,因此收集资料是制定人力资源规划的首要工作。与组织人力资源规划相关的信息包括组织内部信息,如组织战略的修订与变化、员工的基本状况、各岗位的具体要求、不同时期员工的变动情况等,组织外部信息,包括相关政治、经济环境的改变、人力资源供求状况、成本的变化等。

(2) 预测组织人力资源的供求,进行差异分析。在充分收集和研究现在资料的基础上,采用定性和定量的方法,对规划期内组织的人力资源供求状况进行预测,确定人员的余缺情况,为人力资源规划的制定打下基础。

(3) 确定公共部门人力资源规划目标及总体规划。公共部门人力资源规划的目标随组织战略和人力资源发展战略而定,并配合战略目标的实现。在对组织内、外部环境以及人力资源供求状况充分了解的前提下,结合组织条件制定具体可行的目标和行动方案,其目的在于为组织人力资源的开发管理提供依据和基本原则。

（4）制定实施具体的人力资源业务规划。业务规划应是详细周全，而又切实可行的具体方案，主要包括：① 工作分析。工作分析为组织提供人力资源管理的基础信息，是进行员工选拔、作用、培训开发、绩效激励以及晋升发展的根据。② 职业分析。结合组织发展与个人期望，鼓励公职人员积极参与对工作，提高员工的成就感。③ 招募计划。科学的招募计划能够为组织选择最合适的人员，并做到人事相宜。④ 培训计划。现代公共管理要求公职人员不断更新自己的知识、提高自身的技能，而一个切实可行的培训计划对于提高公职人员的整体素质和组织的竞争力、创新力必不可少的。⑤ 考核计划。对公职人员的工作表现给予公平、公正、公开的评价，不仅是组织人事管理工作中薪酬、晋升和奖惩的需要，也是员工自我价值实现的需要。⑥ 异动计划。通过升迁、调遣、岗位轮抵达等实现公职人员的合理流动，是实现组织人事相宜，保持员工活力的重要保证。⑦ 薪酬福利计划。合理的薪酬计划是组织队伍稳定、工作高效的基础，对于公职人员而言，也是保证其廉洁奉公的重要途径。⑧ 配套的规章制度及纪律建设。

（5）人力资源规划的实施。这一阶段是人力资源规划的实际操作过程，要注意协调好各部门、各环节之间的关系，确保各项规划都能落实。

（6）人力资源规划的审计与修正。这是人力资源规划的最后阶段，也是最容易被忽略的工作。这一环节的工作对于保证人力资源规划具有可行性和持续性，能够真正符合组织需求，对促进组织战略的实现具有重要的意义：一方面，通过审计工作，可以防止规划的实施流于行式；另一方面，审计评估可以广泛收集对规划实施产生的意见和建议，促进规划的不断完善。由于人力资源规划是一个持续的动态过程，审计工作的重点在于根据组织内外各项因素的变化，检查整个规划过程，并将结果回馈给人力资源管理部门，以便及时修正。一套完整的审计体系从结构上看应当包括：可行的评估标准、科学的评估方法、偏差的修正方式、顺畅的沟通渠道；从内容上看则应包括：实际人力资源状况与预测之间的比较分析，规划预算与实际支出的比较分析，人力资源规划目标的实现程度、规划的成本收益分析等。

五、公共部门人力资源供求预测

人力资源供求预测包括人力资源的供给与人力资源的需求预测两方面的内容。人力资源的需求预测是指在组织不断发展的前提下对未来组织所需各类人员的数量、结构的预测；而人力资源供给预测则是对组织内部和外部人员来源及变动情况所做的分析。人力资源的供求预测是人力资源规划的基础性工作之一，其准确程度直接决定规划的效果。

人力资源供求预测是一项技术性很强的工作，可供选择的方法也很多，同时对预测人员的专业性要求也比较高。

（一）人力资源需求预测

人力资源需求预测首先从全面分析影响人力资源需求变动的各项内、外部因素入手。影响公共组织人员需求的内部因素包括组织结构的变革、组织目标、组织效率、业务内容、管理水平等,其中任何因素的变更都可能直接导致未来人员的需求变化;由于受到市场因素的影响较小,国家宏观政策的调整和变更可能是影响公共部门人员需求的外部因素中最重要的部分,当政策发生变化时,可能会直接导致公共部门的机构和人员调整,从而影响组织的人员需求。此外,管理现代化程度、财政预算、劳动力成本的增减、其他组织的发展状况和就业情况也是影响公共部门人力资源需求的重要因素。

人力资源需求预测的方法主要包括定性和定量两类预测方法,目前国内外主要采用的主要有以下几种:

1. 德尔菲法

德尔菲法是20世纪40年代末期,由美国兰德公司研究人员奥拉夫·赫尔默和诺曼·施尔苦首创,1964年首次用于军事预测,次年开始用于经济和社会预测。德尔菲是古希腊的一座城市,传说是具有极高的预测未来能力的太阳神的神殿所在。由于德尔菲法适用面广,预测效果好,因此就以此命名。

德尔菲法是以匿名方式,通过多轮函询专家意见,并做不断的收敛与量化,最终得出较为一致的专家预测意见的一种经验判断法。运用德尔菲法进行人力资源需求预测时,一般要有多轮的反复过程,从准备到整理出最终的预测结果和写出预测报告,大致要经历四个基本步骤:

第一步,预测准备。确定预测主题,并以简明扼要的问题编成问卷,而后选定专家级成员。德尔菲法中的专家选择是非常重要的,专家的来源可以是组织内部,也可以从外部邀请,但需对组织人力资源状况及其影响因素有足够的了解或充分掌握相关领域的知识。专家的人数可以从十几人到数百人不等,由预测的主题和要求的精确度而定,涉及内容宽、要求精度高,则人数可多一些,反之则可少一点。

第二步,施行预测。准备工作就绪之后,进入多轮函询过程,通常会包括三到四轮的反复。首先向专家提出所需预测的主题和具体项目,并提供必要的背景资料,由专家背靠背的情况下独立完全问卷;接着由组织者对专家的各种回答进行综合分析、整理,剔除次要的、分散的结论,并制定第二轮的函询表,同补充材料、组织要求等再寄回给专家,请他们预测进行修改和补充。

第三步,结果处理。经过多轮补充、修正和汇总后,若结果较为一致时,由组织者再做统计整理以及意见归纳,形成最终的预测结论。在结果处理时,一是要注意合理地引用数理统计的方法处理专家的分散意见;二是最后的预测结论应忠实专家意见,也可高于专家意见,从其意见中升华出真正的预测值。

第四步,制定预测报告。当有了切合实际的预测答案时,即要制作预测报告,介绍预测活动的组织、资料整理、预测结论以及决策建议,为下一步人力资源规划的制定打下可靠的基础。

德尔菲法的优点在于操作方便,既能集思广益又经济合理,专家独立思考,结论客观,特别是在历史资料不全或不完备、预测主题受政策、方针、主观能动性影响较大时,德尔菲法比其他预测方法具有更大的优势。因此,在公共部门人力资源预测中是普遍使用的一种方法。

德尔菲法的缺点在于花费时间较长,而且缺少思想交锋和商讨,难免会带有一定的主观性,另外,少数人的意见往往会被忽略。所以在使用过程中,可以根据具体情况对此予以改进,通过提供更充足的背景资料、减少应答轮数或增加思想交锋来避免预测中可能存在的问题。

2. 比率分析法

比率分析法是指通过公共部门中各类公职人员的数量与其服务对象之间的比率来确定未来人力资源需求数量的方法,这是一种短期有效的预测技术。比如通过医院护士与病床数之间的比率进行预测,病床数每增加一定比例,就要以推断未来所需的护士人数,这实际上是将公共部门的业务量转化为人力需求的过程。

需要指出的是,运用比率法对人力资源进行预测时,一是要根据公共部门的组织类型确定合理的比例;二是要正确运用预测的结果,由于此方法是在假定部门服务质量和服务数量不变的前提下进行的,如果考虑到组织效率的变化、质量的提高,就要与其他方法共同使用才会得到准确的预测结果;三是比率分析法只适用于人员需求总量的分析,并不能反映不同类别员工的数量和结构需求差异。

3. 趋势预测法

趋势预测法是根据组织中与人力资源数量和结构变化关系最为密切的因素,并分析人力资源需求状况同这一因素间的变化趋势,绘制趋势曲线,修正后对未来的人力资源需求量做出判断的方法。

趋势预测一般从以下几个环节入手:一是选择恰当的组织因素。所选择的组织因素首先必须与组织的基本特征直接相关,由此才有可能根据这一因素来制订组织计划;所选因素的变化必须与公共部门所需人力资源数量的变化成比例。二是确定历史上组织因素与人员之间的数量关系,确定两者之间的相关系数。三是根据过去工作效率及未来期望对组织因素与员工数量之间的系数关系进行调整,并根据未来的组织因素,确定未来所需的员工数量。

趋势预测分析只是一种初步的预测方法,原因有三:① 影响组织员工需求数量的因素很大,而趋势预测只选择其中之一,而无法兼顾,因此有失偏颇的可能性也很大;② 趋势分析时运用的是组织因素与员工数量之间的历史数据,而未来两者之间的关系可能是变化的;③ 未来的组织因素也是一个估计数,或者说是不确定的,因此在变量值均不完全明确的情况下,对未来员工人数的推断很可能会存在较大的偏差。

(二)人力资源供给预测

人力资源的供给包括两个方面的内容:一是内部员工拥有量预测,即根据现有人力资源及未来变动情况,预测出规划期内各类组织人员的数量;二是人力资源的外部供给量预测,即考虑规划期内可以从组织外部获得的各类人员的数量。

在这里我们所讨论的供给预测，是指组织内部人力资料供给预测，进行内部供给预测时首先要考察现有各岗位人员的存量，然后根据各种影响员工变动的因素对未来各岗位的员工进行预测。

1. 管理者继任计划

继任计划就是把人力资源规划与组织的战略目标有机结合，从而对未来各岗位管理人员进行预测的方法。这种方法为国内各类组织广泛接受，特别是在公共部门，对于未来管理者、领导者和专业技术人员预测时得以普遍运用，管理者继任计划也常用于公共部门后备干部档案的建立、选拔和评价，是公共部门建立人才储备的一个重要工具和途径。

继任计划根据现在对各管理岗位的素质、技能和绩效要求，以及当前任职者的工作绩效、晋升或调整的可能性为基础建立。继任计划的主要实施步骤包括：一是拟订公共部门每一层级管理人员职位的工作范围，确定继任计划，包括现在岗位的任职人员，任职期限、职责、技能等；二是确定每个职位上的继任人选，一般情况下继任者从下一层级现职管理人员中物色，根据组织结构的大小、管理幅度的差异，候选人的数量可以不等，从而形成干部储备；三是对现职人员的继任者的素质、技能、绩效、发展潜力进行评估，同时排列出候选人的候选顺序；四是当管理职位出现空缺时，即按候选人的前后次序确定继任人选。

管理者继任计划是一种适用性非常强的人力资源供给预测方法，它可以明确表现出组织内部管理人员的基本情况，又能体现出组织对管理人员职业生涯发展的关注，如果出现人员不能适应现职，或缺乏后备人才时，组织则可以提前做好充分的准备，从外部获取。

2. 组织人力资源接续计划

人力资源接续计划是对公共部门人员供给从水平层面上进行预测的方法，既可以用于管理岗位，也可以用于一般干部岗位。人力资源接续计划的关键是根据工作分析中的工作说明书所提供的信息明确各工作岗位对员工的知识、技能和能力的具体要求，并以员工目前的绩效水平作为依据，显示出组织中潜在的职位空缺和可能出现的替换。潜在的空缺有三种情况：第一种是现任员工非常优秀，将会被提升到更高的岗位上；第二种可能是现任员工绩效低下，有可能被调离现任岗位甚至解聘；第三种则是由于退休、离职等其他原因，现任员工会离开该岗位。在对组织员工进行全面评价的基础上，结合空出的岗位确定显然可以达到这一要求的候选员工或者确定哪能位员工属于有潜力，可以通过培训后胜任这一岗位的人选。

通过组织人力资源接续计划，可以清楚地看到组织内各岗位的空缺及员工候补的情况，为组织人力资源供给预测提供依据。

3. 马尔克夫转换矩阵法

马尔克夫转换矩阵法的假定前提是组织内部员工的流动模式与流动概率存在一定的规律，而且这种规律会在一定时期内得以保持。其基本思想就是找出过去人员变动的规律，由此来预测未来人员变动的趋势。该方法首先要建立员工流动可能性矩阵图，然后根据预测年份前一年的各类人员数和前几年各类人员的流动概率，计算出预测期各类人员的内部供给数。

（三）人力资源供求综合平衡

人力资源规划的重要任务之一就是要根据供求预测的情况，对组织人力资源进行调整，实现任职者的供求平衡。在现实生活中，组织人员供求平衡是偶然的，更多时候组织的人力资源供求状况可能都处于失衡状态：供过于求、供不应求或者说两者之间结构失衡。为此，公共部门需要编制相应的调整方案。

当人员供过于求时，可采取的方案包括：解聘、降级录用、工作轮换与工作分享、再培训等；而当人员供不应求时，则可通过加班、临时雇用或外包、再培训轮岗、减少流动数量、技术创新以及人员租赁等各种手段予以调整。

第三节 公共部门人力资源的职业发展

一、职业发展、职业生涯规划与职业生涯管理概述

职业发展（career development），又被称为职业生涯、前程发展、事业前程等。但究其根本，指的"是一个人终其一生，与工作或职业有关的经验和活动"（美国组织行为学专家 D. T. Hall）。

从这个定义我们不难想到，职业发展是一个人一辈子的事，由于它是持续不断、穷其一生的，因此它应该具有前瞻性和明确性，更因为我们的生活、家庭、社会环境都会影响到自己的工作活动，因而它又具有动态性和变化性。因此，为了能够达到成功的彼岸，我们需要"拟定自己的职业生涯目标，并找到达到目标的手段"（Mondy, Noe），这就是职业生涯规划（career planning）。职业生涯规划由于与员工从事的工作有关、同工作所在的环境有关，因此它不同于人生规划，它不仅仅只是个人的事，更是在组织内与工作及发展有关的规划，因此也是组织的基本职能。

组织生涯规划的重点"在于协助员工在个人目标与组织内存在的机会之间，达到更好的配合，且应强调提供在心理上的成功"（Mondy, Noe）。不难看出，生涯规划是以个人的需求及期望为原动力，经过评估自己的资质及能力，并付出努力之后，以期达到预定的目标；从组织方面来说，这种期望也必须要符合组织的需求并由之提供适当的机会，同时辅助以训练及发展计划，才能使员工的职业生涯达到恰当的安置。

组织与个人之间的"配合"则意味着人力资源中生涯管理的工作，它是"组织与个人，为生涯计划做准备、执行及检讨的工作过程"（Mondy, Noe），是"视组织需要，来配合员工个人的期望，以正式方案来培育可开发的能力、分配资源、评价能力、奖赏合格绩效的过程"（Schein），是"连续不断的过程，其功能在于对个人所订的职业目标进行准备、

执行及督导"（Cutteridge, Otte）。无论是其中的"准备、执行及检讨、督导"，还是"培育可开发的能力、分配资源、评价能力、奖赏合格绩效"，都已经显然不只是员工个人的期望与计划，而是涉及制度的运作，包括人力资源规划制度、培训与开发制度以及绩效管理制度的综合，这项综合性的制度建设及工作过程，我们称之为职业生涯管理（career management）。显然，从上述的解释中，我们可以清楚地看出，职业生涯管理绝大多数的活动，都是由组织中人力资源管理职能来承担的，员工个人的职业发展规划能否实现，很大程度上需要靠组织顺畅的管理配合才能实现。

职业生涯管理，作为人力资源管理中一个非常重要而又崭新的职责，于20世纪70年代兴起。最初是由于组织意识到员工对于追求满意职业的需求而建立起来的个人职业目标计划；80年代，西方发达国家风行一时的工作生活质量运动，对于职业生涯管理产生了巨大的推动作用。由此职业生涯管理被认为是推动和激发员工最大职业本能的工具。90年代之后，职业生涯管理被纳入组织的战略体系，成为促进组织战略目标实现和个人能力发展的根本推动要素之一。

职业生涯管理理论也在同一时期形成并走向成熟，从1965年出版的《组织心理学》到1978年出版的《职业动力论》，美国麻省理工学院的施恩（E. H. Schein）教授建立了相对完整的职业生涯管理理论体系。他提出：员工的职业发展是"基于组织及个人的需求，所追求的生涯规划的结果，包括个人的生涯规划和组织制度的生涯管理两部分"。即员工的职业发展是个人生涯规划与组织生涯管理两者结合的结果，生涯规划经过了生涯管理的转换过程，个人的职业理想得以实现，组织的营运目标也得以完成。但是，由于各种因素的影响，管理者与员工之间、员工内部之间、个人的职业发展与组织发展之间并不总是协调一致的，可能存在着利害冲突，个人不能单纯地把组织作为自己发展的工具，而应该着眼于整体，为组织效力；同时，组织也必须关心员工的工作环境和心理状态，重视激发员工潜能，因势利导，加强组织的凝聚力。只有双方都立足于整体效益，组织和个人才能共同受益，以达到共赢的目的。

任何系统的运行，都会受到环境的影响，在员工的职业生涯体系中，必然受组织环境因素，如经营理念核心价值观市场策略以及管理风格等个人条件的影响。这些因素构成了职业发展的影响控制因素。在特定的环境内，生涯规划成为职业生涯系统的投入，职业发展是它的产出，而生涯管理则是它的转换。

综上所述，职业发展从本质上讲是通过组织的支持使员工个人，从而使个人和组织都得到全面发展，分别实现个人职业生涯目标和组织目标。在这个"持续不断，终其一生"的发展过程中，有以下几方面的深刻内涵：

第一，员工个人、管理者、组织各司其职。

职业发展的起点来自于员工个人的期望和对自己人生的规划，只有个人才真正了解自己想在职业发展中得到什么。在职业发展的道路上，个人同样扮演着重要的角色，自己的职业目标、组织目标都需要人来完成。而这个人必须是有理想、有抱负、有能力的个人，否则，即使组织已经为其做好了未来的发展规划，若没有个人的愿望和努力，一切都只是空话。

当员工根据自己的技能、天资以及梦想，朝着实现自己想要达到的成就开始前进的时候，管理者和组织的作用就凸现出来。事实上，生涯规划要走向生涯发展的终点，是个人不断升华的过程，组织和管理者扮演着催化剂的作用，组织有效的职业生涯管理活动，才能将两者联结起来。组织是体，管理者是用，通过两者之间的完美结合，员工"越来越接近自己希望的那种样子，越来越变成自己能够成为的那种人"。世上很少有哪种需要能够比实现自己的梦想，充分发挥才能，取得与能力相称的成就这种需求更加强烈，也很少有比实现自己的梦想更快乐的事。未能满足员工个人成长需求的组织，往往会失去最优秀的人，个人和组织目标都难以达成。

第二，职业发展让个人与组织都成长。

在职业发展模式中，个人的生涯规划和组织的生涯管理都是其中的一个单元和构成要素之一。组织在生涯管理上所采取的各种措施、制定的各种办法，都将导致或辅助员工的职业发展；而个人的生涯规划事项，都以职业发展为目标，并将导致或促使组织发展。

对于员工来说，有效的职业生涯管理可以使之充分认识到自身的价值、优势和不足，从而确定目标，实施行动，促进员工自我成长和发展，成就他们的梦想，增加他们对工作、对组织的满意度，有利于激发员工的最大职业动机，实现自我价值的不断提升和超越。

对组织而言，有效的职业生涯管理则是赢得竞争优势的关键环节之一：通过鼓励员工进行生涯规划，提高员工对组织的忠诚度，保留组织所需的人员；通过职业生涯管理有助于形成一种开放的工作氛围，使组织成员增强自我认知，提高工作能力与绩效。事实上，组织的管理活动从根本上都离不开员工内在积极性这一基础。通过有效的职业生涯管理，组织不但能帮助员工完善和实现个人的目标，而且能够引导员工目标和组织目标相匹配，使两者的需要统一起来，从根本上获得人力资本竞争优势。

第三，职业发展需要三个要件的推动。

生涯管理制度成功与否有三项基本条件：

（1）推动要素，包括组织策略、结构及工作设计与人力资源规划。推动要素应该是生涯管理制度的先决条件。若组织的策略及方针是永续经营、上下一体，劳资和谐，在结构设计、工作设置及人力资源规划上，自然要符合经营策略的需求。这时，组织便已经具备了生涯管理成功的条件。

（2）构成要件，包括设计、执行与管理两个过程，在每个过程中有存在着许多小项。构成要件，就是职业发展管理的内涵所在，这其中包含了管理活动的三项基本职能：计划、实施和考核。这也正是我们在为职业发展管理所做定义时谈到的"计划、执行和督导"。在设计过程中，组织结构、工作说明、人力资源配置以及人力资源成本等都是需要考虑的因素。在执行与管理过程中，较重要的可能是设定考核标准及差异分析。构成要件的两个组成中，前者在订立实施目标及标准，后者则相当于财务上的预算与决算分析，把实施前与实施后做比较。此一连结中的其他各项就是执行的细节了。

（3）联结要项，大部分都是人力资源管理的一些重要职能。所以，联结要项就是人力资源功能中的各项功能及措施。

以上三项要件，每一项中的任何一个小项都有它的专业领域，甚至可以单独成为一种或多种管理规范。不过，任何组织都不可能把其中的每一项都做得尽善尽美，在具体执行中，可能会在有无之间、繁简之间存在较大的差异。即使是某些组织可能会齐备各项制度，但也有必要进行修订、新增或删减，因为制度环境随时在变化，制度的确立和实施，都需要组织根据自身的情况做出具体的决策。

二、职业发展中的个人与组织

1. 个人能力与职业发展

个人职业发展首先是职业道路的选择是否得当，继而才是发展是否顺利以及能否取得成功的问题。影响个人对职业选择的因素很多，如个人的家庭和社会环境、本人的兴趣爱好、需求与心理动机、教育背景、机遇等，它们在职业发展中分别起着不同的作用。在这些因素的影响下，人们可能会在真正踏入社会之前就形成自己的职业倾向，自己的理想，想要成为科学家、教师、警察等。然而，主观的意愿并不等于最后的选择，有一句话"人生最幸福的事就是把自己的兴趣变成职业"。但这种状态很难达到，为什么呢？原因就在于主观的设计必须要有客观条件支撑才能实现。

客观条件就是本人所具备的能力或素质，有些条件是先天具备的，如身体条件、性格特征是天生的。但个人的客观条件更多的可能是教育的结果。教育是赋予个人才能、塑造个人人格的社会活动，它奠定了一个人的基本素质。获得不同教育程度的人，在个人职业选择与被选择时，具有不同的能量，这直接关系着职业生涯的开端与适应期是否良好，也关系着他在以后的职业发展道路上到底能走多远。教育还赋予人们对职业生涯起着决定性作用的技能和知识，是对自己主观规划是否可行的一个根本判断标准。

在主观意愿与客观条件之间，客观条件也就是个人所具备的能力是职业规划的决定性条件，也是职业发展的基本前提。

人与职业，是一对相互关联的范畴，个人进行职业选择的同时，职业也在对个人进行选择。要较好地完成这一过程，并取得职业生涯的成功，必须以两者之间相互适应、相互匹配为原则，美国心理学家、职业咨询专家约翰·霍兰德（John Holland）对这一问题进行了研究，并提出了"人格类型-职业类型匹配"理论。霍兰德认为，人格类型是决定一个人职业选择和职业发展的重要因素，他从心理学和价值观理论出发，经过大量职业咨询指导的实例积累，提出了职业活动意义上的人格分类，包括：实际性向、调研性向、社会性向、常规性向、企业性向和艺术性向六大类。这六种性向的人格类型都有与之相适应的工作环境和职业类型。人格性向说明某人具有某项职业的性向能力，在此基础还需要进一步考察自己是否具备相应的职业素质或职业技能。

实践中我们采用多重能力倾向测验来测试个人的职业能力，因为任何一项事业所需的能力不可能只是单一的，因此多重能力倾向强调的是对能力不同方面的测量，其结果也不是得到一个简单的智商结果，而是产生一组不同的能力倾向分数，从而描绘出个人所具备各项能力的总体轮廓。如果要重点了解其中之一，再通过特殊能力测试来完成。

美国就业服务局所编制的通用资质测验组系（the General Aptitude Test Battery）常用

来对职业定向进行测验。这套测验由 9 个要素组成：① 一般学习能力，包括词汇、算术推理、三维空间测验；② 语言能力倾向，要求受试者判断每一组词中哪两个词的意义相同或相反来测量；③ 数字倾向能力，由计算和算术推理两个测验完成；④ 空间能力倾向，包括了解三维物体的二维表示及三维运动的想象；⑤ 形状知觉能力倾向，一方面测试匹配同样工具图画的能力，另一方面测试匹配同样几何图形的能力；⑥ 文书知觉能力倾向，由测量匹配名称的能力来确定；⑦ 运动协调能力倾向；⑧ 手指灵活能力倾向，包括装配和拆卸测验；⑨ 手的敏捷能力倾向，由在一个木板上传递和翻转短木桩的两个测验来完成。经过测量后的结论，即个人资质能力可能与某些特定的职业匹配在一起，如美国劳工部主持编写的《职位名称词典》就列举了上百种职位的名称、工作性质以及为圆满完成这些职位上的工作所需要具备的个人能力等。

日本则在 1951 年把个人能力考查与职业联系在一起，对政府工作人员的考查中，能力情况，包括判断力、理解力、创造力、执行力、规划力、交涉力、指导力、注意力、研究力等。

个人能力与职业相匹配，会产生最高的员工满意度和最低的流动率，组织与个人之间的关系也将更为和谐。两者之间出现差距，则必然会产生不良的效果：要么是个人能力达不到职业要求而导致自己在工作中常常失利，无论是态度多么积极或动机多么高，都无法达到理想的工作绩效和个人的职业目标；要么是个人能力超过了工作要求，工作绩效可能不会受到影响，但必然会降低员工的满意度，使组织缺乏效力，尤其是当个人渴望施展自己的能力而无法实现时，必然会因此而灰心，同样使个人和组织受损。

需要注意的是，个人能力与职业选择之间的"能职匹配"并非一成不变，因为两者都不断发展变化，所以职业规划实际上是一个持续不断的探索过程，在这一过程中，每个人都根据自己的天资、能力、动机、需要、态度和价值观等慢慢形成较为明晰的与职业有关的自我概念，即"职业锚"（schein）。而随着一个人对自己越来越了解，这个人就会越来越明显地形成一个占主要地位的职业锚。职业锚是从斯隆管理研究院毕业生的纵向研究中形成的，它有三个要件：一是"自省的才干和能力"，以各种作业环境中实际成功为基础；二是"自省的动机和需要"，以实际情境中的自我测试和自我诊断的机会以及他人的反馈为基础；三是"自省的态度与价值观"，以自我与雇用组织和工作环境的准则和价值观之间的实际遭遇为基础。通过这三个方面的自省，个人通过在早期工作中逐渐对自我加以认识，发展出更加清晰的全面职业自我观。

2. 组织与职业发展

仅讨论个人能力与职业发展的能级匹配，显然这不全面。如前所述，组织是职业发展中的另一主体，在为员工提供职业环境、职业路径、职业信息、职业定位等方面发挥着举足轻重的作用。从组织的角度看，员工职业发展计划包含着使个人潜在贡献最大化的自觉尝试，通过帮助员工管理职业生涯使组织保持稳定性和持久的竞争力。尽管两者的视角有所不同，但为了达到双方受益的发展目标，个人需要和组织需要之间通过职业发展管理体系制度的建设而形成一个动态的匹配过程。

首先，一个有效的职业发展系统必须明确地把组织计划与人力资源计划联结起来，组织计划给定了人力资源计划的目标，同时受到人力资源计划的检验。通过实绩评定和人力资源现状分析来确定员工能力与企业发展是否相匹配，并进一步进行人力资源现状和需要之间的比较，来完善人力资源规划。其次，在比较和评估资源供求基础上编制具体的人力资源计划，并落实到具体的工作和具体的人上。即根据工作对能力的需要状况，制定出适合现有各类人员的发展方案。这时要正确处理组织需要、个人需要、短期利益和长远发展之间的矛盾。为此，管理者与员工之间必须还要进行某种对话。一个完整的职业发展系统，还必须对每一个员工形成更强的职业意识提供支持，包括提供目标、测试、咨询等，这就涉及员工的个人经历、自我评估和职业计划等各个方面，这不仅是对个人的重视，还是完整的发展管理系统的决定性要素。最后，计划实施并不是结束，还需要对整个管理系统活动进行监测，对照活动目标评估其结果，并将信息反馈到有关组织和个人而告一段落。

在员工职业发展的道路上，还需要组织为其实现职业规划指明方向、开辟道路并给出实施规划的具体方式。也就是设立所谓的职业路径。职业路径为组织的职业发展管理提供了文件性的依据，为个人职业发展规划和发展活动提供了强有力的支持，可以看成是从规划到目标的通路。

职业路径的设计建立在能级对应基础上，但因为受到多种因素的影响，职业路径可以有多种模式供选择。

传统的职业路径，是指组织为员工设计的一个纵向发展方向。员工必须由下而上，逐级进行变动，并在此过程中不断获得必要的技能、解决问题的能力及责任心。它最大的优点就在于直观、明确，员工知道自己向前发展所必需的工作序列。这种发展路径为员工设置的目标就是晋升，强调员工与组织的关系的稳定性。但今天因为受到组织结构变动、管理层次不断减少等因素的影响而面临着巨大的挑战，难以全面反映员工的现实发展方向。

近代职业路径包括横向职业路径、双重或多重的职业路径。

横向路径就是指在组织中各平行部门之间的职务变动，员工沿着横向路径发展可以使自己获得更丰富的专业技术知识及经验，增强员工的可雇用性。近年来，由于管理岗位减少以及员工个人兴趣的变化、锻炼技能的需要，组织越来越多地采用横向调动员工职位的办法让员工重新焕发工作活力。对组织而言，员工职业发展的横向路径可以激励员工接受新的挑战，增加员工对组织价值观的认同，最重要的是组织将获得拥有多种专业知识与技能的员工，这将大大增加组织满足顾客需求的能力。

双重或多重的职业路径，这是西方发达国家企业组织中激励和挽留专业技术人员的一种普遍做法。在传统的发展路径中，对专业技术人员能力的肯定就是将其提拔到管理层。但这可能会使他们面临进退两难的境地，他们在技术领域是出色的一员，并希望得到进一步发展，可他们的管理业绩可能并不理想，对组织而言，可能是用一个出色的专家换了个蹩脚的经理。双重或多重路径则可以解决这一困难，这是为了解决受过专业技术培训且并不期望在组织中通过正常升迁调到管理岗位的员工而开发的职业发展方法，就是建立一种平行的职业轨迹以激励和挽留专业技术人才。这种体系提供两条或多条升迁路径，如一条是管理路径，一条是技术路径，几种路径层次结构是平等的，每一个技术等级都有其对应的管理等级，使他们可以沿着不同的方向达到自己的职业目标。

三、公共部门员工的职业路径

职业生涯规划与管理的提出是对传统人事管理方式的挑战，对于公共管理部门而言更是人力资源管理中的全新理念。在这种观念的支持下，组织对公职人员不再只是以某一个静态工作岗位的需要为唯一的出发点，而是充分考虑和尊重个人的意愿，对其进行专门的人力资源开发和配置的设计，并为职业生涯规划的实现提供信息、培训、机会和工作方式，从而使作为组织最重要资源的人力资源得到动态合理的配置，对于实现持久地调动公职人员的积极性、提高工作、生活质量，更快更好地实现其人生目标具有重要的意义。

在组织体系设计上，上述基本理论对于公共组织共同适用，与私营部门不同的是，公共组织对于员工发展的路径设计可能有所不同。由于受到环境的约束，尽管每个公职人员都有自己的职业意愿和职业渴望，但从总体上看，公职人员的职业方向就不像私营部门员工那样具有多重的、更丰富的路径和选择。目前，公职人员的职业方向大致有以下两几种类型：

（1）管理路径。公共部门的管理路径包括级别及职务两类，但级别主要还是按照职位层次高低授予的，共分为十五个级别；职务则分为领导职务和非领导职务，其中领导职务是指在公共部门内具有组织、管理、决策和指挥职能的职务，从国家级职务直到乡科级十级；非领导职务是相对领导而言，是指在各级行政机关中，不具有领导权利的职务。这是新公务员制下所创的一个新的管理路径，包括办事员、科员、副主任科员、主任科员以及助理调研员、调研员、助理巡视员、巡视员等。管理路径的通过是以逐级提升实现的，对于个别因工作需要，且德才表现和工作实绩突出的，则可以越级。在这一路径中的所有人员均需要通过推荐、资格审查、晋升考核、确定人选、正式任命等组织程序。

（2）专业技术路径。公共部门的专业技术路径与私营部门一致，主要针对那些具有专业技术，并想通过专业技术水平的发展来提高自己的价值，而不愿意转变为纯粹的管理人员而设定的。根据专业技术方向不同，有多重专业技术方向可供选择，如现行的各类职称系列。

【案例思考】

"快速提拔"为何屡受质疑

网帖曝料1986年出生的女孩王××2010年被提拔为辽宁石油化工大学国际教育学院副院长。据悉，该大学是厅级单位，一般人需工作9年才能达到该级别，当事人从工作到被提升不足3年。该大学回应，任命是有意识加大年轻干部培养，并否认其为某市长女儿的说法。（详见《河南商报》2011年2月17日A21版）

若没有王××的快速提拔，但看这九年的必经之路，我们会批评用人机制陈旧死板。可王××三年时间走完了别人的九年路，我们又质疑起来。一边批评陈旧的、死板的用人机制，一边呼喊新的、灵活的用人办法，又一边对破格、出格者担心不已不是公众难伺候，而是干部提拔难叫人放心。

"80后"的年轻人当干部早不是新鲜事，远的是2009年人们质疑29岁清华毕业生当选湖北宜城新市长的周××，而近的是前几天发生的重庆永州区下属招商分局"80后"局长冯××。这么多年，这么多起，为什么质疑之声没有停下来？一是现实中干部提拔不够透明，因"上头有人"而出现的非正常提拔还很普遍；二是这些备受质疑的年轻干部，无不是因为当事人沉默或官方打太极而不了了之。

如果说干部提拔不够公开是体制性因素，那么每次针对质疑官方打太极和当事人沉默则是一个态度问题。几乎所有回应，都提到"父母是农民"，接着是当事人沉默。因为没有对手，公众质疑很快消失，或被新的热点取代，然后又很快出现在下一个年轻干部上。之所以如此，是因为民众尽管质疑，但基本上没有哪一个人去调查较真，时间一长，质疑之声就自行散去，直至下一个"典型升迁"再次出现。如此陷入一个循环。

在一个游戏规则透明的制度里，任何人的仕途不该因为他们的家庭和社会关系而被质疑。比如一些国家，父子可以是总统，公众不会质疑。之所以如此，在于有一个透明的游戏规则，这个规则对"官二代"和"民二代"一视同仁。同样，如果我们的干部选拔规则透明，不管这些年轻干部的父亲是官员也好，是农民也罢，人们还会去质疑吗？

质疑是来自对用人机制不透明的担忧，是来自于对身边太多"官二代"近水楼台先得月的不满。我们期待打破陈旧的、死板的用人机制，我们期待更多优秀的人才脱颖而出，尤其是在干部选拔上，但我们更期待有一个公开、公平的用人机制。因为没有公开、公平的用人机制，所有的尝试，哪怕是负责任的，都无法赢得公众的信任。

（资料来源：http://news.163.com/11/0217/04/6T2LG4VG00014AED.html）

思考：
案例中年轻干部提拔被质疑主要有哪些原因？怎样消除这些质疑？

【本章小结】

现代人力资源管理是一种战略性管理。本章从人力资源战略入手，在分析公共部门人力资源战略基础之上，介绍人力资源规划的内涵、作用、内容及方法，并进而讨论了公共部门员工职业生涯管理的相关内容。

【核心概念】

人力资源战略、人力资源规划、职业生涯规划

【复习思考题】

1. 公共部门人力资源战略与企业人力资源战略的区别有哪些？
2. 公共部门人力资源规划的具体内容包括哪些？

第五章 公共部门工作分析与工作评价

【引入案例】

某市委组织部制定领导"职位说明书"制度。从乡镇领导干部,到县级班子成员,"一岗一册"。每一份"职位说明书"包括职位基本信息、职位概述、职位职责、工作权限、主要工作关系、任职资格条件等内容。

与"职位说明书"相配套,每名乡镇干部还人手一册《镇乡(街道)领导干部工作读本》,一共40多万字,被称为"详版职位说明书""乡镇工作蓝宝书"(封面为蓝色)。

"工作上遇到问题,我的第一反应就是翻一下'职位说明书'和'蓝宝书',基本上都能找到解决的办法。"某副镇长说起他们在自己工作角色转换时带来的帮助,侃侃而谈:一家公司申报高新企业,税收方面遇到问题,他一查阅"蓝宝书",发现可以直接找市税务部门,而不必通过区里,大大提高了工作效率;另一家企业年检时,发现收了一张虚开发票,急得团团转,他又翻阅了一下"蓝宝书",帮助企业圆满解决……"它们已经成了我最好的'手边读物'。"

"职位说明书"也为干部选拔和考核提供了标准和范本,成了一把"尺子"。在干部公选工作中,县(市、区)根据空缺岗位"职位说明书"提及的任职资格条件,设定相关要求,而不再是"因人设岗";干部考核时,则参照"职位说明书"中的岗位职责及绩效指标逐一对照分析,对考察对象履职情况、胜任岗位情况进行评价。

社会是千变万化的,工作也是复杂多样的。一些干部群众担忧,如果干部工作能"按图索骥",还何谈"面对复杂的经济和社会形势"。如果机械地按"职位说明书"施行,会束缚一些干部的思想,困住他们的手脚,不利于干部履职的创新和发展。更何况,有些干部"按图索骥"后,只做分内工作,对职责外该抓的工作视作与己无关,最终影响的是党和政府的形象和群众的利益。他们认为,还是要从制度上着手,全面推进依法行政,加快建设法治政府,才是维护社会和谐稳定的根本之策。

工作分析始于"科学管理之父"泰罗1895年开始的工作时间与动作研究,应用于人力资源管理领域已经百余年,是现代人力资源管理众要素中最基本的要素,是开展人力资源管理工作的基础。我国公共部门要提升人力资源管理的科学性,减少人为干预,科学的工作分析是理所当然的基础条件。

第一节　工作分析

科学的工作分析是人力资源管理各项职能有效开展的基础。通过工作分析，形成工作说明书，界定岗位的基本职责及对应的岗位胜任能力要求。

一、工作分析的内涵

（一）工作分析的定义

1. 工　作

所谓工作，也叫职务，是指同类职位或岗位的总称。例如，某局有6个科室，也就有6个科长的职位或岗位，若他们的工作性质、类型和内容是相似的，那么这6个职位（岗位）就可以归结为一项工作（职务）。

2. 工作分析

工作分析又叫职务分析。它是组织有关人员依据组织经济社会效益最大化发展的目标，通过观察和研究，系统全面收集组织某一工作的基本活动信息，明确其在组织中的位置及与其他工作之间的相互关系，进一步确定最必需的工作职位及其权责、任职条件的过程。通过这一过程，我们可以确定某一工作的任务和性质，以及哪些类型的人（从技能和经验的角度来说）适合这项工作。换言之，工作分析的任务是：确定本单位的组织机构及其职数，认定每个职位的责任与权力，以及提出每个职位的位职人员必须具备的条件。并且，最终应把分析的结果进行科学、系统地描述，做出规范化的书面记录。工作分析通过对工作输入、工作转换过程、工作输出、工作关联特征、工作资源和工作环境背景等分析，形成工作分析的结果——职务规范（也称工作说明书）。职务规范包括工作识别信息、工作概要、工作职责和责任、任职资格的标准信息，为其他人力资源管理职能的有效开展提供基础信息。

（二）工作分析的基本术语

工作分析涉及的专业术语主要有：任务、工作要素、责任、职位和职务、能力分析、职业、工作等。

1. 任　务

任务指安排一位员工完成的一项具体的工作，是为了达到某种目的所从事的一系列活动，它可以由一个至多个工作要素组成。例如，接待员接电话是一项任务，打字员打字也是一项任务。任务的说明一般简短而明确。

2. 工作要素

工作要素指工作中不能再继续分解的最小动作单位。例如，接电话、开大门等都是工作要素。

3. 责　任

责任指对员工在工作中需要完成的工作的详细说明，它可以由一个至多个任务组成，常用来对管理职责和专业职位进行描述。例如，打字员的责任包括在规定时间内打字、排版、校对、交递文件和简单维修机器等一系列任务。管理就是责任大于权利，工作不是做事而是承担责任。

4. 职位和职务

职位，指一个人所担任的工作职务和责任，或者是一个人完成的任务和职责的集合，而职务是一组重要责任相似的职位。一般说来，职位与个体是一一匹配的，有多少职位就有多少人，二者的数量相等。而对于职务来说，根据组织规划的大小和工作性质，一种职务可以有一至多个职位。

职位的要素包括：职（任）务、责任和职权。

职位是任务和责任的集合，也是人与事有机结合的基本单元。对于公共部门而言，职位数量有限（受具体编制约束），职务不是终身的，可以是专任，可以是兼任；可以常设，也可以是临时的。职位一般不随人走。按不同标准可以对职位进行分类。

【阅读材料】

职位分类，是指将所有的工作岗位即职位，从横向上，按其业务性质分为若干职组、职系；从纵向上按其责任大小、工作难易、所需教育程度及技术高低，将每个职系分为若干等级，每个等级又分为若干职等。

（1）职系指专门职业，亦指专门的职称系列。

（2）职组指同类职系或相近职系的组合，又叫职群，即某一类职业。《中华人民共和国职业分类大典》将我国职业归为8个大类。第一大类：国家机关、党群组织、企业、事业单位负责人；第二大类：专业技术人员；第三大类：办事人员和有关人员；第四大类：商业、服务业人员；第五大类：农、林、牧、渔、水利业生产人员；第六大类：生产、运输设备操作人员及有关人员；第七大类：军人；第八大类：不便分类的其他从业人员。

（3）职级是职位分类中最重要的概念。虽然人们所从事的具体职业不同，但责任大小、工作难易程度和任职资格等方面基本相同的可以认定为同一职级。历史上官僚分为九品，每"品"又分为正从二级，这个"品"，就是官员的职级。在清朝，知县正七品，知府从四品。我国干部制度中，干部系列分为高干、中干和基层干部，还有科员等。

（4）职等指工作性质不同或主要职务不同，但其困难程度、责任大小、所需资格等条件都相同的职级。同一职等的所有职位，不管他们属于哪个职系的哪个职级，其薪金报酬都相同。每个等级的同一职等，其薪金报酬相同。职等是工资、待遇、奖惩、调整的依据。

5. 能力分析

所谓能力分析，泛指用以确定工作中所要求的职业能力的方法，特指确定一个人是否合格的过程和方法。工作分析只解决岗位用人的标准问题。但是从宏观上讲，组织与其工作需要相关的员工能力，应当有一定的结构。从微观上讲，一个按客观岗位标准配置的人上岗以后，究竟能否适应岗位的工作需要，则是另一回事。所有这些，都需要进行能力分析。能力分析，不仅会使人们认识到现在工作中所要求的知识、技能和解决问题的能力，而且可以使人们了解未来工作所要求的能力。因此，能力分析是工作分析中不可缺少的组成部分。

一个人的能力可以从不同角度去分析。例如：① 理论知识的能力；② 技能；③ 感性知识的能力；④ 分析问题、解决问题的能力；⑤ 生理能力（运动力量、躯干力量、视力听力、爆发力、灵活性、协调能力和平衡能力、耐力等）；⑥ 心理能力（记忆力、逻辑推断能力、分析能力和判断能力）等。考察一个人的能力可以通过不同途径进行，但最有效的是通过实践、比较进行分析鉴别。工作分析中所涉及的能力分析实质上是职业能力的分析。

6. 职　业

职业是在不同组织、不同时间，从事相似活动的一系列工作的总称。它有时与行业混用。例如，教师、工程师、工人和农民等都是职业。

7. 工作族

工作族又称工作类型，是指两个或两个以上的工作任务相似或要求的人员特征相似的一组工作。

（三）工作分析的意义

工作分析是企业人力资源管理的基础性工作，是组织的人力资本规划、员工的招聘与配置、教育与培训、绩效考评、激励与薪酬管理，以及劳动合同管理等的有效支撑（见图5-1）。

苏格拉底指出，一个正义的社会必须认识清楚三件事：第一件事是不同的个人其能力有差异，因此不同的人在从事工作的资质方面存在相当多的个体差异；第二件事是不同的职业需要具备不同独特资质的人来完成；第三件事是一个社会要取得高质量的业绩就必须努力把每一个人都安排到最适合他们资质发挥的职业上去。也就是说，一个社会（或一个组织）要想取得成功，其前提是必须首先获取与工作有关的详细信息（这就需要工作分析来实现），在此基础上保证这些工作要求与个人的资质之间是相互匹配的（通过人员甄选、培训和配置来实现）。从这些论述我们可以看出，工作分析是人力资源管理全部活动中最重要、最基本的工作之一，是人力资源管理的基础。因此，工作分析是人力资源管理部门工作人员必备的一门重要而实用的技术。

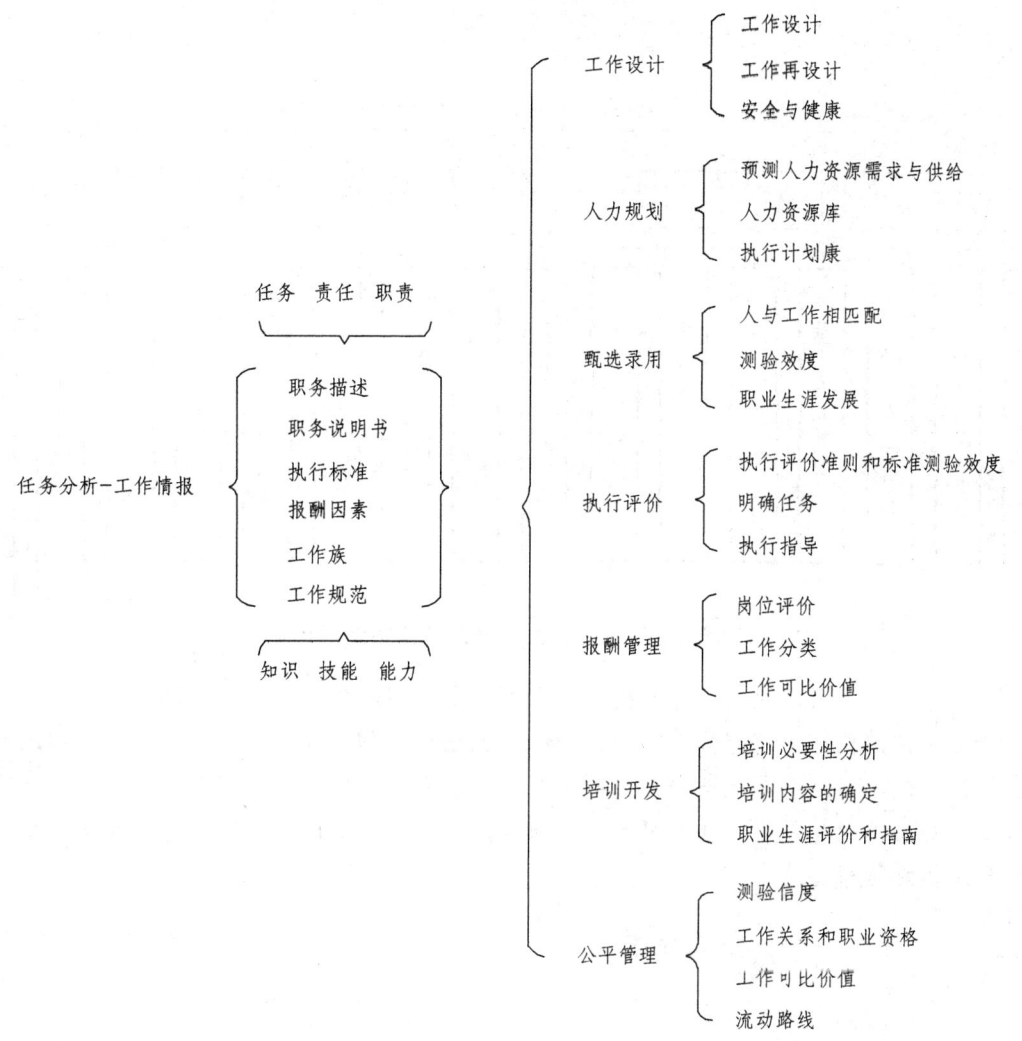

图 5-1 工作分析的作用

资料来源：本图是在赵曙明编著的《人力资源管理与开发》第 33 页图 2-1 基础上修改而成的。

二、工作分析的前提——编制组织图

任何工作分析所指的工作和职位都是在特定组织内的。因此，工作分析离不开特定的组织，而必须以组织图的编制为前提。

组织图（organizational chart）：是描述某一时期内组织结构的图表，也称组织网络图。

组织图可以显示出：① 组织里所设的部门；② 组织的指挥线（chain of command）；③ 各部门负责人；④ 每位员工在组织中的地位；⑤ 向哪一位上级负责等。下面是某省地方税务局的组织图（见图 5-2）。

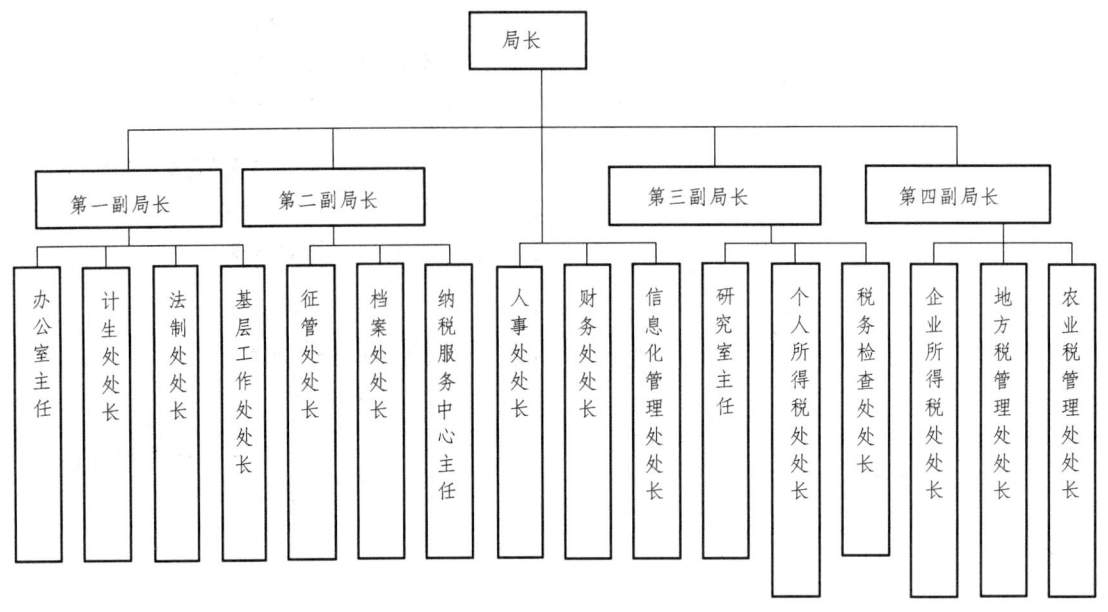

图 5-2　某地方地方税务局机关的组织图①

有了组织图，可以明白工作分析和工作评价所针对的是何组织、何部门的何职位，工作分析、工作评价有了特定性。同时，组织图也是新录用工作人员了解本组织结构的最简便的方法。但是，组织图无法提供每项工作的日常活动及职责、组织中实际的沟通方式、员工受监督和约束的程度、各级领导的实权范围、工作人员的工资等级等，而这需要工作分析和工作评价来完成。

三、工作分析的内容和步骤

1. 工作分析的内容

工作分析要从职位活动中提炼出来那些对职位来说是必要的条件和因素，并对职位进行系统的概括说明。因此，工作分析就需要重点搜集两个方面的信息资料：第一，承担的任务和责任，完成每项工作的方式方法、完成工作的动机、使用什么样的原料与材料、工具与设备、工作的基本规律、基本原则、有关规定，以及相应程序、工作的环境条件；第二，熟练完成每项工作所要求的水平（包括受教育程度、培训情况和工作经验多少）、技术和能力。

为了保证能够系统地收集职位的全部资料，就需要准备好一份标准的工作分析表（job analysis information format）。工作分析表中的问题设计必须经过认真选择，通常应当由以下若干基本要素组成：

第一，关于职位：① 谁从事此项工作？职位的名称是什么？② 职位的基本任务是什么？③ 如何完成这些任务？需要什么设备？④ 此项任务的目的是什么？此职位的任务和其他职位任务的关系是什么？⑤ 执行者的责任是什么？⑥ 工作条件、工作环境

---

① 孙柏英、祁光华：《公共部门人力资源开发与管理》，中国人民大学出版社2004年版，第39页。

如何?

第二,关于工作者圆满完成工作任务应当具备的条件:① 知识;② 技术,包括经历;③ 受教育程度;④ 体力状况;⑤ 智力水平;⑥ 适应性,如灵活性、主动性等。(见表5-1 工作分析表的范例)

表 5-1　工作分析表

你的工作职称_____ 代号_____ 日期_____	
等级_____ 部门_____	
你的名字_____ 使用设备_____	
主管的职称_____ 编表人_____	
主管的名字_____ 工作时间_____ AM_____ 至 AM_____	
PM_____ 至 PM_____	

1. 你的工作的一般性目的是什么?
2. 你以前的工作是什么?请写出以前公司的名称_____
3. 你希望自己担任怎样的工作?
4. 如果你有部署的话,请列出他们的名字及职称。
5. 如果你有部署的话,下列哪些活动是你工作中的一部分:
——任用　　——教导　　——晋升　　——引导　　——辅导　　——奖励
——训练　　——编列预算　——惩罚　　——排定工作进度　　　　——指挥
——解雇　　——培养　　——评估绩效　——其他

6. 你的工作怎样才算是做得成功?
7. 工作职责。请简略描述你所做的工作,以及如何做这些工作;请指出其中最重要以及最困难的部分。
(a) 每天的职责_____
(b) 定期性职责_____(请说明是每星期、每月、每季等等)
(c) 不定期职责_____
(d) 你承担这些职责多长时间了?_____
(e) 你目前是否承担了一些不必要的职责?如果是,请说明。_____
8. 教育程度。请勾选该工作应具备的学历水准(并非你的学历背景)。
(a) 不需正规学历　　　　　(b) 高中文凭以下
(c) 高中文凭或同等学力　　(d) 两年大专文凭或同等学力
(e) 四年大学文凭　　　　　(f) 四年大学文凭以上或拥有专业执照
请指出何种学历或何种专业执照。
请说明你当初担任该工作时的学历。
9. 经验。请勾选需要多长的时间经验才能担任你目前的工作:
(a) 不需要　　(b) 1个月以下　　(c) 1~6个月　　(d) 6~10个月
(e) 1~3年　　(f) 3~5年　　　　(g) 5~10年　　 (h) 10年以上
10. 技能。请列举该工作所需要的所有技能(如准确、专心的程度、方法等),请说明你当初担任该工作时具备哪些技能。

11. 设备。你的工作需要使用到设备吗?是_____否_____
如果是,请列举设备名称及使用的程度。
　　　　　　设备　　　　很少　　　有时　　　经常
(a)

（b）

12．生理条件。请指出该工作有哪些不适的生理条件，及其要求的程度：

         很少   有时   经常

（a）举重物

（b）不良工作姿势

（c）过度的工作速度

（d）超额的感官要求（看，听
   说，摸，闻）

（e）震动性设备

（f）其他

13．情绪条件。请指出该工作哪些不适的情绪条件及其要求程度：

         很少   有时   经常

（a）与一般大众接触

（b）与客户接触

（c）密切监督

（d）赶工压力

（e）不规律的工作进度

（f）单独工作

（g）长途出差

（h）其他

14．工作场所。请指出工作有哪些舒适及不舒适的工作场所。

         舒适   不舒适

（a）室外

（b）室内

（c）地面

（d）地下室

（e）台架

15．工作环境。请说明你工作的环境条件优劣：

         差   好   极好

主管评语
你的部署对于工作条件与职责的描述是否正确？是＿＿＿＿否＿＿＿＿。如果否的话，请加以说明及补充。

资料来源：[美]格利·戴斯勒.人事管理[M].台北：晓园出版社，1992：39.

2．工作分析的步骤

由于工作分析的用途十分广泛，是人力资源管理的基础，因此在进行工作分析时，必须遵循一定的步骤。一般而言，工作分析大概有以下六个步骤：

（1）建立由工作分析专家、管理层和员工组成的工作分析小组。一旦小组成员确定后就要赋予他们进行工作分析活动的权限，以保证工作的顺利进行。

（2）确定工作分析的目标。有了目标、用途之后，才能确定收集什么类型的资料，不致浪费时间收集一些对分析没有用处的信息。同时明确了目标、用途之后，才能决定采用哪种方法来进行工作分析。

（3）选择有代表性的工作进行分析。一般来说，相类似的工作很多，假若把每一个职位都进行分析，在时间上肯定不允许，同时也没有这个必要。为节省时间，同时也为了保证分析结果的正确性，应该选择有代表性的工作进行分析。

（4）搜集工作分析的信息。这是工作分析的关键环节。搜集的信息有两类：一是与工作本身有关的背景信息，如组织图、工作流程图等；二是搜集员工的有关工作活动、工作对员工的行为要求、工作条件、工作对员工自身条件的要求等方面的信息。

（5）同承担工作的人共同审查所搜集到的工作信息。在信息搜集过程中，一些重要的信息可能会遗漏或出现偏差，因此要与从事这些工作的人员及其直接主管人员进行核对。这样有助于确定工作分析所获取的信息是否正确、完整，同时也有助于赢得大家对搜集到的工作分析资料的认可。

（6）编写工作说明书和工作规范。在信息资料整理和分析的基础上，编写出工作说明书和工作规范。工作说明书以书面的形式描述工作中的活动、职责以及与工作有关的重要因素；工作规范则着重指出任职所需的工作条件。

四、工作分析中搜集信息的方法

（一）定性的工作分析方法

1. 工作实践法

工作实践法是指工作分析者去实践所研究的工作，从而获取有关工作信息的分析方法。这种方法可以了解工作的实际任务以及该工作对人的体力、环境、社会等方面的要求。该方法适用于短期内可以掌握的工作，但不适用于复杂和危险的工作。

2. 现场观察法

现场观察法是指有关人员亲临工作现场，对工作者的行为活动进行仔细观察和详细记录，而后再做系统分析的方法。观察往往不是一次就可完成的，而且观察者需要具有丰富的实践经验。观察应力求结构化，事先做好充分的准备。现场观察法对于重复性强、身体外在活动较多的职位，用现场观察法进行工作分析，比较简便易行，但不适用于脑力劳动成分比较高的工作和处理紧急情况的间歇工作。另外，现场观察法会引起被观察人员的心理接受障碍，甚至引起这些人的反感。因此，最好与面谈法结合起来使用。

3. 面谈法

面谈法是工作分析者与工作承担者面对面地沟通、交流，从而搜集工作信息的一种方法。一般采用三种面谈方式：个别员工面谈法、群体面谈法、主管领导面谈法。群体面谈法一般用于许多员工做相同或相近工作的情况，通常也邀请其主管领导参加。主管领导面谈法是找一个或多个主管领导面谈，这些主管领导应对下属的工作有充分的了解。

面谈法的关键在于依据工作分析表，科学地确定面谈的典型问题，同时，使参与者充分了解面谈的缘由，不致使他们有被考核的感觉，以保证所搜集资料的准确性。

面谈法的优点在于让任职者自己说出其工作活动与行为，能搜集到一些其他方法所发掘不到的信息。另外，面谈法也给任职者提供了一个了解工作分析重要性的机会，使他们更容易接受工作分析的结果。同时，面谈中的一些怨言，也可以使管理层发觉原来未注意到的问题。最后，面谈法还是一种相对来说比较简单但十分迅速的信息搜集方法。

面谈法最主要的问题之一在于所搜集到的信息容易失真。这是因为工作分析常常是职位评价、薪酬调整的前奏。因此，员工常把面谈视为一种变相的业绩考核，从而夸大其工作职责，使所搜集到信息被扭曲。

尽管面谈法有其不足，但还是被广泛使用。进行工作分析访谈时，必须注意以下问题：

第一，同主管领导密切配合，找出最了解工作内容和最能客观描述自己职责的员工。

第二，必须尽快同面谈者建立融洽的感情沟通。知道对方的名字，用通俗易懂的语言交谈，简单介绍访谈的目的及找对方来的理由。

第三，准备一份完整的问题表格，并留下空白以供填写。重要的问题先问，次要的问题后问。

第四，若对方的工作并非每天一成不变，则应要求对方将各种职责一一列出，并按重要程度进行顺序排列。这样就可避免忽略了那些虽不常出现但十分重要的活动。

第五，面谈结束以后，应当让任职者及其主管领导将所搜集的资料浏览一遍，以做适当的修改与补充。

4. 问卷法

问卷法是通过任职者填写与工作职责有关的调查问卷来进行工作分析的方法。采用这种方法首先需要考虑如何安排问卷结构和提些什么问题。从理论上讲，有两种比较极端的做法：一是设计出一份结构完备的问卷，这份问卷罗列上百种备选的特定任务或工作，要求员工对是否做这些工作做出回答；二是将问卷完全设计成开放式的，只简单要求员工回答诸如"描述你的主要工作任务"之类的问题。在实际工作中，通常是将两种方式结合，既有结构化问题也有开放式问题。（见表 5-2）

问卷法的优点在于，可以在短时间内从众多任职者身上搜集到所需的资料。其缺点在于，问卷的编制要求技术高，费时费力；不同的任职者对同样问题的理解不一致，会导致搜集到的资料信息不准确，偏离工作分析的目标。

表 5-2 编拟工作说明书前的工作分析问卷

工作说明书问卷
日期
单位名称_____ 目前的职称与等级_____
所属部门_____ 所属科室_____ 主管姓名_____
1. 请你叙述你的工作的主要职责：
2. 其他较不重要的工作职责：
_____（如有不要，可另行贴附纸张）

3. 请列举你所使用的机器或设备： <u>一直使用</u>　　<u>经常使用</u>　　<u>有时候使用</u>

4. 该工作最低学历资格是（勾选一项）：
☐ 高中以下　　☐ 高中　　☐ 大专　　☐ 大学本科　　☐ 大学本科以上
该工作所需要的额外特殊训练（在一般高中或大学不容易学到）为：

5. 担任该工作的人员需具备多长时间的相关经验？
☐ 不需要　　☐ 3个月　　☐ 3个月~1年　　☐ 1~3年
☐ 3~5年　　☐ 5~10年　　☐

6. 合乎上述条件的新进员工需要多久才能进入角色？
☐ 2个星期以下　☐ 3个月　☐ 6个月　☐ 1年　☐ 2年　☐

7. 该工作需要主管监管的程度（请勾选一项）：
☐　经常性：很多情况均需向主管报告。
☐　每天向主管报告若干次，听取其指示。
☐　偶尔。因为大部分的工作内容都是重复性的，所以遇到重大异常状况时才向主管报告。
☐　监督有限。工作指派之后，大部分的工作内容决定于任职者，有时候甚至由任职者自己来决定工作方式。
☐　确定大目标即可。只列出工作目标，由任职者自行决定工作方式。
☐　直接监督几近没有。在组织一般政策的指导，工作方式与协调均由任职者自行负责。

8. 该项工作所能做的决策，其性质和范畴如何？

你决定核准前是否要经过请示？＿＿＿＿如果是的话，向谁请示？
你决定驳回前是否要经过请示？＿＿＿＿如果是的话，向谁请示？

9. 该工作需要何种机智（才能，创意和进取精神）？
例子：

10. 该工作会出现何种过失？
上述过失如何发现？
如果上述过失未经发现的话，会有什么后果？

11. 处理事务时，与别人接触的情形：
　　　　　　　　　一直　经常　有时　从未　方式（电话，书信，email）
单位其他部门的工作人员
客户或代理人
一般大众
政府机构
其他（请指出）
接触的目的与例子

12. 如果该工作需要注意的程度超乎寻常，在写列项目中勾选一项：
☐ 密切注意　　　　☐ 高度专心　　　　☐ 有时候在短时期内密切注意
☐ 经常需要注意，但有时候并不需要　　☐ 需保持稳定的注意程度

13. 工作所产生的异常疲倦会导致何种肌肉动作、身体移动、工作姿势？

```
14. 请叙述在工作中你可能会受到的灰尘、噪音、水、烟雾、热、意外事件等伤害：

在一个月中，出差的次数与方式：
在一个月中，开车出差的次数：
如果你有部属担任上述工作的话，请继续回答下列问题：
15. 请勾选你对上述工作负何种督导责任：
□指导      □指派任务       □检查工作内容    □规划其工作内容    □维持工作标准
□协调彼此间的工作活动        □分派人员        □解决员工问题        □甄选新人
□ 调职/晋升（推荐？核准？）      □惩罚（推荐？核准？）
□ 辞退（推荐？核准？          □加薪（推荐？核准？）
请列出直接受你管辖的工作职称及员工人数：



属下员工人数合计：
评语：

问卷制作人：
主管人员请注意：你签名之后，表示你已经看过上面的工作说明书问卷。如果你认为有任何地方
需加修改，请用红色铅笔注上。最后完稿的工作说明书还会再让你审阅一遍。
你有多少员工担任上述工作？_____审阅人
                                          职务
```

资料来源：[美]格利·戴斯勒. 人事管理[M]. 台北：晓园出版社，1992：39.

5. 工作日志法

工作日志是一天中工作活动的记录。工作日志法要求任职者将一天中所从事的工作活动如实地记录下来（见表5-3），然后由分析人员根据工作日志的内容来对工作进行分析。这种方法搜集的资料一般真实可靠，同时可以检验面谈法等搜集的资料信息的真实程度。

表5-3 工作日志

时期____年____月____日 星期____部门____姓名_____								
事务序号	事务来源			事务内容及处理（简要）	处理时间	是否完成		备注
	计划	上级	例外			是	否	

总之，上述五种方法都是最为常用的搜集工作分析信息的方法，它们都能提供关于工作承担者事实上在做什么的比较真实的信息。因而，它们能被用于编写工作说明书和工作规范。

（二）定量的工作分析方法

1. 管理职位描述问卷（management position description questionnaire，MPDQ）

MPDQ是国外近几年的研究成果，是一种常用的工作定向问卷方法。其特征是以工作为中心进行分析。它把每一种职务从13个方面加以考察：① 产品、市场与财务规划；② 与其他组织与人员的协调；③ 组织内部管理控制；④ 组织产品与服务责任；⑤ 公众与顾客的关系；⑥ 高级咨询；⑦ 行为的自治；⑧ 财务委托的认可；⑨ 员工服务；⑩ 员工监督；⑪ 工作的复杂性与压力；⑫ 高层财务管理责任；⑬ 海外员工人事管理责任。这13个方面分别从管理者所关心的问题、所承担的责任、所受的限制及管理者所必备的特征等各个方面，进一步细化成197个问题。

MPDQ同样适合对公共部门中管理层次以上职位进行量化测试。它为公职人员从事管理工作所需要的培训提供了依据，为正确评价管理工作提供了标准，为管理工作在工作族中的归类提出了目标，同时也为报酬管理、公职人员选拔程序和绩效考核的制定奠定了基础。

2. 职位分析问卷（position analysis questionnaire，PAQ）

RAQ是美国普渡大学麦考密克等人的研究成果。它是一种以人为中心的工作分析方法。PAQ是一种结构化的、定量的工作分析问卷，这些项目代表了能够从各种不同的工作中概括出来的各种行为、工作条件以及工作本身的特点，涵盖了194个不同的工作任务，其中有187项工作元素、7个与薪酬有关的问题。这187项工作元素与7个问题共分为6个类别，见表5-4。

对每个元素都要用6个标准之一进行衡量：使用程度；对工作的重要程度、工作所需的时间、发生的概率、适用性、其他。用这6个方面的工作元素与6个度量标准，就可决定一个职位在沟通、决策、社会责任、熟练工作的绩效、体能活动及相关的条件这5个方面的性质，于是可以运用其结果对工作进行对比。PAQ无需修改就可用于不同的组织、不同的工作，各组织间的分析比较容易，并使组织的工作分析更加准确与合理。

表5-4 PAQ法工作元素的分类

类别	内容	例子	工作元素数目
信息输入	员工在工作中从何处得到信息？如何得到	如何获得文字和视觉信息	35
思考过程	在工作中如何推理、决策、规划？信息如何处理	解决问题的推理难度	14
工作产出	工作需要哪些体能活动？需要哪些工具与仪器设备	使用键盘式仪器、装配线	49
人际关系	工作中哪些有关人员有关系	指导他人或与公众顾客接触	36
工作环境	工作中物理环境与社会环境是什么	是否在高温或与内部其他人员冲突的环境下工作	19
其他特征	与工作相关的其他活动、条件或特征是什么	工作时间安排、新抽方法、职务要求	41

3. 功能性工作分析法（functional job analysis，FJA）

FJA 是美国培训与就业局的研究成果，其主要目的是在对人员、事物、信息之间相互关系分析的基础上，进行工作描述与任职说明。它是以员工所发挥的功能与应尽的职责为核心，列举员工要从事的工作活动，确定工作活动程度或结果的测量方法，从而得到一份完整的工作分析信息。

FJA 有几个基本假设：

第一，员工完成什么事件与应完成什么事件应有明确的界限；

第二，职位与人员、事物、信息之间存在着相互关系；

第三，事件需要用体能完成，信息需要思考才能处理，而对于人的管理则需要运用人际关系方法。

第四，尽管员工的行为或他们所执行的任务非常多样，但所要完成的职能是非常有限的。每一种职能只在相对较窄的范围内或特定的范围内依赖于员工的特性与资格来达到预期的绩效。

第五，各个职能按照由复杂到简单的程度进行排列，复杂的职能包含了简单的职能。

根据 FJA 方法，工作分析既包括工作特点分析，也包括员工特点分析。工作特点的分析包括员工的职责、工作的种类及材料、产品及知识范畴三大类。员工的职责是指员工在工作过程中与人、事、信息打交道的过程。任何工作都离不开人、事、信息三个基本要素，而每一要素所包含的各种基本活动又可按程度分为不同的等级（见表 5-5）。工作分析者在对所有的信息进行分类时，可以按以上标准给每项工作打分，并以此为依据对工作加以详细的描述。工作的种类是指某项工作所属的工种，如焊接、钳工等。工作分析者在确定了工种之后，要对此工种的特点及所涉及的设备与工具加以描述。员工的特点包括正确地完成工作所必备的培训、能力、个性、身体状况等方面的特点。其中，培训包括所受到的常规教育及职业培训；能力包括职工的智力、动作协调及手的灵活性等；个性中的适应性、果断性、压力承受能力等是某些工作所要求的；身体状况包括视力、身高、体重、握力、血压等。

表 5-5 员工基本职能

数据	人	事
0 综合	0 监控	0 创建
1 协调	1 谈判	1 精密作业
2 分析	2 教育	2 运营与控制
3 编辑	3 监督	3 驾驶与运行
4 计算	4 安抚	4 操作
5 复制	5 劝说	5 供应
6 比较	6 交流	6 进料及取货
	7 服务	7 处理
	8 接受指示	

在美国，功能性工作分析在公共部门中被广泛应用，它强调对员工的行为进行分析，而且对工作内容的描述详细完备，又可以将员工所做的工作与组织的目标联系起来，这是它的优点。其突出缺点是工作繁杂、费时费力。

五、工作说明书的编写

工作说明书（job description）是描写某一职位的工作内容、职责、工作环境及任职条件的书面文件。工作说明书并没有一个标准化的格式，但大多数的工作说明书都包括以下几项内容：

1. 工作标识（job identification）

"工作标识"一般包括工作名称、工作代码、直接主管的职位名称和工资等级或工资范围以及编写人、编写日期、审批人，有时还包括工作地位、直接主管的职位名称等。

2. 工作摘要（job summary）

工作摘要简明地归纳该项职位的责任和工作内容。人力资源管理专家认为，工作综述就是尽可能地用精练而准确的语言来描述工作的总体性质，因此只列出其主要功能或活动即可。如信息部主任的工作可概述为，"指导控制信息处理、设备维修、保养和履行所分配的其他任务和职责"。

3. 工作关系（job relationship）

工作关系是指该职位工作者与组织内外其他人或部门、机构之间的关系，主要描述该职位与组织内上级、下级、同事的关系，与组织内其他部门的工作配合关系，与外部机构及人员的合作关系。如常务副县长的工作关系可以描述为：

（1）上级：县长。

（2）同级：各分管副县长。

（3）下级：县政府职能部门负责人、镇长、乡长。

4. 工作职责与主要任务

工作职责和主要任务指该职位的主要工作内容与责任，一般应分条记载并略加说明。如县政府常务副县长的工作摘要一般为两项：一是负责县政府日常管理工作，二是做好县长的参谋和助手。在工作职责中，则要把这两项作进一步的描述。如"做好县长参谋和助手"应具体描述为：① 接受县长的授权，代表县长处理各种有关政府工作的事务。② 综合分析全县经济、文化、教育、卫生、科技等方面的情况，发现问题及时向县长指出，并提出建议和措施，帮助县长进行决策。③ 做好副县长分工中约定的分管事项或部门工作。

5. 工作权限

工作说明书中还应当界定工作承担者的权限范围，包括决策的权限、对其他人实施监督的权限以及经费预算的权限等。例如，常务副县长的权限就可以概括为：参与决策权；

主持工作权；指导协调权；检查监督权；保护权以及其他权限。在行文时可以用"有权……"来进行具体描述。又如，有权参与政府有关经济、文化、教育、治安、民政、劳动人事等方面事务的决策；有权协助县长处理具体的日常工作处理各种政府行政事务。

工作权限的描述与具体的动作有密切的关系，整个工作分析中动作的精准界定是核心环节。表2-5罗列了岗位职责描述中常使用的动作术语供大家参考。

表 5-6 岗位职责动词使用规范

```
一、岗位职责动词使用规范表
       管理职责与业务职责
决策层：
主持、制定、策划、指导、督办、协调、委派、考核、交办、审核、审批、批准、签署、核转
管理层：
组织、拟定、提交、制定、支持、督促、布置、提出、编制、开展、考察、分析、综合、研究、
处理、解决、推广
执行层：
策划、设计、提出、参与、协助、代理、编制、收集、整理、调查、统计、记录、维护、遵守、
维修、办理、呈报、接待、保管、核算、登记、送达
              二、常用动词
1. 针对制度、方案、计划等文件
编制、制定、拟定、起草、审定、审核、审查、转呈、转交、提交、呈报、下达、备案、存档、
提出意见
2. 针对信息、资料
调查、研究、整理、分析、归纳、总结、提供、汇报、反馈、转达、通知、发布、维护管理
3. 关于某项工作（上级）
主持、组织、指导、安排、协调、指示、监督、管理、分配、控制、牵头负责、审批、审定、签
发、批准、评估
4. 思考行为
研究、分析、评估、发展、建议、倡议、参与、推荐、计划
5. 直接行动
组织、实行、执行、指导、带领、控制、监管、采用、生产、参加、阐明、解释、提供、协助
6. 上级行为
许可、批准、定义、确定、指导、确立、规划、监督、决定
7. 管理行为
达到、评估、控制、协调、确保、鉴定、保持、监督
8. 专家行为
分析、协助、促使、联络、建议、推荐、支持、评估、评价
9. 下级行为
检查、核对、收集、获得、提交、制作
10. 其他
维持、保持、建立、开发、准备、处理、执行、接待、安排、监控、汇报、计划、经营、确认、
概念化、合作、协作、主持、获得、核对、检查、联络、设计、带领、指导、评价、评估、测试、
建造、修改、执笔、起草、拟定、收集、引导、传递、翻译、组织、控制、操作、保证、预防、
解决、推荐、介绍、支付、计算、修订、承担、支持、谈判、商议、面谈、拒
绝、否决、监视、预测、比较、删除、运用
```

6. 绩效标准

说明在某职位上完成每一项任务所要达到的质量和数量标准。如常务副县长的绩效标准就可要求为：① 县长办公会议准备充分，会议以后，能够按照会议决定具体安排贯彻执行。② 经常过问县政府办公室的工作，县政府办公室工作运转正常。③ 县政府所发的文件未出差错。④ 对上级领导和有关人员的接待，工作安排妥善，未出问题；对下级和群众来访，能及时答复，或转交有关部门处理，并及时检查。⑤ 主动帮助解决其他副县长和职能部门在工作中遇到的困难。

7. 工作条件（working condition）

工作条件是指与工作有关的特殊环境条件，亦称工作环境，包括噪音、粉尘、辐射等方面的情况。

8. 任职资格

任职资格也称职位资格或职位规范，其内容主要包括受教育程度、工作经历、培训情况、特殊技能要求等。在国外，比如在美国，职位规范通常是放在职位说明书的背面或者形成单独的一份文件。在我国，公共部门任职资格多数是放在职位说明书当中的。强调职位规范、特别是强调任职资格等是由我国公共部门人员分类管理的特殊性决定的。

六、工作分析中常见的问题

（一）员工的恐惧和抗拒

工作分析的结果有助于我们对员工的工作行为及绩效进行考核，有助于我们分析员工工作的饱满程度，有助于我们招聘与工作职责相吻合的人员，因此，工作分析在一定程度上会引起员工的恐惧并可能最终导致抗拒。员工恐惧是因为员工害怕工作分析会对其已熟悉的工作带来变化或者引起自身利益的损失，因而对工作分析小组的人员及其工作采取不合作甚至抗拒的行为。

1. 员工恐惧、抗拒的表现

（1）访谈的过程中，员工对工作分析小组的工作有抵触情绪，不支持其访谈或调查工作。取得被调查对象的支持和合作是调查成功的重要保障，正是因为员工产生了恐惧感，因此对调查采取排斥、不支持、不合作态度，导致调查难以进行。这是一种消极的抗拒。

（2）员工提供有关工作的虚假情况。

员工对调查结果产生恐惧，但并不是采用消极的方法不合作，而是故意夸大其所在岗位的实际工作责任、工作内容，而对企业其他岗位的工作予以贬低，其目的是提供工作的虚假信息，给工作分析制造障碍，甚至影响工作分析的结果。这是一种积极的抗拒，调查人员难以察觉。

2. 员工恐惧的原因

（1）员工认为工作分析的结果会对他们目前的工作、薪酬水平造成威胁。工作分析的结果有助于企业进行科学的人力资源考核，许多企业的减员、降薪也正是在工作分析之后，利用工作分析的结论进行工作评估之后实施的，工作分析成为一些企业所谓科学减员的理由。因此，很多员工对工作分析有一种天生的恐惧感。

（2）工作分析可能会导致员工的责任增加。霍桑实验研究表明，员工在工作中一般不会用最高的效率从事工作，而只是追随团队中的中等效率的伙伴，这是其团队归属的需要。而且员工认为，如果自己的工作效率太高，反而会增加自己的工作任务。工作分析的科学进行，有助于管理者充分认识员工应有的工作绩效，从而导致员工必须以高效率的方式进行工作。因此，员工对工作分析产生恐惧并进而抗拒，从理论和现实意义上来讲都是合乎情理的。

3. 员工恐惧的消除

要使工作分析顺利进行，我们就必须最大限度地消除员工的恐惧及抗拒行为，确保工作分析顺利、有效地进行。

（1）事前的充分沟通。事前的沟通是员工恐惧消除的重要策略。我们在工作分析之前，应事先取得员工的信任，使员工明白实施工作分析的原因，可以为员工带来的好处以及员工提供的信息对工作分析的重要意义，并且以某种方式向员工承诺企业不会因为工作分析的结果而解雇任何员工或降低企业的工资水平。

（2）事后结果的沟通。在工作分析结束以后，将其结果与调查者进行沟通。这种沟通一方面可以使员工知晓其在这项工作中所做出的贡献；另一方面还可以使员工科学认识自己的行为，推动自身工作效率的提高。

（二）动态环境

尽管我们习惯上把工作看成是静态和稳定的，而且也只有这样我们才能确保工作分析的进行。实际上，工作总是随着时间而不断发生变化的，特别是对于现代企业而言，工作的性质和状态已经在很大程度上发生了变化，即动态的因素已经在更大程度上推动我们对工作的认识，使传统的工作分析引进了新的动态因素。

对于我国公共部门的人员而言，由于整个社会处于大转型变革时代，包括组织本身也处于结构变化期，因此动态环境成为短期常态。

具体的职位说明书见表5-7和表5-8。

表 5-7　北京市民政局副局长（民主党派）职位说明书[①]

编制日期：2008 年 9 月

职位基本信息	单位名称	北京市民政局		
	机构性质	市政府组成部门		
	职位名称	副局长		
	职位级别	副局级		
	直接上级	局长		
职位描述	在市局党委、局长领导下，负责分管全市社会救助、救灾、接受社会捐赠、老龄权益保障和服务方面的工作			
		职责描述	责任程度	关键绩效指标
职位职责		组织制订工作计划，领导指挥分管部门单位开展工作，保证分管部门、单位各项任务完成	分管责任	工作计划的科学性、合理性、前瞻性、可操作性
		及时了解分管部门组织全市社会救助、救灾、社会捐赠、老龄权益保障和服务等工作进程，检查监督工作任务执行情况，适时提出有效措施	直接责任	推动工作的效果
		指导分管部门严格依法行政，配合起草相关地方性法规政策规定，寓依法行政于管理服务之中，强化依法行政责任	分管责任	群众投诉率或群众满意率
		沟通、协调、处理分管部门内外部联系	直接责任	市局党委、局属单位、区县及工作联系部门认可度
		协助党委、局长对分管部门单位领导班子成员的推荐、教育、培养和日常考察，提高班子成员政治业务素质	分管责任	分管部门、单位领导班子建设情况；班子成员政治、业务素质提高情况
		将思想政治（党风廉政建设）工作摆在首位，于业务工作同研究、同部署、同落实、同检查	分管责任	思想政治工作落实情况。分管部门、单位的党风、政风、行风情况
		完成领导交办的其他工作	直接责任	工作完成情况
职位权限	1. 参加局长办公会，行使表决权；列席局党委会； 2. 有关文件签发权 3. 对分管工作行使指挥权； 4. 本局处级领导干部任免的建议权； 5. 对分管部门单位干部的监督权； 6. 对区县民政相关工作的指导权；			

[①] 北京市公选办。

工作关系	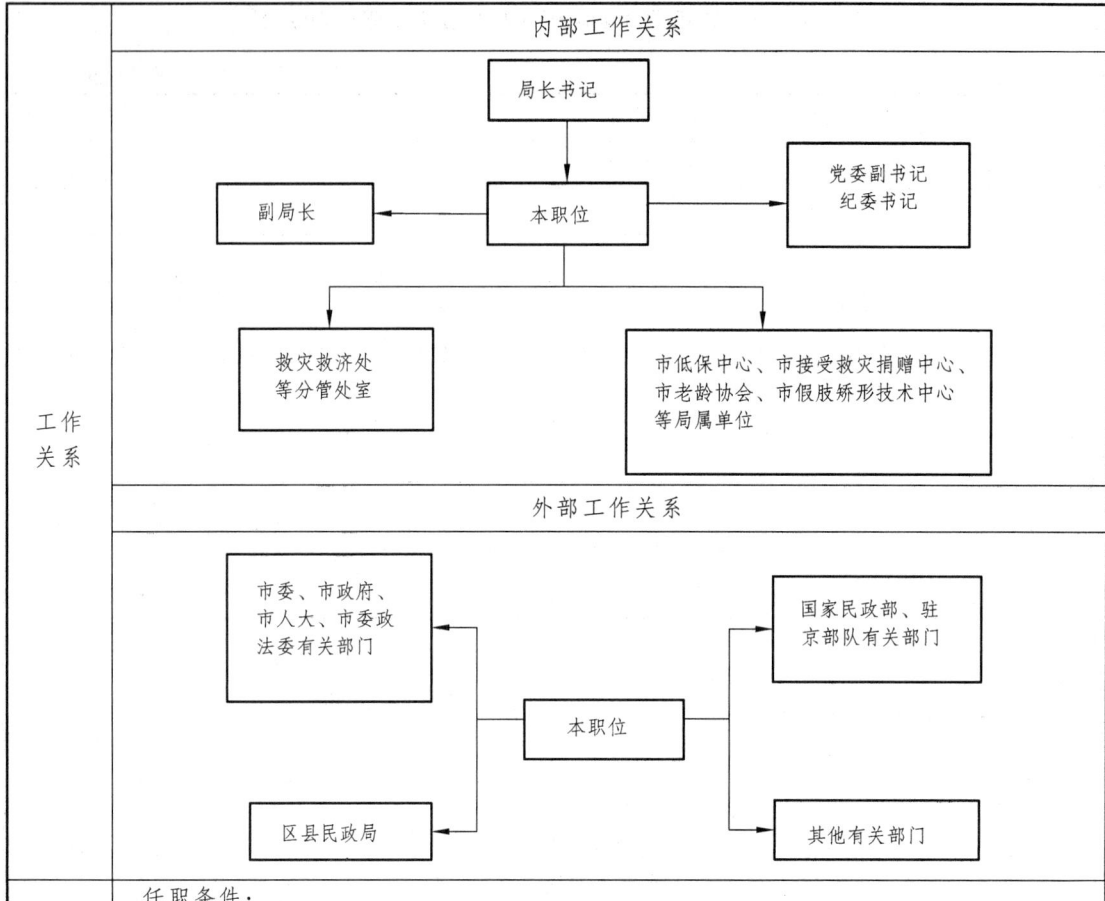
任职条件资格	任职条件： 1.具有中国特色社会主义坚定信念；拥护中国共产党的统一战线政策，坚决执行中国共产党的基本路线和各项方针政策，始终忠于祖国、忠于人民、忠于法律；具有履行职责所需的政策理论水平，努力运用马克思主义立场、观点、方法分析解决实际问题。 2.具有科学发展观和正确政绩观，按照构建社会主义和谐社会首善之区要求，解放思想，实事求是，与时俱进，开拓创新，求真务实，卓有成效地开展工作。 3.具有投身民政事业的强烈责任心、政治责任感和良好的职业道德，自觉践行社会主义荣辱观，清正廉洁，艰苦朴素，密切联系群众。 4.正确行使人民赋予的权力，依法办事。首席与本职相关的法律、法规，坚持宪法、法律之上的观念，坚持依法行政、照章办事的观念；坚持以人为本、为民服务的观念，坚持权力受监督和制约的观念。 5.具有大局意识和全局观念，坚持和维护党的民主集中制，善于集中正确意见，善于团结同志。 6.具有履行职责所具备的民主决策能力、管理协调能力、识人用人能力、理论研究能力、开拓创新能力、为经济建设服务的能力、社会管理和公共服务的能力、依法行政的能力、处置突发事件的能力和心理调适的能力。 7.具有机关和基层工作经历，具有行政管理的工作经验。 任职资格： 1.年龄不超过45岁，即1963年1月1日（含）以后出生。 2.大学本科以上学历。 3.民主党派（女）。

	4.应现担任副局级职务；或担任正处级领导职务满2年，即2006年10月（含）以前任职；或担任副处级领导职务满4年，即2004年10月（含）以前任职。国有企事业单位工作人员、北京地区新经济组织和新社会组织管理人员以及海外留学回国人员，应当具备与所报职位要求相当的资格。 5.具有北京市户口。 6.身体健康。

表 5-8　某地方税务局职位说明书①

职位名称：自治区地税局办公室主任
职位编号：15000—35—008

工作项目	1．研究制订办公室工作计划，并组织实施； 2．靠站对税收工作方针政策的调查研究； 3．草拟修改局领导交办的重要文件； 4．负责惩办局内重要会议的会务指导工作； 5．组织采集编报税收信息； 6．对本局各部门涉及全局性的工作进行综合协调； 7．负责办公室行政管理和思想政治工作； 8．完成上级交办的其他工作。
工作概述	本职位在局长、分管局长的领导下主持办公室全面工作。 1．根据本局确定的工作计划，组织制订办公室年度工作计划，经室务会议讨论，报局长审定后组织实施； 2．协助局领导综合情况，研究政策，对上级机关各项决定的执行情况进行检查，并及时总结反馈； 3．组织草拟、修改局领导交办的重要文稿及其他行文的核稿工作，保证机关文稿质量； 4．负责重要会议的筹备组织，负责局内会议的组织管理工作； 5．围绕中心工作，组织编报信息，为局机关提供各种信息，及时向局领导反映有关情况，为局领导决策提供依据； 6．按照局领导的意图，了解掌握局机关各项工作情况，搞好对有关部门的协调联络工作，要充分发挥办公室综合协调作用； 7．严格掌握，认真落实行政管理的有关文件、规定，科学规范地调整好办公室的各项工作，合理配备人员； 8．定期召开室务会议，组织政治业务学习，做好办公室人员的政治思想工作和组织纪律教育； 本职位主要是协助局领导进行工作，经常研究政策性问题，反映情况，审核重要文稿，工作要求高，政策性强，若有失误，将对全局工作造成直接的影响。
工作标准	1．组织实施办公室工作计划，既符合年度工作重点、又要切实可行； 2．草拟的文稿必须有较强的政策性和指导性，审改的文稿主题明确，层次清楚，文字精练； 3．调研工作要深入细致，调查报告要有事实、有分析、有建议； 4．为领导提供信息必须及时准确； 5．公文处理和档案管理工作要做到规范化、制度化、科学化； 日常行政管理工作有条不紊，思想政治工作落到实处，能充分调动工作人员的积极性； 处室内部、处室之间、上下部门之间的关系协调，工作渠道顺畅；承办上级交办的事项

---

① 吴江、胡冶岩：《公共部门人力资源管理》，中共中央党校出版社2003年版，第170～172页。

	认真负责，按期完成。
所需知识技能	1．具有大学专科以上学历，熟悉税收业务知识和问文秘业务知识； 2．具有较高的政策水平，熟悉国家税收政策和法规，熟悉机关工作程序及管理特点； 3．具有较强的组织领导、综合协调、调查研究等方面的能力； 4．具有起草、审核重要文稿的能力。
转任和升迁方向	1．升任副局长、助理巡视员； 2．转任其他职责程度相当的职位； 3．由办公室副主任或其他职责程度相当的职位的工作人员升任或转任。

第二节　工作评价

工作评价作为一种管理制度首先是在企业管理中应用和人推广，1908年美国芝加哥市首先在政府中试行职位评价制度。第二次世界大战后，欧洲重建，职位评价作为有效的管理手段得到广泛推广，包括比利时、丹麦、法国、德国在内的众多欧洲国家都积极应用并取得了良好的效果。

一、工作评价的含义和特点

1．工作评价的含义

工作评价（job evaluation），也叫职位评价，是指在工作分析基础上，依据工作分析所搜集的资料信息，对职位的相对价值进行分等排序的过程，即解决工作职责大小程度如何、工作的重要程度如何等问题的活动。工作评价是组织确定薪酬等级的基础。

2．工作评价的特点

（1）工作评价的中心是客观存在的"事"，而不是现有的工作人员。以"人"为对象的评比、衡量、评估，属于评估、测评的范畴，而工作评价虽然也会涉及工作者，但它是以工作岗位为对象，即以工作所担负工作任务为对象所进行的客观评比和估价。

（2）工作评价是衡量组织内各类岗位的相对价值的过程。在工作评价过程中，根据预先确定的评价标准，对工作的主要影响因素逐一进行评比、估价，由此得出各个工作岗位量值。

（3）工作评价是对性质基本相同的工作岗位进行评判，最后按评定结果，划分出不同的等级。

二、工作评价的步骤

（1）按工作性质，可以将组织的全部工作岗位划分为若干大类、种类或小类。当然，工作岗位类别层次的多少应视组织的具体情况而定。

（2）搜集有关工作岗位的各种信息，既包括工作岗位过去的信息和现在的信息，也包括现有的文字资料和现时的活的资料。

（3）建立专门的组织机构，培训专门的人员，使专门人员系统掌握工作评价的基本理论，以及具体的实施办法。

（4）制订具体工作计划，确定详细实施方案。

（5）在搜集资料的基础上，找出与工作岗位有直接联系、密切相关的各种主要因素。

（6）制定统一的评价标准，设计相关问卷和表格。

（7）先对几个重要工作岗位进行评价试点，以便总结经验，发现问题，采取对策，及时纠正。

（8）全面实施工作评价的各项具体操作。

（9）撰写各个工作岗位的评价报告书。

（10）对工作评价工作进行全面总结。

三、工作评价的方法

工作评价的方法很多，其中主要有排序法、分等法、评分法和因素比较法。

1. 排序法

排序法（job ranking）是将组织内所有职位按责任轻重、复杂程度等因素，由高到低排列出来进行评价的方法。各职位的薪酬水平按照排列次序来决定。

排序法的主要程序为：① 工作分析；② 选择并确定标杆职位；③ 围绕标杆职位将所有职位按重要性进行排列；④ 给排列起来的职位确定等级。

确定标杆职位的原则：一是标杆职位要有代表性，能够涵盖该公共部门职位的主要职能和特性；二是标杆职位要处在职位之间的恰当位置，并合理分布在现有的职位结构中。标杆职位的确定并没有一个通行尺度，通常选用职位总数的 10% 到 15% 作为标杆职位。

排序法的优点在于简单易行。一旦确定标杆职位后，排列其他职位就相对简单了，并且一般不用很长的时间，通过这种方法能够很快建立一个新的职位等级序列。并且由于排序法不必将工作分成繁琐的组成要素，因此排序工作比较容易达成一致意见，并且职位说明书采用排序法不像便用别的方法中那样不可或缺。

排序法的缺点在于，必须有训练有素的评估人员，熟悉所考察的职位，知道每个职位所要求的技术和体耗，能够做出公正判断来进行工作职位排序。这种评估有较大的主观性，评估容易受到现行工资标准和评估者的个人品质的影响。并且这种评估由于缺乏准确的评估因素，难以摆脱含糊性。对类似的职位来说，排序相对容易；对不相似、无关的职位来说，排序就比较困难。比如说，我们很难比较出司机和打字员哪个职位更加重要。因此，排序法只适合规模较小的组织。在实际操作中，往往从管理的角度出发，先把职位分成若干小组，不同的小组确定不同的工资等级，每个等级内再制定出从低到高的工资序列。

2. 分等法

分等法（job grading）是将职位分成若干等级，然后在每一等级内选出一至两个关键职位，并附上工作说明和规范。接着评估每一职位，逐一与各级的关键职位相比较，相似的编为同一等级，最后排列出各级的高低，亦称分类法。分等法的具体程序如下：

（1）按职位内容进行分类。即指在工作分析的基础上，将组织内的职位进行分类，如可分为专业技术类、管理类等。这样职位的分等就可在同类职位内进行，分等工作就变得简单易行。

（2）确定等级数量及等级定义。第一，依据组织规模、工作性质、人力资源管理策略确定出等级的数量。第二，确定用来评价职位重要程度的基本因素。不同性质的组织，影响其职位重要程度的因素也不同。美国联邦政府就以下面八大因素来评估职位的重要程度：一是工作的难度与多样性；二是监督他人和被监督的程度；三是判断力的运用程度；四是需要创造力的程度；五是工作关系类型；六是职责；七是经验；八是所需知识。第三，明确等级定义。即对所分的等级进行概念性的明确描述。这是一项艰难复杂的工作。

（3）评价和分等。这是分等法的最后阶段，即分析人员根据工作分析对每个职位的内容进行说明，与等级定义相比较，得出每一职位的评价结果，将职位归入相应等级。在归等过程中，为了使划等更简单化，一般依据每个等级的特定要求，在每一等级中确定一标杆职位作为参照系，然后再进行分别归等。

分等法在进行等级定义时，参考了指定的工作因素，因此，比排序法更准确、客观。由于分等法相对简单，故所需费用也相对较少。分等法比较适用于职位内容变化不大的组织，特别流行于公共部门。如美国、加拿大等国的政府公共部门的职位评价就是用的分等法。但是，分等法程序中的等级定义是一项高难度的工作，对职位内容变化较大的经济实体来讲，使用时就会遇到诸多困难。

3. 评分法

评分法（point system）是一种量化的评价方法，首先依据工作内容特点确定出所有职位共同的评价因素，然后度量出每项因素对于被评价职位的重要程度和价值，并以分数形式记录下来，以便计算总值和相互比较。每一职位的总分数就是该职位的价值指标，以此作为核定薪酬的标准。

评分法的程序如下：

（1）工作因素选择。不论公共部门组织工作类别之间的差距有多大，他们都具有相同的评价因素，将这些相同的因素提炼出来，就可以进行比较评价。一般来讲，任何工作都包含下列因素：技能、责任、努力和工作条件。技能因素可分解为教育程度、经验、创造能力等；责任因素可分解为对设备及工作程序的责任，对安全的责任，对产品质量的责任，对原材料利用的责任，以及其他工序的责任等；努力因素可分为体力、脑力和视力等的付出；工作条件可分解为各种工作环境条件等。选择因素的多少和选择何种因素应视组织和工作的性质而定，并且要注意保持一定弹性，以适应工作特性变化的需要。

（2）因素评价。在这个阶段，每个要素被分成了几种等级层次，并赋予一定的分数值。这个分数值表明了每个要素的权重。不同等级之间的分数差距，可能依据的是算术级数、几何级数，甚至是不规则级数。每个要素所占的权重和等级划分，将直接影响工作价值的高低或工作评价的结果，还涉及是否被多数员工所接受。具体差距多少根据职位的具体特征和重要性而定（见表5-9）。

表5-9 评分法中"技能"要素的级数

级数	次要素	级数（分数）				
		1	2	3	4	5
算术级数	教育程度经验	15 20	30 40	45 60	60 80	75 100
几何级数	教育程度经验	15 25	30 50	60 100	120 200	240 400
不规则级数	教育程度经验	15 20	20 30	30 45	45 65	75 100

（3）工作评价。在对每一个因素进行评估，每一个工作都有较详细的说明书后，就可以将说明书的内容与评估的程度定义相比较，以确定属于哪一程度并给予相应的分类。将所有因素的分数相加，就可得到该工作的评价总分。在实际操作中，工作说明的内容和因素等级定义不一定一致，所以评价人员的分析与判断，不仅仅是态度是否端正的问题，更是一个知识与经验的问题。作为分析人员不仅需要透彻了解各种因素程度定义的含义，对工作也应具备多方面的实务经验。公共部门如果不具备合格的分析人员，可采取委员会的形式从事工作评价工作。

（4）工资分配。经过工作评价，工作之间的差异就可以以工资率的形式表示。通常比较简便的方法是挑选出若干具有代表性的工作，然后将这些代表性工作评价的结果与工作评价的设计目的相比较，若符合，则表明工作评价是可行的。若涉及公共部门的工资政策，可参考国家规定标准和其他公共部门的相关资料进行比较，进而决定本部门的工资政策。

（5）工资结构的设计。该项工作首先要确定最低与最高的工资额，即工资的范围；其次要确定工资的分级或工资的差距，一般公共部门工资率可分为单一工资率和可变工资率两种。单一工资率是固定每一等级的工资，工资的增加只能从一个等级升至较高的等级；可变工资率是指在同一个等级内，由于年资或绩效的不同可以有不同的工资额。

我国政府从20世纪90年代开始，就开始大力提倡岗位技能工资制，与之相配套确定岗位等级的方法——测评，也是属于因素评分法。当然，因素评分法有多种变形，并不一定就与以上介绍的一模一样，但是其基本思想是一致的。

4. 因素比较法

因素比较法（factor comparison）是在排序法基础上改良而成的一种量化评价方法。它采用了评分法的一些原则，但是在使用标杆职位、职位比较和确定工资率方面都与评分法有较大区别。从某种意义上可以说，要素分析法是排列法和评分法的一种混合方法。

因素比较法通常包括四个步骤：① 选定标杆职位。② 按照因素排列标杆职位，通常选定的因素包括智力条件、生理条件、技能条件、职责和工作环境这五项。③ 给各因素分配薪酬待遇，即将标杆职位的工资率按比例分配给各因素。这是因素比较分析法与其他分析方法的最大不同之处。并综合分析标杆职位的工资率,如果标杆职位的选定数目较多,并能代表各种等级的工作,则各种工资率的连接就可以成为一条直线,那么不但可显示工资的趋势,而且可拟定工资表。④ 比较按因素排列和按工资薪酬排列的结果,如果有不同之处,则需要调整不同因素的薪酬比例来消除差异,若无法消除,则必须将这一职位从标杆职位中删除。排列其他非标杆职位,并参照与其相近似的标杆职位工资表制定其工资率。

下面以某公共部门为例说明因素比较法:某公共部门的标杆职位包括部门主管、秘书、打字员和门卫四类,将它们按因素进行排列(如表5-10所示)。

表5-10 按要素排列的标杆职位

标杆职位	智力条件	生理条件	技能条件	职责	工作环境
部门主管	1	3	1	1	4
秘书	2	2	3	2	3
打字员	3	4	2	4	2
门卫	4	1	4	3	1

(1表示高,4表示低)

假设目前四类标杆职位的工资标准分别是1000、830、550、530个货币,并假定以上各要素在部门主管工资标准中所占的比例分别为30%、10%、20%、35%、5%,在秘书工作标准中所占比例分别为24%、15%、18%、36%、7%,在打字员工作标准中所占比例分别为9%、28%、19%、28%、16%。通过将所有标杆职位的工资标准按以上要素比例进行分析,可以得到一个按工资排列的职位表(表5-11)。

表5-11 按工资排列的标杆职位

标杆职位	工资标准	智力条件	生理条件	技能条件	职责	工作环境
部门主管	¥1000	300(1)	100(3)	200(1)	350(1)	50(4)
秘书	¥830	200(2)	120(2)	150(3)	300(2)	60(3)
打字员	¥550	150(3)	50(4)	180(2)	100(4)	70(2)
门卫	¥530	50(4)	150(1)	100(4)	150(3)	80(1)

(1表示高,4表示低)

对比表5-10和表5-11可以发现,这四类标杆职位按因素排列和按工资排列的排列顺序是相同的,这说明不同因素的薪酬比例合适,不需要再调整。如果出现两者排列顺序不同的情况,则经过工作评价委员会仔细评价协商,对各因素在工资标准中所占的比例进行调整。接下来要做的就是通过与标杆职位的对比来确定其他职位的位置和工资水平。例如,财务人员对技能的要求,可能介于打字员和部门主管之间,因此财务和职位技能要素所对应的工资应该介于两者之间。用这种方法可以确定财务职位其他要素所对应的工资,并将这四部分工资加总求和,就可以得到财务职位的工资标准。

因素比较分析法的特点在于,十分注重对标杆职位的分析,保证了这个方案符合要求,职位的排列又充分反映了等级结构的实际，同时排除了异常级差。因此，这种分析方法的可靠性较好。此外，由于对一些相似的职位予以了比较和排列，因此评价更加准确系统。值得注意的是，一方面，因素比较分析法赋予了各因素的货币值，工资结构可以在评分过程中自然形成，减少了工作量。另一方面，因素比较法使用起来十分复杂，尤其是在确定不同因素的工资分配的时候，难以克服主观性，因此在实际运用中会碰到相当大的困难。这就是因素比较分析法之所以没有被广泛采用的原因所在。

以上介绍的排列法、分等法、评分法、因素比较法是工作评价的四种基本方法。随着工作评价技术的发展和计算机的广泛应用，一些专业的人力资源管理顾问公司设计出了一系列更精确化的评价方法，但大多是这四种方法的结合与演变。

第三节 公共部门的人员分类管理

职位分类制度是公共部门人力资源管理的核心制度，随着时代的变迁以及政治、经济、社会的发展，科学的管理技术、现代人的价值取向以及公共部门公共价值取向的融合推动以公平为核心的价值主张在现代公共部门职位管理中得以实现。

一、公共部门职位分类管理的演变

职位是公共部门重要而又稀缺的资源，其管理和分配方式的演变直接体现了政治体制的演变以及公共部门人力资源管理的价值主张。

1. 君主恩赐制度下的职位管理

恩赐制是封建君主制度下的一种任官现象，公共职位成为统治权争夺中胜利者的战利品，是重要的"赃物"。政府雇员之所以能得到某一公共职位，不是因为其能力、资历以及政治主张符合这一职位的要求，而是因为该雇员是某一获胜政治领袖的追随者，在为该领袖的成功做出了贡献后论功行赏得到的。某种情况下，为了解决"分赃"不均以及社会对任命者的信任，统治者也会对某些职位提出任资资格的要求，但这种要求不是从职位出发而是从人出发，从解决矛盾出发。政治上的忠诚和贡献是任资资格的基本要求。

2. 公务员制度下的职位管理

随着社会的发展，政治人物的统治从简单维护统治权利到系统的社会治理，对公共利益的考虑以及对具体事务的处理能力逐渐成为公职人员的基本任职要求，进一步地民众意思的觉醒也推动了现代公务员制度的建立。公务员制度的基础就是工作分析和职位分类。通过工作分析，明确职位的基本要求并进一步确定对应的基本任资资格和能力要求，减少用人的随意性。此外，西方国家还将公共部门的职位分为文职类和政治职位类。文职官员的选拔和任用严格按照职位规范进行，实行职位常任，不与政党更迭相关，政治中立。政治类官员的选拔和任用则依然沿袭"分赃"的思想。

二、公共部门的人员分类

(一)公共部门人员分类的含义

所谓公共部门的人员分类,是指在工作分析的基础之上,将公共部门中的工作人员或职位按工作性质、责任轻重、资历条件及工作环境等因素分门别类,设定等级,为人力资源管理的其他环节提供相应管理依据的程序方法。

人员分类的依据是由工作分析、工作说明书、工作规范提供的,也就是说工作分析和职位评价是人员分类的前提和基础。

对工作人员进行分类管理,是各个国家的通例。目前,世界上有两种典型的人员分类制度,一是以工作人员的官阶为中心的品位分类,二是以职位为中心的职位分类。

(二)两种不同的人员分类制度

1. 品位分类

(1)品位分类的含义和历史。

"品"指官阶,"品位"指按官位高低、职务大小而排列成的等级。品位分类是以国家公共部门工作人员的职务或等级高低为依据的人员分类管理制度。

品位分类在我国已有悠久的历史。自魏晋以来,官阶就称品,朝廷官吏分为"九品十八级",以后各代逐步完善,品级也逐步增多,且品级同俸禄挂钩。但是,在封建社会,品位主要是特权和身份的标志,同现代意义的品位分类有着根本上的区别。

随着文官制度在西方的建立和发展,品位分类由封建社会的注重特权和身份到注重任职资历条件,到现代的工作内容和资历并重,逐步完善。英国是现代品位分类最典型的国家,其他实行品位分类的国家还有法国、意大利等国。

(2)品位分类的特征。

第一,品位分类是以"人"为中心的分类体系。品位分类的对象是人以及人格化的职务等级以及人所具有的其他资格条件。具体而言,在人员运用方面过分重视人员的学历、资历、经验和能力,个体的背景条件在公职录用和升迁中起着至关重要的作用。任职年限、德才表现等通用资格条件是晋升的主要依据。可见,品位分类是人在事先。

第二,分类和分等相互交织。在品位分类中,分类实际上同职务、级别的分等同时进行,因此,品位分类通常采用先纵后横的实施方法,也就是先确定等级,然后再分类别。

第三,品位分类强调公务人员的综合管理能力。品位分类注重"通才",不注重公务人员所具备的某一方面的特殊知识和技能。人员的调动、交流、晋升受所学专业及以往工作性质的限制较少。

第四,官位和等级职位可以分离。在品位分类规则中,官位、等的是任职者的固有身份,可以随人走,官位、等的和所在职位不强求一致。薪酬取决于官位、等的而不取决于所从事的工作。

第五,品位分类在等级观念比较深厚的国家较为盛行。

2. 品位分类的评价

品位分类制度的优点:第一,人员分类的线条粗犷,结构富有弹性,工作适应性强,便于人事机构调整公务员的职务。由于官阶与职务相对分离,使公务员不会因职位调动而引起地位、待遇的变化,从而免除了公务员因职务变动所带来的不安全感,有利于个人的全面发展和人才流动。第二,品位分类强调工作人员的个人条件,如学历、资历等,有利于吸收高学历的、经验丰富的人员进入公共部门。第三,比较适用于担任领导责任的高级公务员的分类。领导工作往往需要多方面的知识,很难将其划归一定的职位,采用品位分类有利于领导工作的开展。第四,有利于某些临时性工作的开展,有些临时性的指派工作,通过确定到某一具体的人,往往能取得更好的效果。

随着现代政府职能范围的日益扩大,许多专业性、技术性工作进入公务员的工作领域,品位分类不可避免地暴露出一些缺陷,特别是在业务类公务员管理中,这一缺陷更为明显:第一,不注重对工作人员现有岗位设置是否合理进行调查分析,人在事先,容易造成因人设岗、机构臃肿、职责不清、人浮于事的局面;第二,在管理中主观随意性比较大,没有系统、规范的要求,不利于严格的科学管理;第三,过分重视学历、资历等因素,限制了学历低、资历强的人才的发展;第四,不重视专业人才的选拔与培养,不利于业务类工作效率的提高。

3. 职位分类

(1) 职位分类的含义和历史。

所谓职位分类,就是在工作分析的基础上,将职位依据工作性质、繁简程度、责任轻重和所需资格条件,区分若干具有共同特色的职位,加以分类,并作为公共部门人力资源分类标准的一种管理程度。

职位分类始于美国,是以美国为代表的许多发达国家普遍采用的一种人员分类制度,美国1883年通过制定彭德尔顿法,开始正式推行文官考试制度,并将政府的工作人员划分为两大类:一类为事务人员;另一类为政务人员,这一改革为职位分类奠定了基础。1896年,联邦文官事务委员会明确提出,应以公职人员的职务和职责作为职位分类的依据,并于1903年建议政府机关正式推行职位分类原则。1905年罗斯福总统设立部务规程委员会,开始进行有关分类和工作评价的研究。1911年芝加哥市首先制定了《职位分类法》,并于1912年推行了这一制度。在以后的20多年里,许多州和地方政府都先后实行了职位分类制度。1923年,美国国会正式通过了美国第一个《联邦政府职位分类法案》。此后,职位分类制在美国就成为定制,具有法定的意义。由于这一分类方法所具有的科学、规范、高效的特点,近些年来,它已被越来越多的国家所采用。

(2) 职位分类的程序。

职位分类的程序一般包括四个步骤:

第一,职位调查,也就是工作分析,这是实施职位分类的第一步。

第二，职系区分。在调查的基础上，依照工作性质的异同，将各种职位划分归并为若干类别，这便是职系。职系是工作性质相同的职位汇集。在职系的基础上再形成职组和职门。职组是工作性质相似的职系汇集，而职门是工作性质相近的职组汇集。这一步骤是职位的横向划分。

第三，职位评价，也称职位品评，就是运用我们前一部分所讲的工作评价方法，对各职系的职位进行纵向的职级、职等的认定。职级是指同一职系内工作性质、繁简难易、责任轻重及资格条件充分相似的职位集合；职等是指工作性质不同，但工作难易繁简、责任轻重及所需资格条件程度相当的各职级归纳称为职等。同一职等的所有职位，无论其属于何职系，其薪酬均相同。

第四，制定职级规范。以此作为人员录用、监督、考核的依据。

（3）职位分类的特征。

第一，以"事"为中心的分类体系。职位分类首先重视职位工作的性质、责任大小、繁简难易程度；其次才是人所具备的资格条件。职位分类是事在人先。

第二，分类方式先横后纵。即先进行横向的职系、职组、职门区分，然后再依工作的难易、繁简和责任大小的程度提取纵向等级。

第三，注重人员的专业知识和技能。职位分类注重"专才"，人员的任职调动、交流和晋升，一般在同一职系至多在同一职组范围内进行，跨职系、跨行业的流动和升迁极少。

第四，官等和职能相重合。在职能分类中，官位与职位相连，不随人走，严格实行以职位定薪酬的规则，追求同工同酬。职位变了，官等薪酬均取决于新职位的工作性质。

第五，实行严格的功绩制。在职位分类制度中，功绩制是其人员升迁和薪酬增加的唯一标准。如美国一般职务类（GS）人员，薪酬的增加有两种方式：一是工作年限增长自动提升等级，表现突出奖励提升一级；二是职务提升，薪酬相应提高。并且规定，一个人每年只能提一级，且必须有几个人同时竞争，才能最终选出一人提升。

第六，职位分类比较适合民主观念浓厚的国家。

（4）职位分类的评价。

职位分类的优点：

第一，规范化的分类管理体系，为各项人力资源管理活动提供了客观依据。

第二，有利于贯彻专业化原则。

第三，有利于定编人员，完善机构建设。

第四，官等与责任、报酬相联系，进一步促进了同工同酬和官员能上能下。

第五，有利于在职培训和适才适用。

职位分类的缺点：

第一，分类工程大，成本高，操作繁，推行困难。

第二，过于规范和过于强调量化，缺乏弹性。

第三,官等、工资随人的变动而变动,使其激励性减弱。

第四,专业化限制了人员流动,不利于综合管理人才即通才的培养。

三、人员分类管理制度的发展趋势

随着政治经济环境的不断变化,人员分类管理制度也在不断变革,纵观世界人员分类制度的发展,呈现出以下两大趋势:

1. 品位分类和职位分类出现融合、互补趋势

随着专业化分工的不断发展,许多专业性、技术性工作进入政府领域。品位分类原有的注重通才的粗犷型分类方法已不能适应现代社会的需求。因此,原来实行品位分类的国家纷纷吸收职位分类的先进方法,使分类管理更加系统化、规范化。典型的品位分类国家英国,于20世纪70年代对原来的公务员分类制度进行改革,引入职位分类的方法,把公务员分为10个职类,26个职组,84个职系,新的分类有向专业分工和职务分类方向发展的趋势。日本则改革过去的品位分类,实行了介于职位分类和品位分类之间的名誉上的职位分类,人们称之为"工资分类"。

同时,实行职位分类制度的国家也开始和完善分类管理制度,引进品类分类管理。如美国于20世纪70年代对其职位分类制度进行了改革,将一般职务类(GS)的GS15到GS18职等改为品位分类,取消了职等,只设工资级别,实行级随人走,以便于高层官员的职位流动。同时,改变了原本人员只能在职系内流动的状况,允许公务人员像品位分类那样跨职系流动,竞争上岗。

2. 人员分类管理制度呈逐步简化趋势

由于职位分类过于复杂,影响了人力资源管理与开发的效率,因此,许多国家都着力简化人员分类制度。加拿大的公务系统原有72个职组,102个分组,每个职组都有一套分类标准和工资标准,操作起来很繁琐,无法适应当今社会发展的需要。因此,加拿大政府本着通用、简化的原则对职位分类制度进行了改革,废除原有的72套分类标准,代之以一种能够适应所有公共部门工作特征的评价体系,使人员分类更加简便,更具灵活性。

近几届美国政府一直在为人员分类管理制度的简化而不懈努力。里根政府早在1986年就提出了旨在以职业通道来代替400多个职系的《文官制度简化法案》,但未被国会通过。20世纪90年代的克林顿政府也一直致力于"简化职位分类",也就是将原来过细的职位设置、狭窄的职位定义、繁琐的分类程序进行简化。但由于受联邦公务员法律的限制,只能在小范围内试点进行。南卡罗莱州取消了70%的职位,纽约州把职位总数由7 200个减少为5400个,更有甚者,是佐治亚州取消了职位分类。这一连串的职位改革的共同宗旨是,简化职位分类程序,改变过去由政府统一进行职位划分的做法,由更了解自己组织状况的用人单位自我进行职位划分和分类。

四、我国公共部门的人员分类制度

1. 我国公共部门的人员分类制度的改革

从中华人民共和国成立初到80年代，人力资源管理体制一直是与计划经济相适应的集中统一的管理体制。人员分类制度也呈现出集中统一的主要特色，党政不分、政企不分、政事不分，无论是党的机关、政府机关、权力机关、司法机关的工作人员，还是事业单位、企业单位、群众组织的工作人员都统称为"干部"。人员的等级划分主要依据职务职级、资力深浅、学历高低和工资多寡，实际上是一种特殊的"品位分类"，这种分类管理制度所导致的直接结果是官本位与效率低下。

随着改革开放和市场经济的发展，原来的分类体制已不能适应现代管理的需要。我国1993年8月颁布了《国家公务员暂行条例》，明确规定国家行政机关实行职位分类制度。随着2005年4月27日《公务员法》的颁布，国家实行公务员职位分类制度，国家对公务员实行分类管理，提高管理效能和科学化水平，已经完全法制化。国家行政机关在确定职能、机构编制的基础上，进行职位设置，制定职位说明书，确定每个职位的职责和任职资格条件，作为国家公务员的录用、考核、培训、晋升等的依据。在政府机关实行职位分类后，我国党的机关也参照政府公务员的分类办法实行了职位分类。检察、审判机关、公安系统也实施了各自特色的分类方案。我国人员分类的宏观结构大致形成。原来的国家干部被分成：① 行政机关工作人员（公务员）；② 行政机关工作人员（公务员）；③ 党务机关工作人员；④ 国家权力机关工作人员；⑤ 国家审判机关工作人员；⑥ 国家检察机关工作人员；⑦ 企业单位管理人员；⑧ 人民团体工作人员；⑨ 事业单位工作人员。此外，我国还进一步完善了专业技术职称系列（见表5-12），使人员分类制度更加全面。

表5-12 专业、技术职务系列、名称、档次表

序号	专业技术职务系列名称	专业职务名称			
		高级职务		中级职务	初级职务
1	高等学校教师	教授	副教授	讲师	助教	—
2	自然科学研究	研究员	副研究员	助理研究员	实习研究员	—
3	社会科学研究	研究员	副研究员	助理研究员	实习研究员	—
4	实验人员	高级实验师		实验师	助理实验师	实验员
5	中专学校教师	高级讲师		讲师	助理讲师	教员
6	中学教师	高级教师		一级教师	二级教师	三级教师
7	小学教师	高级教师		一级教师	二级教师	三级教师
8	技工学校教师	高级讲师 高级实习指导教师		讲师 一级实习指导教师	助理讲师 二级实习指导教师	教员 三级实习指导教师
9	工程技术人员	高级工程师		工程师	助理工程师	技术员
10	农业技术人员	高级农艺师 高级畜牧师 高级兽医师	农艺师 畜牧师 兽医师	助理农艺师 助理畜牧师 助理兽医师	农业技术员 畜牧员 兽医员	

续表

序号	专业技术职务系列名称	专业职务名称			
		高级职务		中级职务	初级职务
11	经济专业人员	高级经济师	经济师	助理经济师	经济员
12	会计专业人员	高级会计师	会计师	助理会计师	会计员
13	统计专业人员	高级统计师	统计师	助理统计师	统计员
14	卫生技术人员	主任医师 主任药师 主任技师 主任护师	副主任医师 副主任药师 副主任技师 副主任护师	主治医师 主治药师 主治技师 主治护师	医师 医士 药师 药士 技师 技士 护师 护士
15	体育教练	高级教练		教练	助理教练 —
16	新闻专业人员	高级记者 高级编辑	主任记者 主任编辑	记者 编辑	助理记者 — 助理编辑 —
17	翻译专业人员	译审	副译审	翻译	助理翻译 —
18	播音员	播音指导	主任播音	一级播音员	二级播音员 三级播音员
19	专业出版人员	编审	副编审	编辑 技术编辑 一级校对	助理编辑 技术设计员 助理技编 — 二级校对 三级学校对
20	图书专业	研究馆员	副研究馆员	馆员	助理馆员 管理员
21	文博专业	研究馆员	副研究馆员	馆员	助理馆员 管理员
22	档案专业	研究馆员	副研究馆员	馆员	助理馆员 管理员
23	海关专业人员	高级关务人员		关务监督	助理关务监督 监督员
24	工艺美术人员	高级工艺美术师		工艺美术师	助理工艺美术师 工艺美术员
25	艺术人员	一级演员 (演奏员、编剧、导演、美术师、舞台美术设计师、主任舞台技师)	二级演员	三级演员 舞台技师	四级演员 — 美术员 — 舞美设计员 — 舞台设计员 —
26	律师人员	一级律师	二级律师	三级律师	四级律师 律师助理
27	公证人员	一级公证	二级公证	三级公证	四级公证 公证助理

2. 我国公务员职位分类的内容

(1) 国家公务员的职务设置。

我国公务员的职务主要分为领导职务和非领导职务两个序列。领导职务指副科长以上的职务和各级政府职能部门的领导职务;非领导职位指办事员、科员、副主任科员、主任科员、助理调研员、调研员、助理巡视员和巡视员。

(2) 国家公务员的级别划分。

我国国家公务员的级别,按照其所任职务及所在职位的责任大小、工作难易程度以及资格条件和公务员本身的德才表现等因素,将公务员分为15个级别,分别与12个职务等次相对应。各职务等次对应的级别之间相互交叉，每一职务对应1~6个级别，职务越高对应级别越少，职务越低，对应的级别越多。具体来说，职务和级别的对应关系如下：

国务院总理：1级；

国务院副总理、国务委员：2至3级；

部级正职、省级正职：3至4级；

部级副职、省级副职：4至5级；

司级正职、厅级正职、巡视员：5至7级；

司级副职、厅级副职、助理巡视员：6至8级；

处级正职、县级正职、调研员：7至10级；

处级副职、县级副职、助理调研员：8至11级；

科级正职、乡级正职、主任科员：9至12级；

科级副职、乡级副职、副主任科员：9至13级；

科员：9至14级

办事员：10至15级

其中，非领导职务在中央行政机关可设到正厅级，在地方国家行政机关最高不能超过本级政府各部门的领导职务层次。

3. 我国公务员分类制度的评价

我国现行的人员分类制度是以职位分类为核心，吸收了我国传统品位分类的思想而发展起来的一种分类制度。它不可避免地带有两种分类的优点与缺点。其优点如下：

第一，分类线条粗略，结构简单，便于操作实施，且在进行分类时，不需要投入很大的人力、财力与专家资源。

第二，结构富有弹性，为考虑"人"的因素留下余地，克服了西方职位分类僵化的毛病。

其缺点如下：

第一，分类过于简单，科学化和规范化程度低，缺乏具体的工作分析、职位评价和工作说明书等实质性内容，还不能完全体现职位分类的长处，为现实中的"人治"留下了缺口。

第二，分类范围狭窄，职位分类的范围仅限于"国家行政机关"的公务员。其他系统的分类制度仍有待改革。

【案例思考】

估税员办公室

估税员办公室每天上午8点开始一天的工作。其全体员工包括：一个主任、两个秘书、两个打字员和三个档案管理员。由于均衡的工作量和明确的责任，到上一年为止，这个事务所一直运转平稳。

大约从去年以来，办公室主任注意到，在打字员和档案管理员之间已经出现了越来越多的争执。当他们找到主任讨论这些争执时，可以确定问题是由于对特定职责与责任的误解所引起的。由于打字员感到档案管理员花费过多的工作时间去处理个人的私事，因此流露出强烈的不满。另外，秘书和打字员必须加班，去做他们认为档案管理员很容易承担起来的工作。档案管理员则强调，他们不应该承担任何额外的职责，因为他们的薪水没有反映这些额外的责任。

估税员办公室中的每位职员，都有一个几年前编写的工作说明书。然而，从那时以后，由于实施了计算机系统，因此绝大多数职位的本质都发生了相当大的变化。但是，这些变化一直未被写进书面材料当中去。办公室主任曾经召开全体员工会议，专门讨论办公室出现的问题。然而，近几个月以来，却没有召开过任何会议。

思考：
1. 你会建议这个主任采取什么行动？
2. 该估税员办公室的工作说明书需要重新设计吗？
3. 在许多组织里工作说明书为什么都没有被更新？

【本章小结】

工作分析和工作评价是人力资源管理和开发各项工作的基础。公共部门要实现公职人员的合理配置，必须充分了解公共部门各工作岗位的特点和内容，而这就要进行认真的工作分析和工作评价。工作分析的目的是获得有关工作的基本情况，获取工作分析信息的方法有很多，有定性方法如工作实践法、现场观察法、面谈法、问卷调查法、工作日志法，有定量的方法如管理职位描述问卷法，职位分析问卷法和功能性工作分析法等。工作分析的最终目标是形成一份准确详尽的工作说明书。工作评价研究的是，如何将工作与工作之间的差异和不同的难易程度具体表示出来，其目的在于为工资结构调整提供一个标准程序。常用的工作评价的方法有排序法、分等法、评分法和因素比较法等。本章在重点介绍工作分析和工作评价方法的基础上，介绍了公共部门的人员分类管理制度。

【核心概念】

工作分析、工作评价、工作规范、品位分类、职位分类

【复习思考题】

1. 什么是工作分析？什么是工作评价？两者的联系和区别分别是什么？
2. 公共部门为什么要进行工作分析和工作评价？
3. 工作分析和工作评价的常用方法分别有哪些？它们的主要内容是什么？
4. 工作说明书包括哪几项内容？
5. 简述品位分类与职位分类的基本特征以及各自的优缺点。
6. 人员分类管理制度呈现了怎样的发展趋势？
7. 我国公共部门人员分类管理制度及内容是什么？

第六章 公共部门人力资源招聘与配置

【引入案例】

"专业不符,不能报,你看不懂中国字吗,和你说了三遍了。"某县一播音与主持艺术专业应届毕业生邓明(化名)收到这样一份回复邮件,发件人是该省某县2016年引进急需紧缺人才工作领导小组的一名工作人员。

在招聘日益规范化的今天,大多数用人单位在招聘过程中,都会明确招聘岗位的专业要求。这既符合用人单位专业化的需求,也能够让应聘者"有的放矢"。但是近日发生在应届毕业生邓明身上的事情,却让公众们对招聘公告里的"专业要求"产生了质疑。

7月底,邓明看到了《某县2016年面向社会公开引进急需紧缺人才简章》,其中有一个由县文体广电旅游局招聘的县广播电视台的岗位,专业要求是播音与主持专业,并且只招聘一人。毕业于播音与主持艺术专业的邓明信心满满地在网上报了名,但得到的答复是"专业不符,不能报"。当时他还以为是自己报错了职位,仔细查看职位表、申报材料,发现都没有问题,于是再次发邮件询问"为何资格审查会不通过?"收到的邮件写明:"我们只要播音与主持,你是播音与主持艺术,不能报。"正当邓明为"专业不符,不能报"发愁的时候,居然有工作人员通过领导小组的邮箱给他发了一份邮件,"专业不符,不能报,你看不懂中国字吗,和你说了三遍了",这种强烈的语气让邓明感到非常的尴尬和疑惑。

"播音与主持艺术专业"与"播音与主持专业"相比,就多了"艺术"两个字,怎么就会有这样大的差别,成了"专业不符"?电视台的用人需求就真的得这样精准,连专业方向都有明确的要求?每一年都有很多大学生在报考公务员时面临专业不符合的尴尬。如何从工作分析出发,明确任职资格从而明确招聘条件是公务员招聘的重要内容。

本章从基本招聘和配置理论入手,分析公共部门人力资源招聘和配置的具体措施。

第一节 招聘概述

一、招聘的概念及意义

1. 招聘的概念

招聘就是指通过不断搜集有关信息,进行筛选,做出取舍决定等活动,把具有一定能力和资格的适当人选吸纳到组织空缺职位的过程。

一般情况下，组织招聘的任务主要在以下几种情况下提出：① 新成立一个部门。② 人员队伍结构不合理，在裁减多余人员时需要补充短缺人才。③ 晋升、退休等造成职位空缺。

系统的人员招聘工作一般是以下列四种理论假设为基础的：每一职位都有相对稳定的对人的能力和资格要求；每个人都有相对的能力特长和基础素质；职位的要求与人员的能力特征和基本素质相匹配；人与职位之间的良好匹配会产生较好的工作绩效，以及组织绩效。这些假设隐含更深一层的意思，即职位所要求的能力特征是随着时间的变化而变化的，而个体的素质和能力会发生变化。因此，在招聘中，还应当对职位要求与个体能力等进行具体而准确的动态测量。

2. 招聘的意义

招聘是人力资源的入口管理，即对进入组织的人员进行选择、把关，它是整个人力资源管理过程的关键环节，因而具有十分重要的意义。

（1）有效的招聘有利于人才的优化配置和部门最佳人才结构的形成。人员招聘制可以实现人才和用人部门的双向选择，使各得其所。组织实行开放式、"市场"化的人员选聘，可以在较大范围内选择到本部门所需要的人才，组织人员通过应聘，也可以选择到适合自己志向和才能的岗位，既体现了组织工作对人才的需要，也体现了人才个人的工作愿望和自身价值。

（2）有效的招聘可以增加组织人员的稳定性，减少人员流失。因为成功的招聘可以为公共部门的每一个职位找到合适的人选，做到人尽其才，提高对工作的满意度。

（3）有效的招聘可以降低组织人员初任培训和能力开发的费用。因为对高素质合格人员的培训开发要比素质较低的人胜任工作所进行的培训开发更简单、有效。

（4）有效的招聘能够提高组织的效率。因为每一个职位都拥有合格的人才，整个组织的工作效率必定提高。同时，对组织人员的管理可能变得简单，管理者不再需要花很多时间和精力来纠正部门成员的过错或解决成员间的问题，而是花更多的时间和精力来考虑组织发展的关键性问题。

（5）有效的招聘有利于将优胜劣汰的原则引入到公共部门的人力资源管理活动中，并增强公职人员的危机意识。一方面，通过竞争上岗，择优录用，把一些服务意识差、工作水平低的不称职公职人员从原岗位上挤下来，换上能胜任本职工作且更为优秀的公职人员，有利于工作效率和公务服务质量的提高，有利于机关作风的转变和机关形象的改善；另一方面，通过竞争上岗会造成部分人的落聘、下岗，这种危机感和压力，在一定程度上会转化为奋发向上、勤政廉政、努力学习的动力，有助于改变机关中存在的一些任人唯亲、吹牛拍马等不良现象，形成唯才是举、任人唯贤的良好风气。

二、招聘的执行者

古语说："千军易得，一将难求""千里马常有，而伯乐不常有"。人员招聘工作的执行者肩负着重要的责任。招聘者的能力、个性特征以及各方面的素质将直接影响招聘的质量。

1. 招聘者的个人素质

一个成功的招聘者需要具有以下几方面的素质：

（1）具有热心、热情、公正、强烈的责任心。招聘工作是敏感性和政策性比较强的工作，因此，进行招聘工作的人一定不能缺乏诚实的品质，否则会给组织带来损失。招聘者的热心反映出招聘者对应聘者的关心程度；热情反映出组织求贤若渴的态度；公正能使优秀者脱颖而出；强烈的责任心使招聘者能为组织树立良好的社会形象。

（2）具有以人为本的意识。在招聘过程中，应该尊重应聘者，尊重应聘者的个人喜好、生活习惯和个人隐私，并且让应聘者深深感到招聘者为他们所做的一切。

（3）具有专业的招聘技巧与能力。招聘者需要与人才市场、广告市场和各种各样的媒体接触，与组织内部的主管领导接触，还要与应聘者接触，通过谈话、报告、信件等形式来清楚地表达自己，表达职位的要求，因此招聘者应具有较强的表达能力和交际能力；招聘者还需要在很短的时间内认识和了解应聘者的方方面面，所以又需要很强的观察能力。同时，招聘者还需要专门的招聘技巧，如帮助应聘者迅速进入状态；及时与有关机构沟通，以证实应聘者的背景资料；当招聘某些技能岗位时，还需要具备相应的专业知识，等等。

（4）具有很广阔的知识面，包括心理学、社会学、法学、管理学、组织行为学等这些基础知识，还应该清楚地了解组织的结构，组织的任务和目标。

2. 招聘者的心理偏差

作为招聘者，在招聘过程中最重要的事情是要保障招聘活动的公平、公正。为了确保这一点，招聘者需要努力克服心理偏差。

心理偏差主要有三种：优势心理、自眩心理、定势心理。优势心理是指招聘者因处于主导地位而产生居高临下的心理倾向，表现为在招聘过程中的随意性、分析判断上的主观性以及对测验评定的个人倾向性。自眩心理是指由招聘者的优势心理引发的自我表现心理，表现为责难那些测验中表现出色的应聘者。定势心理是指招聘者以自己在思维兴趣等方面的习惯来判断、评价应聘者的倾向，即成见。

三、招聘的原则

公共部门人员招聘是一项政策性和社会性较强的活动。因此，招聘原则应当是在努力掌握客观发展规律的基础上，充分体现社会发展实践的需求和趋势，以具有一定的科学性，并易于贯彻实施。现阶段，我国公共部门在人员招聘中应当遵循以下原则：

1. 遵守国家的有关法律、法规和政策的原则

在招聘中坚持机会均等，相互竞争等原则；禁止未成年人就业，不得歧视妇女，同时要注意照顾特殊群众，先培训后就业等原则，由于用人单位的原因订立无效劳动合同或违反劳动合同组织应自觉主动承担责任。

2. 择优录用的原则

要根据组织人力资源规划工作需求和工作说明书中应职人员的要求，运用科学的方法和程序展开招聘工作，以保证录用人员的质量。

3. 效率优先的原则

力争用尽可能少的招聘费用，招聘到高素质的人才，努力降低招聘成本，提高招聘的工作效率。这里的招聘成本包括：招聘所花费用，即招聘费用；因招聘不慎，重新再招聘时所花费用，即重置费用；因人员离职给组织带来的损失称之为机会成本（费用）。

4. 因事择人的原则

因事择人是根据岗位，选择有相当资格条件的人员担任，这才能专人专用，适才适所。这样既可保证人才的有效利用，不造成额外的浪费，又是防止机构膨胀的有效手段。

5. 公开和公平竞争的原则

通过公开的招聘渠道能吸引足够多的应聘者；通过公平竞争能使人才脱颖而出，能够吸引到真正的人才，进而能够对组织内部员工起到激励作用。

四、人力资源素质模型

1. 胜任力与素质冰山模型

胜任能力是哈佛大学著名组织行为研究者戴维·麦克里兰（David·McClelland）教授1973年在论文"测量胜任能力而非智力"（*Testing for Competency Rather Than Intelligence*）中首先提出的。麦克里兰教授针对在人力资源招聘中，条件最优秀的员工在实际工作岗位上的表现却往往不尽如人意这一现象，通过大量的研究分析表明，滥用智力测试在判断个人能力上的不合理性，并进一步提出了应将直接影响工作业绩的个人条件和行为特征，即胜任能力，作为测评对象和选拔人才的标准。胜任能力是指一个人能够有效地或者出色地完成工作，他所具有的内在的基本特点。

胜任能力具体包括如下几个方面：

（1）知识，是指从事某一职业领域所需信息的学习、组织、理解和运用。

（2）技能，是指掌握和运用专门技术的能力。

（3）社会角色，是指个人基于对社会规范和职业规范的认识，从而在他人面前表现出的社会形象。

（4）自我认知，是指对自己身份的认识或知觉。

（5）人格特质，是指一个人的身体特征及典型的行为方式。

（6）动机，是指决定一个人外显行为的内在稳定的思想。

上述胜任能力特征可以按观测的难易程度分为可见的"水上部分"和深藏的"水下部分"，即所谓的"素质冰山模型"。其中，"水上部分"包括知识和技能，它们属于表层的胜任特征，容易被观测和发现；而"水下部分"包括社会角色、自我认知、人格特质和动机/需求，它们属于深层的胜任特征，隐藏在水下，难以测量和评估。但深层特征是决定人们的行为及表现的关键因素，最具有选拔的预测价值，同时它也是"素质冰山模型"的核心内容（见图6-1）。

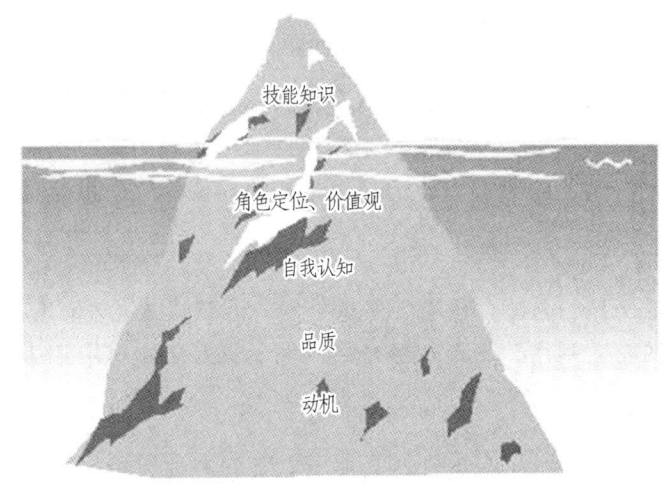

图 6-1　人力资源素质体系的冰山模型

1993年，美国学者莱尔·M.斯潘塞（Lyle.M.Spencer）博士和赛尼·M.斯潘塞（Signe M.Spencer）在《工作能力：高绩效模型》一书中，从特征的角度提出"素质冰山模型"。特征角度的素质冰山模型认为，裸露在水面上的表层部分的知识和技能是对任职者基础素质的要求，但它不能把表现优异者与表现平平者区别开来，这一部分也称为基准性素质（threshold competence）。内驱力、社会动机、个性品质、自我形象和态度等属于潜藏于水下的深层部分的素质，这部分称为鉴别性素质（dif-ferentiating competence）。它是区分绩效优异者与绩效平平者的关键因素；职位越高，鉴别性素质的作用比例就越大。

2. 洋葱模型

美国学者R.博亚特兹（Richard Boyatzis）对麦克利兰的素质理论进行了深入和广泛的研究，提出了"素质洋葱模型"，展示了素质构成的核心要素，并说明了各构成要素可被观察和衡量的特点。该模型如图6-2所示。

素质洋葱模型具体包括如下几个方面：

（1）动机是推动个体为达到目标而采取行动的内驱力；

（2）个性是个体对外部环境及各种信息等的反应方式、倾向与特性；

（3）自我形象是指个体对其自身的看法与评价；

（4）社会角色是个体对其所属社会群体或组织接受并认为是恰当的一套行为准则的认识；

（5）态度是个体的自我形象、价值观以及社会角色综合作用外化的结果；

（6）知识是个体在某一特定领域所拥有的事实型与经验型信息；

（7）技能是个体结构化地运用知识完成某项具体工作的能力。

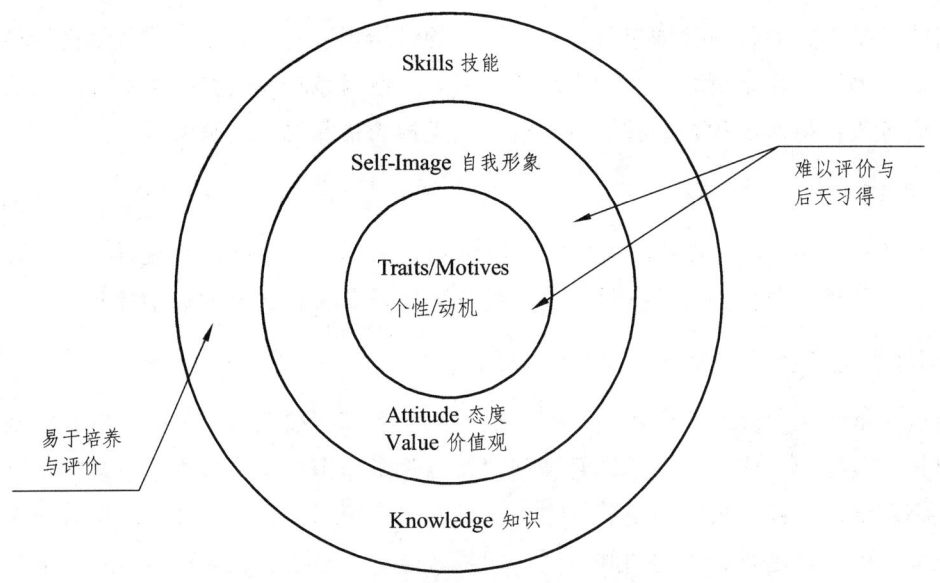

图 6-2 人力资源素质体系的洋葱模型

素质洋葱模型中的各核心要素由内至外分别是动机、个性、自我形象与价值观、社会角色、态度、知识、技能等。最核心的是动机,然后向外依次展开为个性、自我形象与价值观、社会角色、态度、知识、技能。越向外层,越易于培养和评价;越向内层,越难以评价和习得。大体上,"洋葱"最外层的知识和技能,相当于"冰山"的水上部分;"洋葱"最里层的动机和个性,相当于"冰山"水下最深的部分;"洋葱"中间的自我形象与角色等,则相当于"冰山"水下浅层部分。洋葱模型同冰山模型相比,本质是一样的,都强调核心素质或基本素质。对核心素质的测评,可以预测一个人的长期绩效。相比而言,洋葱模型更突出潜在素质与显现素质的层次关系,比冰山模型更能说明素质之间的关系。

第二节 人力资源招聘的程序及方法

一、人力资源招聘的程序

人员的招聘是一个复杂而又连续的程序化操作过程,这一过程的每一组成部分都是为保证组织人员招聘的质量,确保组织招聘到合格乃至优秀的人才。一般而言,人力资源招聘包括以下程序:

1. 工作分析、人力资源预测和规划

在工作分析的基础上,分析、预测本组织不同岗位的员工需求与合格员工获得的可能性。在组织中决定是否增加人员是一项十分谨慎而重要的决策,它必须由人事部门依照组织现有员工情况、职位空缺情况和劳动力市场的供给情况对人员需求与供给进行科学的预测和规划。通过工作分析和人力资源预测与规划，就可以准确把握组织对各类人员的需求信息，确定人员招聘的种类、数量和结构，这是招聘计划制订的基础。

2. 招聘计划的制订和审批

招聘计划是用人部门根据本部门的发展需要，根据人力资源预测规划与工作说明的具体要求，对招聘的岗位、人员数量、岗位的具体要求等因素做出的详细计划。

3. 确定招聘的负责部门和招聘的工作人员

招聘一般由人力资源管理部门负责，也可由业务部门按照人力资源管理部门的规划和要求具体负责此项工作。人力资源管理部门在招聘工作中的主要职责：一是向上级主管部门提供招聘政策、发展战略和招聘程序；二是同相关部门一起研究员工的需求情况；三是派出招聘工作人员进行具体的招聘活动；四是对应聘人员必要的甄别和筛选；五是负责检查整个招聘过程，并做出必要的修正和改进。另外，招聘工作人员的选择也是招聘与录用工作成败的关键。

4. 确定招聘方法

组织出现职位空缺，如何招聘到合适人员对于组织来说非常重要。人员招聘的方式主要有外部招聘和内部招聘。组织采取何种招聘方式，要根据组织的具体情况来定。

5. 发布招聘信息

发布招聘信息的时间、方式、渠道与范围都是根据招聘计划确定的。由于需招聘的岗位、数量、人员要求、招募对象来源和范围、招聘预算不同，招聘信息的发布时间、方式、渠道与范围也不同。无论是哪种形式的信息发布，都必须遵守以下三项原则：

（1）面广原则。发布信息的面越广，了解该招聘信息的人就越多，应聘者也就越多，从而招到合适的公职人员的概率也就越大。而招聘费用同时也会随之相应增加，公共部门必须综合考虑招聘预算、招募对象、人员需求等各种因素，找出最适合的信息发布面，并通过发布方式、渠道等多种手段来控制。

（2）及时原则。在条件允许的情况下，招聘信息应该尽早向人们发布，以有利于更多的人获取信息，参加应聘，也有利于公共部门及时找到合适的公职人员。

（3）层次原则。招募的对象是处于社会上某个特定层次，公共部门有必要明晰招聘岗位的要求、特点和所要招聘人员的层次特征。这样可以把信息发布面限定在该层次上，进而确定最佳招募方式，减少信息发布的工作量和费用。

6. 接受应聘者申请并审查应聘资料

招聘部门要求应聘者在规定的时间内在指定地点或按指定的方式报名，领取报名登记表，填写并上交表格。应聘者向公共部门提出自己的求职要求，并向公共部门提供详尽真实的个人资料。应聘者申请的提出，可以通过信函等书面形式进行，也可以通过填写公共部门提供的求职申请表的方式进行。下面是一份典型的求职申请表（见表6-1）。

表6-1 求职申请表

应聘岗位					
姓名		性别			照片
出生年月		健康状况			
最后学历		毕业学校			
专业		外语程度			
婚姻状况		身高		体重	
爱好及特长					
受培训情况					
奖励或惩罚					
工作经历	单位名称	任职期间	工作性质	离职原因	
主要简历					
家庭住址					
联系电话					
推荐人姓名			电话		
填表日期					

人力资源管理部门开始审查应聘资料，包括：① 初审。应聘资料包括求职申请表、个人简历、各种证件以及身份证复印件等。此程序为初步筛选，把不符合用人条件及持虚假证件的剔除。② 复审。符合任用及接近任用条件的，再由人事主管协同用人部门主管进一步筛选，产生目标人选。

7. 开展对应聘人员的考试、面试等甄选工作

一般由人力资源部会同用人部门共同来完成。在这一步骤，应依据具体职位的工作规范对应聘人员进行各种形式的知识、技能和能力考试心理测验，从应聘人员的基本素质、心理特点、能力特长方面进行甄选，合格者参加面试。绝大多数组织都要通过面试评价来确定最后的录用人选。这是由于，面试评价所提供的关于应聘人员的信息是最直观、真实、准确的。因此，面试是人员甄选中最重要的环节。

8. 确定试用人员并进行任职培训

经考试、测验和面试合格者成为组织的试用人员，在试用之前，需进行任职培训。通过多种形式的任职培训，试用人员能充分了解组织和工作职位的状况，掌握工作所需的有关知识、技能。

9. 试用人员上岗试用

目的是为了通过工作实践进一步考察试用人员的工作适应能力，同时，也为试用人员提供了深入了解组织和职位的机会。事实上，试用期间，组织与试用人员仍可双向选择，双方不受任何契约影响。试用期为2个月至1年不等。

10. 试用期满后进行的考核

对试用人员的工作绩效和适应性进行考核，合格者正式录用为组织人员，双方签订任用合同或其他契约。至此，整个招聘过程全部结束。

二、人力资源招聘的方法

人员招聘的方法很多，究竟采用哪种方法要视成本和效益而定。一般而言，根据招聘对象的来源可分为内部招聘和外部招聘。

（一）内部招聘

1. 内部招聘对象的主要来源

（1）提升。提升是指从组织内部提拔符合条件的人员填补职位空缺。一般而言，提升是有计划的，在提升之前会对候选人进行甄选评价，最后由上级主管部门确定提升与否。内部提升的优点是可以激发部门成员奋发向上，为部门成员提供发展的机会，而且省时、省力、省费用；缺点是选择范围小，自我封闭，组织缺乏活力。

（2）调用。内部调用包括工作调换和工作轮换。工作调换即职务等级不发生变化，工作岗位发生变化，它可为员工提供从事多种相关工作的机会并为提升做好准备，这种方式一般适用于中高层的管理人员。工作轮换多用于一般的员工的培养上，时间较短，可以使员工积累各方面的经验，也可减少长期从事某项工作所带来的枯燥乏味感。内部调用的优点是有助于增加员工的工作经验和新鲜感；缺点与内部提升相似，处理不当可能影响员工的工作积极性。

（3）公开招聘。内部公开招聘即在本部门或本单位范围内进行公开招聘，职位空缺的信息和要求张贴在布告栏内，凡认为自己合适的人都可以报名。这种方法提供了公共部门内公平竞争的机会，有利于调动全体成员的积极性，使每个人都有机会，从而找到合适的人选。

（4）重新聘用。这种方式适用于待岗的公职人员。他们通过重新工作来展示自己能力才华，会保持着较高的工作积极性；并且由于他们一般都有丰富的工作经验，能够很快适应工作岗位，因而能为公共部门节省大量的培训费用。

2. 内部人员的招聘方法

（1）推荐法。它是指由本部门公职人员根据部门需要推荐其熟悉的合适人员供用人部门和人力资源部门进行选择和考核的一种方法。

（2）档案法。它是指通过利用人力资源部门的公职人员档案，了解公职人员在教育、培训、经验、技能、绩效等方面的信息，帮助用人部门和人力资源部门寻找合适的公职人员的一种方法。

（3）布告法。它是指将招聘信息以布告的形式，公布在公共部门中一些可以利用的墙报、报告栏、内部报刊上，尽可能使内部的公职人员能获得信息，鼓励有才能、有志气的公职人员毛遂自荐的一种内部招募方法。

（4）职业生涯开发系统法。它是指根据本公共部门制订的职业生涯设计，进行选定公职人员的晋升、调用等，并进而满足填补本部门空缺职位需求的一种方法。

对这四种方式的优缺点进行比较，可以得到表6-2。

表 6-2　内部招聘方法的优劣比较

招聘方法	优点	缺点
布告法	公开、公平、公正的晋升机会；提高公职人员积极性；提高选出最合格公职人员的概率	速度较慢；可能导致上级主管部门的"小动作"；缺乏公正操作，易挫伤公职人员的积极性
推荐法	简单易行；速度快	主观性强，易受到偏见和歧视的影响
档案法	速度快；范围广	档案信息可能不完全，容易出现偏差
职业生涯开发系统	有利于留住工作绩效最佳的公职人员；有利于填补空缺	易挫伤未被选中进行培养的公职人员的积极性；目标职位长期不出现空缺，使迟迟不能晋升的公职人员失去积极性

（二）外部招聘

（1）刊登广告。刊登招聘广告是组织常用的招募方式。这是因为报纸、杂志、电视、网络的接触面广，流通量大，招募到理想人才的机会也较多。

在设计招聘广告时，要注意广告的独特创意，树立良好的组织形象，给读者留下深刻印象。另外，还应把主要的招募内容展示出来。如工作内容、工作时间、工资收入、工作环境、资格条件等。利用广告进行招募的缺点在于，广告存留时间短、成本较高、信息容量少。

（2）学校招募。经由学校的学生工作处或毕业生分配办公室进行人员招募是公共部门主要的、传统的招募人员方式。这种方式的优点是，应聘者的素质有一定保证，而且应征人数也会很多，可以有计划地进行招募甄选。缺点是只能在固定时间内进行总招募，不能临时录用。另外，由于学校毕业生急于找工作，通常会同时应征多份工作，结果是被选中者很可能同时也被其他机构录用，而临时拒绝聘约。

（3）转业军人的安置。在我国，转业军人的安置是公共部门的一项政治任务。因此，从转业军人中招募所需人员，也是公共部门招募人员的主要渠道之一。目前，转业军人已占公共部门工作人员的相当比例。有一些还担任了重要领导职务，对公共部门的发展做出了重要贡献。但转业军人大多缺乏公共部门所需的专业知识，只能从事后勤等辅助部门工作。一些原来误认为不需要什么专业知识的人力资源管理、政策法规等职位，因任用了转业军人而影响了工作效率和质量。因此，转业军人的录用也应通过严格的甄选，不能只靠上级的分配。当然，这一问题的根本解决，还要靠我国军队管理体制的改革。

（4）人才交流中心和职业介绍所。人才交流中心和职业介绍所存有大量求职者的资料信息，组织在急需少数个别职位人才时，通过人才交流中心和职业介绍所招募到所需人才是一种简便的方法，但需要一定的费用。

（5）猎头公司。猎头公司是近几年才在国内出现的一种机构，专门提供引荐高级管理人员或专业技术人员的服务。当组织需要填补重要职位或很专业的职位空缺时，由于不易找到合适的人选，就需要借助猎头公司的帮助。这类公司大都收费昂贵，但物有所值。

（6）由现有职员介绍。部分组织会通过现有职员或朋友介绍人选来填补职位空缺。这种方式的优点是：推荐人清楚组织的工作及职位要求，因此所推荐的人员大多符合要求。另外，应征者已于事前从推荐人那里了解到工作环境、要求及前景，加上碍于推荐人的情面，会在录用后努力工作，且不会随便离职。缺点在于，易形成小的私情集团，出现分党分派情况，影响组织利益。

（7）网络招聘。互联网招聘是同科学技术的迅猛发展、网络社会的到来密切联系在一起的。通过网络进行招聘可以发布更加完整的招聘信息，可以省下许多人的出差费用，节省大量的招聘成本，还会使应聘者很快就能掌握用人单位的职位要求和工作内容以及薪水、奖金、福利等自己所关心的信息，从而通过比较来确定自己所要应聘的组织。网络招聘的不足之处在于，信息可信度不高、保密性不好、信息更新缓慢、网站相互复制、双方缺乏感性认识等。

上述分析的内部招聘和外部招聘各有利弊，其具体方法各有自己的适用范围。表6-3概括了两种方法的优缺点。

表 6-3　内部和外部招聘的优缺点

	优点	缺点
内部招聘	可提高被提升者的士气； 可更准确地判断员工能力； 可节省花费； 可调动员工的工作积极性； 可促成连续的提升	"近亲繁殖"（公共部门的视野会逐渐狭窄），因此必须指定管理与培养计划； 选择视野小，可能找不到合适的人才； 未被提升的人或许士气低落； "政治"上的勾心斗角会出现
外部招聘	为公共部门注入了"新鲜血液"，有助于拓宽公共部门的视野； 比培训专业人员要廉价和快速； 在部门内没有业已形成的政治支持者； 招聘范围扩大，有利于广招贤能	可能未选到"适应"该职务或部门需要的人； 可能会影响内部候选公职人员的士气； 需要较长的调"整期"或适应期； 费用较高

第三节　人力资源招聘的工具

当组织获得了足够的应聘者之后，需要做的事情就是对其进行评价，利用各种测试工具对应聘者的性格、素质、知识和能力等方面进行综合考察。测试工具是否科学关系到组织能否录用到合格的工作人员。人力资源招聘的工具很多，有代表性的有以下几种：

一、笔　试

笔试是最古老、最基本的人员测评工具。它可以有效地测评应聘人员的基本知识、专业知识、管理知识、综合分析能力和文字表达能力等素质和能力的差异。

笔试具有三个优点：一是经济性。笔试可以对大量的应聘者同时进行，测评效率高。二是广博性。试卷内容涵盖面广，容量大，对基本知识、技能和能力的测试信度和效度较高。三是客观性。成绩评定比较客观，考试材料可以保存以备待查，体现公平原则。

笔试的缺点在于，不能全面地考察应试者的工作态度、品德修养以及组织管理能力、口头表达能力和操作技能。因此，笔试法一般不能单独使用，还须配合以其他方法。

二、面　试

面试是指主考人员直接面对应聘者，通过语言表达或实际操作的方式获得评价的一种测评工具。通过面试观察，主考人员可得到很多关于应聘者的丰富信息。观察的主要内容包括：面部表情、形体语言、仪表风度、求职动机和工作期望、专业知识、工作经验、工作态度、语言表达能力、综合分析能力、自我控制能力、反应力、人际交往倾向、活力、兴趣爱好等。

1. 面试的程序

面试必须经过科学而严格的设计，并按程序进行，才能提高信度和效度。面试的基本程序如下：

（1）面试前的准备。首先，选择合格的面试者，这是面试成功的关键，因为面试者的各方面素质、性格特征、工作能力直接影响面试的质量。其次，确定目标。通过面试，了解应聘者的什么信息，达到什么目的。最后，确定面试的方式、时间、地点，制定面试评价表（见6-4）。

（2）面试开始阶段（3~4分钟）。面试者要创造出和谐、宽松的气氛，解除应聘者的紧张和顾虑，可先让对方简要介绍一下自己的情况。面试者应高度集中注意力，注意倾听和观察。

表6-4 面试评价表

姓名		性别		年龄		编号	
应聘职位				所属部门			
评价等级	评价等级				
	1（差）	2（较差）	3（一般）	4（较好）	5（好）
□个人修养能力					
□求职动机					
□语言表达能力					
□应变能力					
□社交能力					
□自我认识能力					
□性格内外向					
□健康状况					
□进取心					
□相关专业知识					
□总体评价					
评价	□建议录用 □有条件录用 □建议不录用				
用人部门意见 签字：	人事部门意见 签字：		上级主观部门意见 签字：		

（3）正式面试。根据面试提纲要求和应聘岗位的特征，面试者向应聘者提出一系列问题，通过广泛的话题从不同侧面了解应聘者的心理特点、工作动机、能力、素质等，评价内容基本上是"面试评价表"中所列各项要素。面试者应注意面试提问技巧，应始终围绕

主题进行提问。

（4）面试结束阶段。面试结束时要给应聘者以提问的机会，应在友好的气氛中结束。

2. 面试的种类

面试是否能成为一种有效的人才选拔工具，取决于面试所得结论是否与被选中的人员今后的工作表现相一致。面试结论的有效性，取决于面试的方式和负责面试者的能力。依据面试的方式不同，可以划分出多种类型的面试方法。

（1）非引导式面试：面试人员依自己兴趣所至，随意向应聘人员提出问题。这种方式可以广泛地发掘应聘者的兴趣所在。

（2）定型式面试：面试人员依据预先设计好的一系列问题向应聘者发问。

（3）结构式面试。面试人员所提的问题都是与工作有关的问题，且事先已确定应聘者可能有的答案。面试人员依据应聘者的答复，当场做出不理想、普通、良好的结果评价。

（4）系列式面试：由组织不同层次的人员先后同应聘者进行面谈的面试方法，各个面试人员依个人观点提出不同问题做出评价，最后进行综合。

（5）陪审团式面试。由多个面试人员（一般3~5个为最佳）同时跟应聘者面谈。

（6）压力面试：由专业的面谈人员依据工作的重要特征，向应聘人员施加压力，测试应聘者如何应付工作压力。典型的压力面试是以穷追不舍的方式向应聘者发问，逐步深入，直至应聘者无法回答，以考查其机智和应变能力。

（7）模式化行为描述面试：由面试人员向应聘者描绘出一幅"时间图画"，要求应聘者描述其在这种特定情景下的行为方式，面试人员依据应聘者的行为是进取性的、武断性的还是被动性的，归纳出其行为模式，并与空缺职位所期望的模式进行比较，得出评价结果。"时间图画"中的行为模式可以是与职业选择有关的，也可是与事业发展有关的。

3. 面试题目的类型

结构化面试的题目一般可以分为以下类型：

（1）背景型即关于个人背景、家庭背景、教育背景、工作背景等方面的一种题型。它强调对应聘者回答内容的真实性、逻辑性和合理性的探究追问技术。

如请用2~3分钟谈谈你自己近几年来的个人情况及工作表现。

（2）智能型即通过询问应聘者对一些复杂问题或社会现象的分析，来考察其综合分析能力、逻辑思维能力、反应能力和解决问题能力的一种题型。

如：某女士在某商店购买一条项链，定价78元，她付给商店100元的支票一张，当时商店没有零钱找回，只好向另一家商店把该支票换成现金100元，并把22元找给该女士，但后来另一家商店发现该支票有问题，被银行退回，因而把支票退还原来的那家商店，要它退回100元现金，同时还要多付出15元手续费。卖项链这家商店在进货时实际价格39元，问该商店实际损失了多少钱？

（3）情景型，即通过向应聘者展示一个假设的情景，让其解决情景中出现的问题，从而考察应聘者的综合分析能力、解决问题的能力、应变能力、情绪稳定性、人际交往意识与技巧等素质的一种题型。

如：你被邀请参加一个报告会，你的秘书已经为你准备好了发言稿，是当离发言时间只有5分钟时，你发现你所带的并不是秘书准备的发言稿，而是别人寄给你的一封信。这时，你打算怎么办？

（4）行为型，即通过要求应聘者描述其过去的某个工作或生活经历的具体情况来了解应聘者各方面素质的一种题型。

如：请举例说明，当你被上司或同事误解时，你怎样克制并调节好自己的情绪？你后来怎样从坏情绪恢复过来？

（5）意愿型，即通过直接征询应聘者对某一个问题的意向来考察其工作动机、敬业精神、价值观、情绪稳定性等要素的一种题目。

如：目前，大多数国有科研院所不景气，请谈谈你为什么选择我们科研所？

（6）作业型，即通过让现场完成（一般是口头完成）一项任务来考察应聘者的综合素质的一种题型。

如：一般来说，机关干部出外参加活动，回去后都要做一个报告，现在请你思考1分钟，讲讲今天会谈情况的报告怎么写。

4. 面试的优点、存在的问题与应对的对策

（1）面试的优点。

面试一般有以下三方面的优点：

① 适应性强。面试内容和问题可以随着职位、被试者自身情况及其问题回答状况的不同而有所不同。

② 灵活性强。一问一答，双向沟通，作为一种动态式的考核，有利于测试应试者的真才实学。

③ 全面、多渠道获得被试者的信息。面试通过丰富多彩的形式，获得的信息不仅表现在仪表风度、语言表达、知识技能等方面，还扩展到思维能力、反应能力、心理成熟度、工作动机和进取精神等多方面。

（2）面试法进行人员招聘时，容易产生的问题如下：

① 缺乏训练的面试人员往往不能做出客观的评价。

② 面试人员易受光环效应和触角效应的影响。光环效应是指面试人员喜欢或受应聘者吸引，从而对他们持肯定态度。结果是爱屋及乌，对候选人回答的问题采取宽容的态度，而不是客观评价答案本身。触角效应则正相反，面试人员会从应聘者所回答的问题中挑刺。

③ 面试人员往往过早下判断，即在见到应聘者的几分钟内就已经做出了判断，即使延长面试时间也不能改变其判断。

④ 面试人员过分重视负面资料。面试人员较容易受负面资料的影响。对应聘者的印象要从好转坏容易，而不容易由坏转好。

⑤ 面试次序的对比误差。即应聘者接受面试的先后次序会影响面试人员的评分。研究表明，一位中等水平的应聘者若在几位不理想的应聘者之后接受面试，面试人员对他的评

价会远远高出其原有标准。

（3）要避免上面提到的五个方面的问题，就需采取以下措施：

① 对参与面试的经理、主管或人事干部进行面试技术培训。

② 确保面试人员在面试之前应充分了解空缺职位的工作规范及应聘者的申请材料。

③ 选择适当的地点作为面试场所，并注意家具的摆放符合面试的环境要求。

④ 合理安排面试时间，并使每位应聘者的受试时间基本相同。

⑤ 面试所提问题中，应包含开放式的有关职位的问题。

⑥ 一般在面试人员提问后，应给应聘者一些时间，允许他们问一些问题并自由发表一些评论。

⑦ 将面试法与其他方法结合使用。

三、心理测试

心理测试是运用心理测量技术了解被试者的智力水平和个性特征的一种心理测评工具。现在常用的心理测试主要有智力测试、一般能力倾向测试、特殊能力测试、成就测试、人格测试、创造力测试等。其中在招聘中所用的主要是能力测试和个性测试。

1. 能力测试

能力测试分为一般能力测试、特殊能力测试和成就测试。

一般能力测试主要是测试应聘者的思维能力、想象力、记忆力、推理能力、分析能力、数学能力、空间关系能力及语言能力等。一般通过词汇、相似、相反、算术计算、推理等类型的问题进行评价。在这种测试中，得高分者被认为具有较强的能力，善于找出问题症结，能取得优良工作业绩。需注意的是，某种特定的测试也许只对某类特定的工作有效。

特殊能力测试用于特定能力或才能的测试，如空间感、动手灵活性、协调性等，另外还包括一些专业的基础知识，常用的方法有斯特龙伯格灵敏度测验、明尼苏达操作速度测验、普渡插棒板测验等。

成就测试是考察一个人已经拥有的能力，主要测试应聘者已经具备的有关工作的能力水平，如测试一名打字员每分钟能打多少字。

2. 个性测试

一个人的工作能否做好，不单取决于其能力高低，个性品质也会对其工作绩效的好坏有直接影响。因此，把对应聘者的个性测试纳入招募、甄选过程中就十分必要，尤其是对于那些需要比较多人际交流的职位更是如此。个性品质主要包括人的态度、情绪、价值观、性格等方面的特性。对个性品质的测试主要有影射法、个性品质问卷调查法和兴趣盘存法。

（1）影射法。影射法是让受测者看过一项不明的刺激物之后，如图片、墨迹等，然后要求他们诠释其意义或自己有何反应。因为刺激物相当模糊，所以应聘者所做的诠释，事实上是他们内心状态的一种影射，他们会将自己的情感态度及对于生活的理想要求融入诠释中，由此测试出应聘者的个性品质。此外，属于影射性的测试方法还有：要求应聘者编造或创造出一些东西或故事、图画的构造法；要求应聘者完成某种材料，如句子的完成法；要求应聘者依据某种原则对刺激材料进行选择或排列的选择排列法等。

（2）个性品质问卷调查法。即通过应聘者对个性品质调查表中的问题进行回答，依据得分统计来判断应聘者的个性品质倾向。调查表中的问题一般包含了与行为、态度、感觉、信仰等有关的陈述式问题。典型的调查表有明尼苏达多项个性调查表、爱德华兹个人偏爱顺序表等。

（3）兴趣盘存法。兴趣盘存法是将应聘者的兴趣和各种人士的兴趣做一比较，判断应聘者适合从事什么工作。理论依据是，假如应聘者在兴趣方面与绩效优异的在职人员相雷同的话，应聘者将来也可能有良好的表现。

总之，个性品质测试的根本目的是通过对应聘者个性品质的考查，判断应聘者的工作动机、工作态度、情绪的稳定性、气质、性格等素质是否与空缺职位的要求相近或相同。若是，就是合适的人选。

四、工作抽样法

工作抽样法是指将空缺职位、工作的几个关键环节抽样出来，让应聘者在无主持的状况下进行实地操作，以考查其实际工作能力和绩效。科学的工作抽样比其他甄选方法都有效，因为这种方法所得到的信息更直接、更真实，评价结果也更客观、更公正。

五、评价中心

评价中心（assessment center）在这里是一个运作概念，而不是一个地理概念或机构名称。它是以测评被试的操作能力和管理素质为目的所进行的一系列标准化活动。评价中心是一种综合、全面的测评方式和技术。

评价中心的测评人员或主试者是组织或其他招聘单位内部的高级管理人员和外部的心理学家共同组成的，一般要求10多名评价员来参与。其测评目的在于：确定应聘者是否适合某一职位；对应聘者的能力、潜力和未来的工作绩效进行预测；评价应聘者的优缺点，为培训奠定基础。评价员一般是在暗中进行评价，也可通过录像进行评价。评价的时间需2~3天。

评价中心的表现形式多种多样，主要包括以下项目：

1. 情景模拟

情景模拟是指根据被试者可能担任的职务，编制一套与该职务实际情况相似的测试项目，将应聘者安排在模拟的、逼真的工作环境中，要求应聘者处理可能出现的各种问题，用多种方法来测评其素质和操作能力的一系列方法。主试者根据应聘者在模拟情景中的表现或通过模拟提交的报告和总结材料，为其打分。

情景模拟是评价中心最重要的技术，已经成为美、法等国家挑选管理人员的重要手段，在为社会选拔高层次人才方面取得了良好的效果。

2. 公文处理

公文处理又称"文件筐"测验，是评价中心应用频率最高的一种测评工具，是对管理人员的潜在能力进行测定的有效方法。它要求应聘者对文件筐中的各类信件、便笺等进行处理，并做出决定、制订计划、组织和安排、要求合作、撰写回信和报告。依此测出应聘者的工作主动性、独立性、敏感性、组织规划能力、合作精神、分析判断能力、决策能力等。

3. 无领导小组讨论

无领导小组讨论是指将数名应聘者集中起来组成小组，由面试者提供某一问题，让应聘者在没有主持人的情况下讨论，在讨论中观察每一个应聘者的发言，以便了解应聘者心理素质和潜在能力的一种测评工具。依此来评价应聘者的领导欲望、主动性、说服能力、口头表达能力、自信程度、抵抗压力的能力、经历、人际交往能力、责任感、团对精神以及归纳能力、决策能力、分析能力、综合能力、民主意识等分析问题、解决问题以及决策等领导者的素质和能力。

4. 管理竞赛

让应聘者各代表一个组织，这些组织在市场上有着激烈的竞争，然后让应聘者依据所代表的组织的状况进行一系列管理决策，由此来评价应聘者的决策能力、组织能力、沟通能力及领导能力。

5. 角色扮演

让应聘者扮演一个特定的管理角色来处理日常的管理事务以此来观察其表现，了解其心理素质，测评其人际关系处理能力的一种测评工具。如要求应聘者扮演一名高级管理人员，由他来向主试者扮演的下级作指示，下命令，或要求应聘者扮演一名科长，请他在科里直接安排工作。

6. 面谈模拟

面谈模拟是一种特殊的情景模拟，要求应聘者与主试者助手扮演的下属、同事或顾客进行对等性的谈话，依此来考察应聘者的说服能力、表达能力、处理冲突的能力以及思维的灵活性和敏捷性等。

7. 即席演讲

让应聘者就某一主题做一个口头报告或演讲，以此来评价应聘者的思维反应能力、理解能力、思维的发散性、语言表达能力、言谈举止、风度气质等方面的心理素质潜在能力。

8. 分析测试

分析测试是给应聘者提供有关某种情况的资料，要求其进行分析并提出合理的行动程序，以此观察应聘者筛选数据，分析问题，进行决策的能力并进行评价。

西方管理学家在对评价中心的效果分析中发现，由领导随意选拔的管理人员，按照使用的结果，其正确性只有15%；经过各级层层提名推荐的，其正确性达到35%；而通过评价中心测验选拔的，其正确性在70%以上。

但需要注意的是，评价中心一般费用较高，比较适合于规模较大的组织。

总之，招聘中的工具有很多，至于选择何种方法，要依组织的具体情况而定，包括组织的目标、招聘的规模、时间、预算的许可度等，但有一个问题是所有方法都需注意的，那就是测试的效度和信度。效度是指测试的结果和工作相关的程度，也就是测试的结果能否预测出任职后的工作绩效。信度是指测试的稳定性和一致性，也就是对同一应聘者用内容相似的测验再去测试他，则所得到的分数也应相似。没有效率和信度的测试是不能在招聘中采用的。

第四节 公共部门人力资源招聘与录用

一、公共部门人力资源招聘和录用的基本含义和原则

1. 公共部门人力资源招聘与录用的基本含义

公共部门人员的招聘和录用是寻找、筛选及录用适当人选出任组织职位空缺的过程。目前，在我国公共部门中，政府行政机关招聘与录用公务员已逐步形成一整套严格的操作规范，具有典型的意义，对于其他公共部门人员的招聘录用，起到了示范的作用。

公务员的招聘与录用是指根据国家的需要，依据法律规定的程序，将符合一定条件的人员吸收为公务员，担任某种行政职务。

公务员的招聘与录用是人事制度的主要环节，直接影响公务员的构成。录用什么样的人担任什么职务，实际上是决定由什么样的人来掌握国家政权的大事。它关系到国家机器运转的效率和效能，关系到政权机关人事行政活动的顺利进行，公务员的培训、升降，也都是建立在公务员合理录用的基础上的。因此，各国都十分重视录用制度的建立和完善。

2. 公共部门人员招聘与录用的原则

国家公务人员的招聘录用，除必须按照编制、工作需要及德才兼备的标准来选拔人才外，还必须遵循以下原则：

（1）公开原则。公开原则是指录用主管部门将计划招募的职位、资格条件、时间、地点及招募结果通过各种媒体向社会发出公告，目的在于增加政府部门招募、甄选的透明度，接受社会监督，防止人员招募甄选过程中的腐败行为。

（2）平等原则。平等原则指对所有应聘者应一视同仁、平等对待，不得因民族、性别、出身、宗教信仰、婚姻状况等受到歧视和不平等待遇。这一原则在我国政府部门人员招募甄选的实际操作中，还受到一定的限制，如地域条件的限制、婚姻状况的限制等。

（3）竞争原则。首先，录用要在全社会范围内公开竞争，通过考试进行。要按照应聘者的素质条件优劣对比进行甄选，不得按照主管人员的主观好恶。其次，应吸引更多的人员来进行应聘，只有人多，才有竞争。

（4）择优原则。择优原则指通过各种甄选方法，选择真正优秀的人才到政府中来。这一原则适用社会上任何组织的招募甄选。这里的择优不是盲目地要求素质越高越好，还要考虑是否符合空缺职位的工作规范要求。

二、公共部门人员考试录用的基本要素、程序和方法

（一）公共部门人员考试录用的基本要素

通过考试录用公职人员，具有一定的科学性和准确性。现在世界上越来越多的国家开始采用考任制，以吸收优秀人才担任公务员，我国也不例外。公务员的考录制是公务员制度改革的重要组成部分。根据《国家公务员录用暂行规定》和《中华人民共和国公务员法》，国家公务员录用具有以下四个要素：

（1）适用范围仅限于担任主任科员以下的非领导职务的国家公务员（与选任、委任行政领导职务的人员，与"调入"所任职务的人员均不相同）；

（2）录用的行为主体是国家行政机关；

（3）录用的对象一般是国家行政机关系统以外的工作人员；

（4）录用的方法是"凡进必考"（这已经与"凡晋必考"相匹配，要晋升行政领导职务必须经过考试考核）。

（二）公共部门人员考试录用的程序

依据《中华人民共和国公务员法》规定，国家公务员的考试录用应遵循下列程序：

（1）发布招考公告。主管考试部门应在考试前一定期间内，通过报纸、广播、电视等媒体，发布招考公告。内容包括职位性别、报考条件、考试科目时间、地点等。

（2）资格审查。对报考人员进行严格审查，条件合格者发给准考证。

（3）公开考试。对审查合格者进行公开考试，全面测试基本专业知识，与职位相关的基本能力等，考试形式有笔试和面试。

（4）严格考核。对考试合格者进行政治思想、道德品质、工作能力等方面的考核。

（5）审批录用。根据考试、考核结果提出拟录用人员名单，报设区市以上人民政府人事部门审批。

（三）我国公共部门人员考试录用的方法和工具

1. 笔　试

根据《公务员法》，公务员的录用考试应当采取笔试（初试）和面试（复试）的方式。

具体而言，笔试又称为"公务员考试"（分为"国考"与"省考"）。国考是指中央、国家机关以及中央国家行政机关派驻机构、垂直管理系统所属机构录用机关工作人员和国家公务员的考试；"省考"则是指地方各级党政机关，社团等为招录机关工作人员和国家公务员而组织进行的各级地方性考试。

笔试内容主要涵括行政职业能力测验、申论等两个方面。其中，行政职业能力测试主要考察言语理解与表达、数量关系、判断推理、资料分析和常识判断等。申论则主要考查应考人员对给定材料的分析、概括、提炼、加工，测试应考人员的阅读理解能力、文字表达能力等的过程。

2. 面　试

面试主要包括结构化面试和无领导小组讨论。结构化面试主要指按照事先制定好的面试提纲上的问题一一发问，并按照标准格式记下面试者的回答和对他的评价的一种面试方式；无领导小组讨论指采用情景模拟的方式对考生进行集体面试，通过给一组考生（一般是5~7人）一个与工作相关的问题，让考生们进行一定时间（一般是一小时左右）的讨论，来检测考生各方面的能力和素质，由此对考生做出综合评价。

结构化面试流程：

面试报道签到—候考—进入考场—答题—退场—公布成绩—面试结束—确认成绩。

无领导小组讨论：

考生入场—个人陈述—自由讨论—总结陈述—考生退场—计分审核—确认成绩。

3. 诚信度测验

公务员[①]考核理论包括德、能、勤、绩、廉五个方面，"德"即是干部的品行。其中，诚信是道德品质的重要表现之一，是"德"所考核的内容之一。

诚信度测验源于4世纪的罗马人Prudentius的chomachia理论。Prudentius认为，诚实、仁慈和宽恕是人类应该崇尚的美德，这与当时统治罗马的基督教义不谋而合[②]。Giotto，Obannon，Sackett等学者立足于前人之研究，逐步完善诚信理论，并构建了诚信度测验的基本模型。Sacket（1994）认为，诚信度测验是对求职者或在职员工进行的一种关于可靠性、正直性、诚实性的考核，以便帮助组织预测或检测其在工作中的偷盗行为及其他不良工作行为的人才测评方法。当前，诚信度测验，基于其可靠性和有效性等优点，已经在美国等西方发达国家使用并推广。尽管我国对于此工具运用尚处于试验阶段，但其在公务员招聘中具有较广阔的潜力。

诚信度测验的考核方式主要包括纸笔式问卷和人机对话两种。其中，纸笔式问卷是指将调查问卷发放给被试，由被试按照指定时间完成测验项目，然后由主试收回全部问卷，

---

① 赵继凯：《诚信度测验在我国公务员招聘考核中的应用》，载《社会科学辑刊》2006年版第6期，第98~101页。

② 赵继凯：《诚信度测验在我国公务员招聘考核中的应用》，载《社会科学辑刊》2006年版第6期，第98~101页。

进而由相关专家完成对被试的诚信度分数和等级的评价，最终形成一份测评报告。人机对话方式即是基于操作程序的使用，测试者通过鼠标点击题目，进而完成相关测试题目，最后由程序自动生成一份测评报告。

三、公共部门人员录用制度

（一）考试录用制度的历史沿革

1. 考试录用制度在西方国家的理论及其实践

政治与行政二分论，由伍德罗·威尔逊（Woodrow Wilson）于1887年在《行政之研究》正式提出，并由弗兰克·古德诺（Frank Goodnow）于1900年在《政治与行政》中系统论证政治与行政二分论。首先，政治与行政二分法思想的提出，有力地批判了"政党分赃制"的弊端，为现代文官制度的产生奠定了理论基础；其次，以二分理论为改革指导理论使实践中行政越来越具有独立自主性，不仅相对有效地保证了行政活动的连续性，而且也使政府更多地关注管理技术，从而推动了行政管理的科学化，成为公共行政学一个里程碑式的理论。

行政管理的职业主义倾向。张福成基于工具理性的层面与价值理性层面，认为职业主义意味着以科学化的知识体系为基础，发展出一套理性的技术、方法，以解决问题，达成目标；同时，职业主义是一种职业所具有的内在价值，着眼于专业技术，以及职业的精神和责任。[①]

西方公务员的录用制度主要来源于文官制度改革。至20世纪70年代，文官制度逐步暴露出一些问题：文官制度的职业分化深入，人事管理规模增大，进而导致管理效率的低下；基于文官制度的"中立性"，文官的政治性逐步降低。英、美等发达国家基于此，自1978年、1979年起，逐步推行雇员制。雇员制在一定程度上，对文官产生"鲶鱼效应"，逐步改变其懈怠工作的态度，提升行政效率；削减文官规模，减少效益赤字。

2. 考试录用制度在中国的产生

考试录用作为政府录用人员的一种制度，最早起源于我国古代的科举制度。科举制度即分科举士，形成于我国的隋朝。它同以前各朝代主要通过推荐的方式来选拔政府官员不同，而是通过分门别类的考试来确定官吏的选拔和任用，考试成绩是录用的主要标准，改变了过去只重门第不重才能的录用弊端，是政府录用制度的一大进步。科举制被以后各朝沿袭并发展。科举制度在当时是一种先进的政府官员选拔制度，但由于晚清时期考试内容被限制在"四书""五经"之内，并采用八股文体进行考试，限制了人的独立思考和创新意识，再加上社会衰退，假科举之名，行舞弊之实，最终把科举制度引向了末路。

通过考试选拔任用官吏，是我国历史上人事管理中的一项重要制度。它对西方国家文官制度的形成和发展有着重大的意义。正如孙中山在《五权宪法》里指出：现在各国的考

[①] 张成福：《公共管理的职业主义与职业伦理》，中美公共管理学术研讨会2002年。

试制度，差不多都是学英国的，穷究溯源，英国的考试制度原来还是从我们中国学过去的。我国的科举制度历时1300余年，其特点是以世人的考试成绩作为任用与否的标准，摒弃了以出身门第作为选拔官吏依据的做法，中国古代的科举制度形成了一套完备的选拔任用官吏的考试体系。

尽管科举制并不十分完善，自身也有缺陷，但诸如公平考试、平等竞争、择优录用等，已经包含了现任公职人员考任制度的基本特征，无疑是一种较为科学合理的人才选拔制度。

3．考试录用制度在中国的发展

中华人民共和国成立后，我国在干部录用工作中曾使用过公开招考的办法，但是当时并没有作为一种制度来提倡和固定下来。在干部录用工作上主要采取国家统一分配大中专毕业生和接受军队转业干部，同时有计划地从社会吸收部分人员的做法。这些做法与当时高度集权的行政管理体制相吻合，曾起到过一定的积极作用。但总的来讲，存在着录用标准不统一、人才选拔视野不开阔、缺乏竞争和公开监督等弊端。

党的十一届三中全会以后，邓小平同志针对当时干部人事制度存在的问题提出了一系列重要的改革思想，为干部人事制度的改革尤其是国家机关干部的考试录用工作指明了方向。1982年原劳动人事部制定颁布的《吸收录用干部问题的若干规定》，首次提出了考试录用的要求。1987年党的十三大提出了要建立国家公务员制度，强调凡进入业务类公务员队伍应当通过法定考试，公开竞争。1988年国务院新组建的人事部，具体负责推行公务员制度的工作。1989年考试录用工作在两个方面取得开拓性进展：一是人事部与国务院下属的六个部局共同组织了国家公务员考试录用试点工作，为全面推行国家公务员制度探索经验；二是人事部与中共中央组织部联合发出《国家行政机关补充工作人员实行考试办法的通知》，在中央和省级人民政府的干部录用工作中普遍开展考试工作，为公务员制度的建立奠定了基础。1993年8月《国家公务员暂行条例》颁布，公务员考试录用制度得以正式确立。2006年1月1日《公务员法》正式实施。《公务员法》明确规定：录用担任主任科员以下以及其他相当职务层次的非领导职务公务员，采用公开考试、严格考察、平等竞争、择优录取的办法。至此，公务员考录工作正式进入法制化轨道。

（二）公共部门人员考试录用的范围及条件

依照《公务员法》的规定，录用担任主任科员以下非领导职务的公务员，采用公开竞争考试录用的方法，而主任科员以上的职位的录用不一定采用考试录用，而主要靠推荐、选拔、调配。但在某些省、市，副局长以下的主要领导职位也逐步开始采用考试竞争录用的方法。

1．特殊公务员的录用

录用特殊职位的国家公务员，经国务院人事部门或者省级人民政府人事部门批准，可以简化程序或者采用其他测评方法，这主要是指以下几种情况：

（1）因涉及国家安全、重要机密等特殊情况不宜公开招考的职位，可通过有关组织推荐、严格考核的方式来录用人员。

（2）因空缺职位所需条件特殊，有条件应聘人员极少，难以形成竞争的。

（3）因空缺职位要求专业特殊，需专门测试其专业水平，而不需进行一般性考试的。

（4）一些技术性操作较强的职位，可通过审查资格证书或考察实际操作水平的方法进行招募录用。

2. 考试录用的条件

无论是通过公开竞争考试还是通过简化程序进入政府公务员系列的人员，都必须具备下列条件：

（1）国籍：具有中华人民共和国国籍，享有公民的政治权利。

（2）政治条件：拥护中国共产党的领导，热爱社会主义。

（3）品德条件：遵纪守法，品行端正，具有为人民服务的精神。

（4）文化程度：具有与报考职位相应的文化程度。

（5）基层经验：报考省级以上政府工作部门，须有二年以上基层工作经历，若无则应安排到基层工作一至二年。

（6）年龄和身体条件：身体健康，年龄在35岁以下，经考试主管机关批准，也可放宽年龄限制。

（7）考试主管机关批准的其他条件，指由用人部门依据特殊职位的要求提出，经考试主管部门批准，在一般资格条件之外增加的条件。

此外，公务员法还规定民族自治地方人民政府和各级人民政府民族事务部门录用国家公务员时，对少数民族报考者应当予以照顾。

3. 考试录用的公平问题

无论是我国还是在外国都存在考试录用的公平问题。在我国，主要涉及对少数民族、妇女和专业军人的公平问题。其集中表现为要不要对少数民族适当降低录取分数或确定适当的录用比例问题；对少数民族的考试应当用哪种语言；在录用中是否存在对女性的性别歧视；复员军人不通过考试而直接安置到公共部门特别是政府机关是否是公平的，等等。

（三）我国公务员考试录用制度的发展趋势

通过对我国公务员考试录用制度的历史性回顾，以及对近年来实际工作的经验总结，要不断提高公务员的录用考试水平，必须从以下几个方面进行不懈的努力：

（1）加快公务员录用考试网站的建设。

通过公务员录用考试网站，还可以公布招考信息和录用政策，组织网上报名，建立备选人员库和已录用人员库，增加信息发布的途径，扩大信息的覆盖面，缩短考生的报名周期，提高了招募工作效率。通过公务员录用考试网站，还可以公布考试信息，方便考生进行成绩查询，提高录用工作效率，保证公务员录用的公开公平性。在此基础上，也可以研究主观性试题网上阅卷的可行性，以减少误差，提高阅卷的公正性和效率。

（2）规范考试科目。

我国现行的全国公务员录用考试，公共科目包括《公共基础知识》《行政职业能力倾向测验》和《申论》三项，其中前两项经过多年录用考试的实践，已比较成熟，《申论》也要不断完善成熟。这样做有利于实现录用考试的科学化、规范化，在稳定的基础上创新、完善考试内容。

（3）考试方法要不断创新。

近年来的考试创新，主要体现在心理素质测评和情境模拟测评方法的引入。这还远远不够，这些方法需要结合我国的国情不断完善。另外，我们也可以结合国外的经验，引入更新更有效的测评方法，对考生进行更加全面有效的考察。

（4）公共科目笔试命题水平仍有待提高。

目前三门公共科目考试的不足之处在于，命题中记忆性成分比例过大，不能有效地测探出考生的综合素质，导致会做不如会记的现象时有发生。

（5）加强对面试考官的培训

面试考官的素质是影响面试水平的关键因素。我国公务员考试中缺少高素质的面试考官。这已经是一个不争的事实。因此，我们有必要根据各部门的需要，分层次、分类别地加强面试考官培训，提高面试主考官和一般考官实施面试的水平。全面实行面试考官资格制度。这是面试能够成为有效的人才招聘手段的重要保证之一。

（6）放宽公务员报考的各种制度性限制。

允许跨区域报考等，从而有利于扩大公务员招募面，有利于公务员素质的提高。

第五节　公共部门人力资源配置

一、人力资源配置的概念

人力资源是社会各项资源中最关键的资源，是对组织责效和发展产生重大影响的资源。人力资源配置就是指在具体的组织或企业中，为了提高工作效率、实现人力资源的最优化而实行的对组织或企业的人力资源进行科学、合理的配置。

二、人力资源配置的原理

1. 能位对应原理

人与人之间不仅存在能力特点的不同，而且在能力水平上也是不同的。具有不同能力特点和水平的人，应安排在要求相应特点和水平的职位上，并赋予该职位应有的权力和责任，使个人能力水平与岗位要求相适应。人力资源管理的根本任务是合理配置使用人力资源，提高人力资源投入产出比率。

2. 动态适应原理

动态适应原理指的是人与事的不适应是绝对的，适应是相对的，从不适应到适应是在运动中实现的，随着事物的发展，适应又会变为不适应，只有不断调整人与事的关系才能达到重新适应，这正是动态适应原理的体现。从组织内部来看，劳动者个人与工作岗位的适应不是绝对的和一定的，无论是由于岗位对人的能力要求提高了，还是人的能力提高要求变动岗位，都要求我们及时地了解人与岗位的适应程度，从而进行调整，以达到人适其位，位得其人。

三、公职人员的任免

1. 任 职

相对于企业人力资源配置而言，公共部门人力资源配置具有较强的政治意图。

公职人员职务任免是公职人员任职于免职的统称。它是指任免机关依据有关法律、法规，在任免权限范围内，按照一定的标准、条件，通过法定程序，任命或者免去公职人员担任某一职务。职务任免是国家确认公职人员法律地位的必需的法定程序，它实际上是一种职务管理。

任职是指享有任免权的公共部门（一般是人事部门或组织部）根据有关法律法规，在任免权限范围内，通过法定程序和一定手续，任命公职人员担任某一职务的过程，也就是确认某种职务关系。

免职是指享有任免权的公共部门根据有关法律、法规的规定，在任免权限范围内，通过法定程序，免去公职人员或解除专业技术人员担任的某项职务。

从我国公共部门管理实践看，政府的高层次管理者如县长、市长等都是由相关组织部门提名，最终都由相应的人大来选举确认的。

全国人民代表大会常务委员会委员长、副委员长、秘书长、委员，由全国人民代表大会选举产生，向全国人民代表大会报告工作，受全国人民代表大会监督，对我国人民代表大会负责。国家主席、副主席、军委主席、最高人民法院院长、最高人民检察院检察长，由全国人民代表大会选举产生，受全国人民代表大会监督，对全国人民代表大会负责。国务院总理不是选举产生的，由国家主席提名，全国人民代表大会决定。总理向全国人民代表大会报告工作，受全国人民代表大会监督，对全国人民代表大会负责。国务院副总理、国务委员、各部部长、各委员会主任、审计长、秘书长，由总理提名，全国人民代表大会决定。中央军委副主席、委员，由军委主席提名，全国人民代表大会决定。全国人大代表由各省人民代表大会选举产生，受本省人民代表大会监督，对本省人民代表大会负责。省长、省高级法院院长、省人民检察院检察长，由省人民代表大会选举产生，向省人民代表大会报告工作，受本省人民代表大会监督，对本省人民代表大会负责。省人民代表由各市人民代表大会选举产生，受自己所在市人民代表大会监督，对自己所在市人民代表大会负责。市长、市中级人民法院院长、市人民检察院检察长，由本市人民代表大会选举产生，受本市人民代表大会监督，对本市人民代表大会负责。市人民代表由各区、县人民代表大会选举产生，受本区、县人民代表大会监督，对本区、县人民代表大会负责。各区县区长、县长、法院院长、检察院检察长，由本区、县人民代表大会选举产生，受本区、县人民代表大会监督，对本区县人民代表大会负责。各区、县人民代表由本区、县选民直接选举产生，受选民的监督，对选民负责。各乡长、镇长，由本乡、镇人民代表大会选举产生，受本乡、镇人民代表大会监督，对本乡、镇人民代表大会负责。乡、镇人民代表由选民直接选举产生，受自己的选民监督，对选民负责。

选举产生的各级国家官员和人民代表，任期为五年。选举单位有权利罢免自己选出的官员和代表。

党委系统的官员不经选举由上级组织部门直接任命。

2. 免 职

人大常委会既有撤职权，也有免职权。

撤职与免职性质不同，撤职是一种惩罚性行为，表明被撤职人员有重大过错，如违纪工作严重失误，甚至有违法行为等。撤职与撤销党内职务、撤销行政职务的党纪政纪处分有所不同；人民代表大会及其常委会集体行使权利，一旦撤销某官员的职务，没有复议、申诉、诉讼等救济途径，只能当一般公务员。因此，撤职是各级人民代表大会及其常委会行使人事任免权的一种最严厉的监督手段。而引起的免除其所任职务的行为。但在某些情况下，免职也适用于有过错行为的国家工作人员。但相对于撤职而言，其过错程序要轻一些，或者其行为的性质还有待进一步查清核实，只是现在已不适于继续任职。

免职和撤职的区别：

（1）撤职和免职有原则区别。撤职，是对于违犯党的纪律的党员的一种纪律处分。免职，属于干部任用的一种组织措施，不是纪律处分。在某种情况下，有的党员犯了错误作了处理后，党的组织认为不适宜担任现任职务时，也可以免去其现职务，这是正常的干部任免，不能视为纪律处分。

（2）提出主体不同，按照监督法的规定，可以向本级人民代表大会常委会提出撤职案的主体有三类：一是县级以上地方各级人民政府、人民法院和人民检察院提出。应由本级人民政府正职首长、人民法院院长和人民检察院检察长代表本机关签署，向本级人大常委会提出；二是县级以上地方各级人大常委会主任会议提出。对于由常委会决定任命的国家机关工作人员，经有关部门调查核实，发现有违法违纪、失职渎职等情况而需要撤销其职务的，可采取会议的方式决定问题。

3. 降 职

在国家公务员制度中降职不再是一种行政处分，而是以法规的形式，把降职确立为一种变更职务关系的任用形式。《公务员法》规定："公务员在年度考核中被确定为不称职的，或者不胜任现职又不宜转任同级其他职务的，应当按照一定程序予以降职。"也就是说，公务员降职的条件是本人不称职或者不胜任现职两种情形。降职需要遵守能上能下原则和逐级降职原则。

现实当中存在的偏差是一些公务员被降职之后一方面自身士气低落，另一方面则是上级有关部门始终认为其能力有偏差甚至误以为其犯错，故再次晋升的难度较大。

4. 降　　级

《清会典·兵部·八期通例》：如兼世职官员缘事降级，应降一级者，罚俸一年半。降级是各国公务员进行处罚的普遍做法。

近年来，我国深入反腐，出现了一系列因为腐败问题而导致的断崖式降级。如 2015 年江西省委原常委、秘书长就从副部级直接降到科员，2017 年民政部原党组书记则从正部级降到副厅级。

四、优化人力资源配置的基本方法

人力资源配置模型是基于公司职级结构并对公司员工职级情况进行文本量化的结果。公司人力资源部根据岗位的重要性、是否更偏向执行、是否更偏向管理或战略制定、是否具有专业的技术或技能等相应地设置管理线及专业线岗位，并相应地设不同的级别。相应地，岗位、级别的差异则在对应的薪酬体系中得以体现。

1. 构建配置模型：科学量化人力资源

为了获取公司人力资源配置模型，我们需要对员工的"岗位-职级"信息进行数据量化。一般而言，我们可以按照这些职位在岗级体系中的重要性，并参照对应的薪酬数据或其他参考标准作为基数，而进行等比例赋值，最终形成公司人力资源的配置模型。

2. 合理选取量化标的

量化标的即指选择量化的"文本数据源"。由于人力资源信息往往是文本类型的，如岗位、职称、性别、部门等，故在选取量化指标时往往需要优先考虑标的物的合理性。一般来讲，我们选取的标的物是对带分析问题最为直接的。例如，在分析人力资源配置模型时，我们往往选择各岗位、职级人员数量来进行分析。量化标的的选择可能会影响整体分析结果。假设我们选择了公司定编岗位、职级人员数量来进行分析的话，那结果可能会与按照实际人员数量分析出来的结果背道而驰。

3. 对指标进行合理赋值量化

对文本数据的量化方法有很多种，如管理层打分、按平均晋升时间、平均工资、岗位贡献度等。我们在对文本数据进行赋值量化时，需优先考虑其合理性，即量化标准是与标的物直接相关，并随着标的物的变化而进行更新。另外，我们在进行标的物量化时还需要考虑获取该指标的难易程度，同时尽量减少人工判断。

【案例思考】

如此"择优录用"！

A 县某局办公室主任，有一天在办公室对干部张某说，你爱人是中专生，又会写材料，我们办公室正好需要一名文字秘书，我们准备把你爱人也调来。正当张某对主任表示感谢时，同室的干部刘某也想把自己在外地的爱人调来，并且也向主任汇报了其爱人有文字工作的专长，但名额只有一个，这可为难了主任。

就在这时，县委组织部一位负责人打来电话，推荐李某到该局办公室工作，局领导把这事交给办公室主任办理。局办公室主任经过考虑，当众宣布：今后凡调进办公室工作的同志，一律通过考试，择优录用。

于是，三位候选人都参加了考试。考后10天，主任宣布，决定录用李某。张、刘二位要求公布考试成绩，主任说，参加考试的三位同志成绩都合格，从分数上看不出优劣来，各有所长、各有所短。例如，李某有些试题虽未动笔，但已做了的试题比较齐整；你们二位的爱人虽然每题都做了，但有不完善的地方，又欠工整。张、刘对主任的答复不满意，又去找局领导，再次要求公布考试成绩，但局领导置之不理。不久，李某正式调入局办公室工作，而考试成绩始终未见公布。对此，张、刘愤愤不平，群众也议论纷纷。

思考：

这次招聘工作的问题出在哪里？是否违背了录用的根本原则？如果你是办公室主任的话，你会如何决策？

【本章小结】

公共部门人力资源招聘是人力资源的入口管理，它是整个人力资源管理过程的关键环节，直接影响公共部门人力资源的质量和工作绩效水平。本章首先对招聘进行总体概述基础，着重介绍了人力资源招聘的程序、方法和应用工具，最后详细介绍了我国公共部门特别是政府公务员的招聘录用制度及录用制度的发展趋势，并简要讨论了公共部门人力资源配置的基本议题。

【核心概念】

招聘、招聘计划、内部招聘、外部招聘、评价中心、考试录用

【复习思考题】

1. 试述人力资源招聘的含义和意义。
2. 简述人力资源招聘的程序和方法。
3. 具体说明人力资源招聘的工具有哪些？
4. 我国公务员考试录用的原则和程序是怎样的？
5. 我国公务员考试录用制度今后的发展趋势怎样？

第七章 公共部门人力资源培训与开发

【引入案例】

50周岁以上禁因公出境培训

广州市人社局印发的《广州市因公出国（境）培训管理暂行办法》，对因公出国（境）培训对象及管理方法做出了明确规定。因公出国（境）培训对象"是指我市党政机关、人民团体、企事业单位选派技术和管理人员赴国外及香港、澳门、台湾地区，采取听课、研修或实习等多种形式，学习先进生产技术、科学管理经验"。该暂行办法明确规定，严禁通过旅游渠道安排因公出国（境）培训。不得通过中介联系境外培训机构或安排培训事宜，不允许通过中介选择或转手因公出国（境）培训团组。办法同时对因公出国（境）培训人员做出了条件限制，明确规定，选派人员目前所从事工作应与培训主题直接相关，不得照顾性派出。因公出国（境）培训人员应具有大专以上学历（含大专），年龄在50周岁以下，并具有3年以上工作经验。

59岁现象之外多了50岁的规定。培训是现代公共部门人力资源管理的重要内容，也是相关人员职业成长的必须。50岁以上就没有出国培训资质的年龄一刀切是武断的做法。本章从培训的基本内涵入手，分析现代公共部门人力资源培训的新手段。

第一节 公共部门人力资源培训概述

从20世纪90年代开始，公共部门人力资源管理关注的焦点发生了根本性的变化，从以往对抽象的功绩维持转向对最大限度地提高生产力和服务质量的可以测量的产出结果的重视。组织要想在不断变化的外部世界中寻求持续发展的能力，对员工的知识和技能提出了更高的高求，并期望他们以更有效率、效益地回应挑战。但与此同时，技术的飞速发展，对人们所拥有的知识、技能的更新速度不断加快，今天的知识或能力，明天就有可能过时。因此，组织必须不断更新其所拥有的人力资源。

对于组织而言，最常用的办法就是雇用新雇员，以获取相应的知识和能力，但这并不是最好的办法：一方面，因为受到成本的制约，外延式的人力资源扩张会使管理成本不断上升；另一方面，不利于组织结构的稳定和组织认同。而人力资源内涵式的扩张——培训和开发，不仅可以避免上述问题，解除环境变化对组织的压力，而且还有助于员工明确自己的任务、职责和目标，提高知识和技能，最大限度地实现自身价值的同时，促进组织利益的实现。因此，人力资源开发和培训成为人力资源管理的重要环节，是人力资本投资的主要形式。

二、人力资源培训与开发的含义

每一个组织都会而且也必须在开发员工方面投入时间和金钱。不同的组织，在不同程度上以不同的形式实现这一功能。在一个将雇员看作是资产的组织中，培训与开发与其说是一项成本，不如说是一项投资，培训被认为是组织增加人力资本存量的基本方式，是组织完成其工作任务不可或缺的环节。

目前对于组织人力资源开发活动的定义涉及三个方面的内容：培训、教育和开发。三种功能最大的区别在于时间的连续性。培训是为了现职的责任和义务而提供的学习，这种学习多数集中在技能的建构上，并以此增进或改善个人的观念、态度、想法及行为的自我意识等。所有的这些学习内容都以在雇员绩效管理领域中增强人员完成现有职责能力为目的。教育更多具有未来的导向性。它包括技能构建，但更主要的是强调学习那些在不同岗位上通用的东西，以及使个体为迎接新工作职责和挑战做准备。人员开发也有未来的导向性，但这一特征相对于教育而言比较模糊，它的重点放在使雇员为今后可能的变动做好准备，以迎接未来那些可能出现的未知问题。虽然技能构建仍然是开发的一个重要组成部分，但它更加强调同组织价值以及变化相一致的雇员态度和知识的构建。此外，个人素质、自我意识、变化管理、战略性规模、建立未来愿景也是开发的重点内容。

从本质上来讲，这三种类型的开发活动都是组织为了实现自身目标和员工个人发展的需要，有计划地进行的培养和训练，使员工的各项素质的技能得以不断提升的制度化的人力资源管理组织活动。因此在现实管理中，我们并没有对此加以细分，往往采用通用的说法——培训与开发。事实上，许多组织的培训活动都会涉及当前工作和未来发展两个方面。从这个意义上看，在人力资源管理工作中的培训至少应该包括以下几个要点：

（1）培训的直接目的在于提高员工的素质或技能，使之更加适应和胜任工作需要。员工绩效在很大程度上由员工素质决定，这种素质包括员工与工作相关的知识、技艺、能力、态度，培训的最基本的目的就在于不断提高员工的素质，使他们的行为能够与组织岗位要求相适配。

（2）培训的最终目的在于组织和员工个人双重发展目标的实现。正如现代人力资源管理理论所确定的那样，组织成员在为组织做出贡献的同时，组织也要促进员工自身价值的实现。有效的培训活动不仅能够促进组织目标的实现，而且能够提高员工的职业能力，拓展其发展空间，促进职业生涯的实现。

（3）培训是一项涉及全体员工的、系统的、制度化的组织管理活动。培训是组织发展的需要，也是员工发展的权利，因此不管是何种层次、何种职位的员工都应纳入培训体系；在人力资源管理过程中，培训与其他活动紧密联系，并服务和支持其他活动，从而共同促进组织战略的实现，所以培训不应是随意的或一次性的活动，而应该是一种组织制度。另外，培训本身所涉及的内容广泛、对象不同、方法各异，每一次培训都必须确定特定的目标、提供适当的资源条件，选择科学的培训方法，这使培训成为一项有针对性、有步骤、有计划的系统管理行为。

二、公共部门人力资源培训开发的意义与原则

公职人员的培训和开发是各国政府的重要工作，各发达国家一直把公职人员的培训作为政府的主要职能之一。我国政府历来高度重视公共部门的人力资源培训工作，特别是在当前世界经济和科学技术迅猛发展、知识更新速度日益加快的形势下，提高公职人员的素质，更成为一项重大的政治任务。公职人员的培训对于国家发展战略而言具有深远的意义。

（1）加强公职人员的培训开发，是建立高效、廉洁、稳定的政府队伍的根本措施，是造就一大批德才兼备的政府公职人员的要求，也是提高政府工作效率的重要途径，是保持党和国家基本路线、方针、政策执行的稳定性和连续性，促进社会主义现代化建设的保证。

（2）加强公职人员的培训开发，是新技术革命、信息社会与知识经济时代的一项长远的战略任务。现代社会中，人类知识的更新速度不断加快，公职人员作为国家政府的支柱，只有不断地进行知识结构的优化和更新，才能够跟上时代的发展，保证建立一个有活力、有效率的政府；同时，科学技术也带来了学科的更新、产业的发展，也带来了整个社会结构的变化，公职人员所担负的任务也必须随之进行调整，培训是公职人员增加知识内容的深度和广度，紧跟时代步伐的有效途径。

（3）加强公职人员的培训开发，是行政改革和行政发展的需要。行政改革与行政发展是政府不可避免的趋势。这意味着政府的职能不再是传统意义上单纯政治的政府，而将成为服务的政府，行政管理的模式也由传统的政治业绩转向以民众为导向的绩效管理或全面品质管理。管理方式的演进需要塑造一支能够胜任新型政府运作方式的公职人员队伍，培训与开发则是向公职人员全方位地灌输新的管理思想、管理理念、管理技术和管理方法的主要渠道。

（4）加强公职人员的培训开发，是充分开发公共部门人才资源的基本途径。高质量的人力资源是开发和投资的结果。人的潜能是巨大的，是可以不断挖掘取得的。公职人员培训有助于催化、提高公职人员的素质，促进公职人员潜能和智能的开发，使之更好地发挥自身的潜力和创造力。

公共部门人力资源培训必须要适应社会、政治、经济发展的要求，结合我国公职人员队伍的现状和我国的国情，公职人员的培训应坚持以下几项原则：

（1）理论联系实际原则。这是我国公职人员培训的基本原则，也是我党一直坚持和倡导的优良传统与行之有效的学习方法。坚持理论联系实际也是建设有中国特色社会主义道路的基本要求。其意是指公共部门人力资源培训要从实际出发，密切联系中国的现状，不能照搬照抄他国的经验，要求公职人员学会运用马克思主义的立场、观点和方法分析和解决现实生活中出现的各种问题，引导受训人员用马克思主义基本原理总结自身的经验，提高理论联系实际的自觉性。培训之后个人的理论水平和实际能力都应有所提高，方可达到培训的目的。

（2）学用一致原则。这既是公职人员培训的目标，也是公职人员培训的方法。学用一致原则是提把培训与实际工作结合起来，公职人员在培训期间所接受的思想观念和技能应符合其岗位职责的要求，能保证其更加胜任本职工作，提高行政管理的效率。

（3）按需施教原则。这主要是针对公职人员的培训内容和方式选择而言的。不同时期、不同行业、不同层次、不同职位的公职人员其政治思想、业务水平、文化知识的程序都有所不同，要求他们掌握的工作和技能也有所不同，因此，对公职人员的培训必须从受训对象的实际需要出发，有针对性地确定培训内容，选择相应的培训方式，避免培训流于形式。然而，按需施教并不意味着培训内容仅限于当前的工作或任职需要，同时还应充分考虑公职人员未来发展的需要。

三、公共部门人力资源培训的内容和方式

组织目标的实现有赖于员工的创造性和竞争力。在现代不断发展变化的社会政治、经济和文化环境中，要使组织充满活力，富于竞争，员工的素质必须与环境要求相适应，并不断提高。因此，培训的内容应着重于员工素质的提升，这不仅包括员工的知识、技能，还包括与组织文化相适应的态度，三者缺一不可。而对于公共部门员工来讲，由于代表着政府的形象，事关广大人民群众的公共利益，因此对公职人员的要求较私营部门更高，所以培训的内容也更丰富，具体来讲，公职人员的培训内容至少应该有如下几个方面：

（1）政治理论培训。公职人员是国家行政权力的实际拥有者和实施者，其政治理论水平与国家各项政策、方针的执行效果息息相关，因此，政治理论培训是公共部门人员培训的首要内容。政治理论培训的内容应该包括两个基本的方面：一是马列主义、毛泽东思想、邓小平理论、"三个代表"重要思想、科学发展观以及新时期习近平系列治国理政重要思想的培训，这是我们党的指导思想，也是各级政府工作的指导方针，因此公职人员必须认真学习领会，切实以此来指导自己的工作实践；二是党和国家有关的路线、方针和政策法规的培训。这是公职人员代表国家和公众管理公共事务，履行自己职责的基本要求。

（2）专业知识培训。知识是人力资源素质的主要组成部分，也是组织培训的主要内容之一。对于公共部门人员来讲，知识培训的目的在于其具备完成本职工作所需的各项基本知识，所以知识培训的内容既应包括各类公职人员均须具备的基础理论知识，如法学、政治学、管理学等，还应包括与公职人员工作领域相关的各类专业知识，如行政部门学习的行政管理、人事部门学习的人事管理学等。

（3）专业技能培训。公职人员履行职责，不仅需要理论，还需要专业知识和专业技能，如公文写作的技能、社会调查方法的掌握、人际关系的处理、谈判交往的技巧、计算机和自动办公系统的操作等。在实际工作中，公职人员不仅仅是上级命令的简单执行者，他所面对的具体环境要求其具备独立分析、探索和解决问题的能力，因此提高公职人员观察、记忆、模仿、应变、概括、协调和表达的各项技能也是公职人员培训必不可少的组成部分。

（4）态度的培训。员工的态度是关系到组织绩效的至关重要的因素。组织与员工之间相互信任的关系、员工对组织的忠诚以及建立在此之上的团队意识这些事关员工态度的成

果并不是从一开始就存在的,需要在长期的工作中培养,也需要通过培训的着力引导。态度培训可以使员工明确组织希望他们以何种姿态出现,促使其行动与组织目标更为接近。除了工作态度外,由于公职人员工作的特殊性,公职人员的态度培训还应该包括身为国家和政府代表所应具备的职业道德和职业操守的培训,如公职人员必须忠于国家、忠于政府、忠于职守、严守国家机密、不得从事与本职工作相关的盈利活动等。

根据培训的具体目标不同,培训的对象不同以及培训的内容不同,公职人员的培训方式有多种选择,也可以按时间、培训机构以及是否脱离实际工作等标准进行多样的分类。从一般的培训手段讲,公职人员培训的主要形式如下:

(1)部内培训:由各行政部门内部设立的组织机构来承担的培训,其时间、课程、培训要求均由各部门自己决定,培训内容按职务或专业设置,强调专业性和针对性。我国政府各部所属的管理学院、培训基地、培训中心均属于此。

(2)部际培训:由政府若干部门横向联合举办的、跨部门的培训。一般针对同一层次的公职人员开设共同需要的课程,培训组织者往往由政府几个部门共同组成或委托学会、学校等专业教育机构组织,培训内容强调共通性和普遍适用性。

(3)交流培训:通过人员交流或学术交流对公职人员实施的培训。人员的交流培训通过人员在政府各部门之间、各地区之间、甚至政府与企业之间的调任、借调、挂职锻炼来完成,目的在于使公职人员扩大视野,掌握在实际工作中分析、解决问题的能力。学术交流则通过鼓励公职人员参与学术活动、工作研讨等交流活动,达到提高公职人员的管理能力和思想境界的目的。

(4)工作培训:通过实际工作中有经验的公职人员向新员工之间的言传身教而进行的有意识的培训,其目的是带领新员工迅速适应工作环境,积累工作经验,增强工作能力。从形式上相当于企业中的"学徒制",其最大的优势在于有利于工作经验的传授和良好的人际关系的维持。

(5)学校培训:有选择地让部分公职人员离开原有岗位的本职工作,进入专业的行政学院或国内外的高校中进行系统的学习或进修,来达到提高公职人员基本理论知识和专业知识水平的目的。尽管学校培训的时间一般较长,且费用高,但在全面提升人员素质方面却有独特的优势,因此在公共管理组织中使用得较为普遍。

(6)自主培训:通过各种措施鼓励公职人员根据自身的爱好、兴趣和知识结构,自主地选择专业和课程,制订自己的培训计划,利用闲暇时间补习进修的培训方式。在现代社会中,外部环境的迅速变化使每个人都面临着工作压力,从而产生不断提升自己的学习动力。自主培训不仅能够节约组织成本,而且能够充分发挥员工的积极性和主动性,培训的内容往往也符合实际需要,因此为各类组织所倡导。

四、公共部门人力资源培训的程序

从公共部门人力资源培训的实践来讲,公职人员的培训通常分为培训准备、培训实施和培训评估三个阶段。

第一阶段：培训准备。培训活动准备得是否充分，将直接关系到培训的成本支出以及实际效果，是不容忽视的关键环节。培训准备包括两方面的具体工作：一是培训信息的搜集。全面、详细的信息有助于确认培训的整体目标，使培训工作由传统的"为组织提供它所需要的培训"转变成为"如何进行培训更有利于组织的发展"。培训所要搜集的信息包括环境信息，即组织内外部的环境因素，如外部政治、经济和社会环境的变化、组织目标、战略、文化、使命的确立等；培训对象的基本信息，如工作性质、职责、个人背景以及培训经历等；与人力资源开发和管理工作相关的其他部门的信息，如招募、奖惩、绩效等；二是培训需求分析。根据所搜集到的各种信息，找出组织现状对员工的要求以及理想与现实之间的差距，确定通过何种形式和内容的培训来予以弥补，设计出培训需求。

第二阶段：培训实施。培训的实施包括培训目标设计、培训方法选择、培训课程设置、培训人员确定以及培训过程的组织和成本费用预算。在实施过程中，既要注意落实计划的各个环节和内容，又要加强管理和监督，以确保培训工作有序进行。培训管理者还应根据实施过程中遇到的问题，随时进行调整，加强培训控制，保证培训实施的最佳效果。

第三阶段：培训评估。根据一定的标准，对培训的绩效和影响进行衡量。培训评估是发现培训问题，改进培训质量的重要途径，也是评价培训效果和成绩的根本依据。所以培训评估不仅包括对培训组织工作本身的评价，如方法是否得当，培训成本控制是否合理、培训师的选择是否恰当等，更重要的还应包括对培训效果的评价，通过对受训人员的考察，将训前与训后员工的素质能力进行对比，判断培训的实际成效。通过培训评估，总结好的经验，对不尽合理或不尽完善的地方予以纠正，为下一轮的培训工作奠定良好的基础。这也是培训制度化、长期化的一个基本要求。

第二节　公共部门人力资源培训的组织与管理

培训工作在现代社会各类组织中已经越来越趋向于专业化和职能化发展，随着人们对员工培训与开发重要性认识的不断加深，培训的组织与管理也愈发受到重视。

一、公共部门人力资源培训需求分析

培训需求分析是培训系统工程的基础环节，它是指在组织进行培训活动之前，采取各种方法与技术对组织成员的基本情况进行鉴别和分析，以明确组织培训对象与培训内容的管理过程。它既是培训方案设计的前提，也是培训评估的基础。作为培训组织与管理的首要环节，公共部门的需求分析一般从以下几个方面展开：

1. 组织层面的需求分析

通过对组织面临的环境，综合考虑组织发展目标及拥有的资源状况，确定培训需求。组织外部政治、经济和文化环境的变化会引发培训需求，全球化的进程、公共组织的服务

转型都导致公职人员职责和角色的变更,为了适应这种变化,必然会产生相应的培训需求;组织拥有的资源状况及其变化趋势也会对培训需求产生影响,人力资源的整体素质是培训需求的直接决定因素,财务状况决定着培训的深度和广度,时间资源的充分与否则直接关系着培训的安排和培训效果。

2. 任务层面的需求分析

主要是从组织活动中重要的工作任务出发,由完成相应工作所需要的员工知识、技能和行为模式出发来确定培训需求。这一层面的培训需求可以以工作描述或工作说明书为依据,通过核实工作描述,分析从事某项具体工作的内容及所需的任职资格,确定员工达到理想绩效应具备何种素质条件,掌握何种知识技能,从而设计培训需求。

3. 员工层面的需求分析

从任职者的角度来考察培训需求,将员工目前的实际工作绩效与组织理想或标准的员工绩效之间进行比较分析,找出两者之间的差距,确定需要培训的员工名单和培训内容。这样的培训设计可以将组织有限的资源最有效地利用,一方面避免不必要的培训,而将那些需要提升的员工作为培训的重点,使培训工作做到有的放矢;另一方面帮助人力资源管理部门了解受训者的基本情况以及绩效差距产生的原因,从而有针对性地设计课程和培训方式。

通过上述三方面情况的分析了解,结合组织所处的外部环境,就可以对组织绩效的理想与现状之间做出鉴别与对照,并分析哪些差距是可能借助于培训和开发来缩小或消除的,从而进一步建立培训需求分析模型。培训需求分析模型可以更详细地说明培训分析过程,明确培训的目标与责任,为培训活动的开展奠定良好的基础。

二、培训计划设计

培训计划是在培训需求分析的结果上建立起来的,是根据组织对未来人员培训需求状况预测后,专门制定的组织今后一段时期培训活动的方案。培训计划应包括培训目标、培训方式、课程描述、培训组织过程以及成本费用预算等项目。实际上,培训计划是培训实施整体过程的体现。

1. 确定培训目标

培训目标是根据培训需求分析确定的关于培训的必要性及期望达到的培训效果的总体概括。培训目标指明了培训的方向,并为培训的具体操作及评估提供依据。培训目标应简明扼要,与组织及员工的实际情况相符,并具有一定的前瞻性;在具体设计上,可以根据时间长短不同,体现为不同层次、不同时期的目标体系。

2. 进行课程描述

课程描述是培训目标的具体化和细化过程,在培训中,需要根据培训目标设计出具体的培训项目，包括课程名称、学习方式、学时安排、教学方法、任课教师、培训大纲、培训教材及辅助设备等。课程描述需要将培训的总体计划或分层计划实施的细节以简单明了的文字或图表形式表现出来。

3. 选择培训方法

在培训中，有多种培训方式和方法可供选择，如课堂教授法、案例分析法、研讨法、角色扮演、互动小组法、人格拓展训练等。组织根据拥有的资源、受训人员的实际情况采取其中的一种方法或几种方法的组合，以保证培训达到最佳的效果。一般来说，由于公职人员大多具有较为丰富的理论知识和实践经验，因此在培训中选择互动性、参与性较强的方法更适合。

4. 制定培训控制措施

为保证培训工作的顺利实施，控制措施是必不可少的。培训控制应包括费用控制、培训效果跟踪、员工行为约束、培训秩序保证等。

三、培训效果评估

培训效果评估是对受训者所获得的知识、技能运用到实际工作中的效果进行评价的过程。培训效果可能是积极的，也可能是消极的。评估的目的主要在于了解培训项目是否达到了原定的培训目标和要求，进一步明确受训者是否得到了收获，并为日后的培训改善打好基础。所以，培训效果评估是培训管理中不可或缺的部分。对于公共部门而言，培训是组织的一项人力资本投资活动，需要大量的时间和财政投入，因此必须考虑投入产出之间的关系。在以往很长一段时间里，公共部门对培训的投入并不少，但对效果评估的力度却较差，如政府经常派公职人员到国内外学习、考察，但到底学到了什么，给政府和社会公众带来了什么样的效益却不得而知。由于没有明确的评估制度和体系，公共部门的培训常常流入于形式，正因为此，选择合理的评估方法，建立培训效果评估机制对公共部门尤其重要。

1. 投入产出分析模型

在私营部门的培训效果评估中，培训的支出与收益之间的比例关系是用于衡量和评价培训成果的重要标准和常用方法。在具体操作中，可以用培训的投资回报率来予以评价：

$$培训的投资回报率 = (收益 - 成本) / 成本$$

其中，成本包括直接成本和间接成本，如受训者的工资、教师的报酬、教辅设备费用、管理成本以及由于培训而不能正常工作造成的机会成本等。收益则包括劳动生产率的提高、产品质量改善、销售量增加、生产成本和事故率降低、利润增长等各个方面。对于收益的评价也可以从直接收益评估和间接收益评估两个方面进行。

投入产出模型作为一种量化分析方法，能够清楚地表明组织培训成本与收益之间的数量关系，对于资金成本控制具有重要的作用，因此在企业中运用得十分广泛。由于公共部门很难取得具体的效益指标，所以使用起来有些难度。

2. 柯氏评估模式

这是在公共部门最为常用的培训效果评估模型。柯氏模型由美国威斯康星大学教授柯当纳提出，他将培训效果评估从四个层面展开。

（1）反应。这是评估的第一个层次，主要了解受训者对于培训内容、科目、形式等的反应，一般通过培训结束后的调查问卷获得。

（2）学习。这是评估的第二层次，是对培训效果的量化评估，目的在于检查受训者掌握培训知识的情况。学习的测定可以通过考试进行，对一些技术性较强的工作，也可以通过实地操作来进行考查。主要是了解受训者经过培训之后是否掌握了更多的知识或学到了更多的技能，对于态度培训的演出学习效果则可以通过情景模拟或者是在培训后的观察予以考核。

（3）行为。在测定反应和学习成果之时，培训效果的得分往往较高，但实际工作中员工的行为可能并未发生改变。为了达到培训成果转化的最大化，对行为的评估是十分重要的。一般在培训结束后的一段时间，管理者应该组织相关人员对培训的行为效果进行测量。行为变化可以由受训者的上级、下级、同事、服务对象等共同完成评价，主要测定受训者在受训前后行为是否有所改善，是否运用了所学的知识、技能和态度等。

（4）组织。目的在于将培训的结果提升到组织的高度，即衡量培训是否有助于组织整体绩效的提高或改善。组织层次的评估可以通过员工流动率、出勤率、服务质量、工作效率等指标予以测定。

柯氏模型通过对学员的反应、学习结果检查、工作表现对比和组织绩效改变逐级对培训结果进行由浅入深的分析，来衡量培训的近期和远期成效。这种测量模式不仅适用性广，性质不同的组织可以根据实际情况选择不同的指标体系，而且还能发现培训对实现组织目标和战略是否真的做出了贡献，同时还可以暴露出培训与实际工作所需之间可能存在的问题。有许多专家认为，一个真正有意义的培训，至少要经过三到四个层次的评估后才可确立。

3. 布鲁斯沃和拉姆勒评价表

除了上述两种常用的方法外，20世纪70年代美国学者布鲁斯沃和拉姆勒对培训项目评价标准和衡量方法进行了研究,并总结了一套至今仍十分有效评价方法(见表7-1)。布鲁斯沃和拉姆勒认为，评估培训项目时所使用的评价项目固然很重要，但评估时间和评估方法的选择也是很重要。事实上，很多人力资源管理专家都认为，以合理的成本就能够采集到对组织决策和组织目标发展最为重要的数据的培训项目评价方法才是最合适的。

表 7-1 布鲁斯沃和拉姆勒评价方法

我们想知道什么	衡量什么	衡量项目	获取数据的方法	获取数据的替代方法
受训者是否满意？如果不是，为什么？ 1. 概念不相关 2. 培训场所设计不合理 3. 受训人选不合理	培训期间受训者的反应	培训与工作的联系 学习的轻松程度	受训者对培训的教学、练习方式的评价	观察法、问卷法、面谈法
	培训之后受训者的反应	培训到底"值不值" 培训与学习有关吗？	培训产生的行为方式 对项目概念的理解	观察法、问卷法、面谈法
教学素材是否教会了概念？如果没有，为什么？ 1. 课程描述 2. 课程设计 3. 培训目标	培训期间受训者的反应	是否理解 是否应用	学习时间 培训期间的测试成绩	观察法、文件检查
	培训之后受训者的反应	是否理解并应用，内容的衔接如何	对未来的行动方案 工具的使用 表达	观察法、文件检查、问卷法、面谈法
所学的技能是否被应用？如果没有，为什么？ 1. 概念存在问题 2. 工具不合适 3. 环境不支持	绩效改进计划	分析行动计划和结果	讨论 文件 结果	观察法、文件检查、问卷法、面谈法、关键事件法
	解决工作问题的技能	提出的问题 计划的行动 采取的行动	讨论 文件 结果	观察法、文件检查、问卷法、面谈法、关键事件法
概念和技能的应用是否积极地影响了组织？如果不是，为什么？	难题解决	问题的识别、分析、行动、结果	讨论 文件 结果	文件检查、问卷法、面谈法、关键事件法
	危机的预测预防	潜在危机的识别、分析、行动、结果	讨论 文件 结果	文件检查、问卷法、面谈法、关键事件法
	绩效衡量具体到一个特定的培训项目	产出的衡量，过渡或诊断的方法	业绩数据	文件检查

第三节 我国的公务员培训制度

为了使公职人员的培训工作纳入正常管理的轨道，许多国家对于公职人员的培训都进行了专门的规定。英国在 1973 通过的《就业与训练法》规定，新录用的未经过专业训练的公职人员必须要接受一年以上的离职培训，而在职员工也必须接受不同形式的培训；美国

1958年制定的联邦政府人员训练法规定，各级政府工作人员都要接受培训，并于1970年规定扩大地方公务人员的训练，在大学设立培训中心，编制培训规划等。此外，法国、德国、日本也都有相关的公职人员培训的管理制度和办法。

在我国，对公职人员培训的管理起步相对较晚，以往都是由各系统、部门按照自己发展的需要而制定相应的人员培训体系。1996年，国家正式颁布了《国家公职人员培训暂行规定》，并指出"培训是国家公职人员的权利和义务"，并通过《全国干部教育培训规划》《国家公务员培训暂行条例》和《公务员法》等一系列法律法规确定了培训对于公职人员发展的重要地位，并对我国公务员的培训做出了具体的规定。

一、国家公务员培训管理机构

各级政府人事部门是国家公务员培训的综合管理机构。各级政府工作部门的人事机构，负责本部门国家公务员的培训管理工作。国家人事部培训管理的主要职责：拟定国家公务员培训法规和政策，拟定并组织实施国家公务员培训规划、组织培训者培训和培训理论研究、按照分类分级原则，对国家公务员培训施教机构进行业务指导。地方各级人事部门培训管理的主要职责：贯彻执行党和国家有关培训工作的方针、政策、法律和法规，组织进行本地区公务员培训的需求预测和调查研究，编制本地区公务员培训发展规划和年度计划，组织和领导本地区公务员培训学员招收工作，对本地区公务员培训施教机构进行业务指导，向国家人事部或上级主管提出申请或建议。

二、国家公务员培训施教机构

随着我国公共部门人力资源培训的加强，从事培训的组织体系也在不断完善，并逐步走向专业化和职能化。我国政府规定，根据培训工作的需要，统一规划、设置以行政学院为主体的国家公务员培训施教机构，并对施教机构是否具备国家公务员培训条件实行资格认可制度。管理干部学院或其他培训机构，如党校、干部培训中心等经过批准，也可承担国家公务员培训任务。国家公务培训机构接受同级政府人事部门业务指导，按照培训规划实施教学活动。国家公务培训机构的教师实行专兼职结合，以兼职为主。

1. 行政学院

行政学院是适应中国改革开放和社会主义现代化建设的需要，配合国家公务员制度的实施而成立的新型学府，也是现代公共部门人力资源培训的主导力量。我国行政学院分为国家行政学院和地方行政学院。

国家行政学院直属于国务院领导，由中央政府的部长、办公厅主任、国务委员甚至副总理担任学院领导，是集教学、科研、咨询于一体的、现代化的、具有中国特色的培训国家高、中层行政管理人才的最高学府。其主要任务是，培训高、中级国家公务员及培养高层次行政管理与政策研究人才。它承担着对高、中层及后备骨干公务员的培训，其主体培训班主要是省部级行政领导参加的专题研究班，以及部分优秀后备干部参加的培训班。各培训班次的学制，根据不同类型和对象，实行长短期的结合课程。学院还举办提供给优秀青年骨干参加的培训班，招收优秀的大学毕业生和有二年实际工作经验的年轻国家公务员，采取到学院学习与到政府机关挂职锻炼相结合的方式进行培养。同时，国家行政学院组织地方行政学院和有关培训机构开展广泛的业务交流，合作办学，科技协作及师资培训，积极展开对外交流与国际合作。根据需要聘请外籍客座教授，为友好国家首脑和国际著名人士提供讲坛，组织和选派学员到境外参加培训和进行考察。

地方行政学院是地方各级人民政府组建的地区性公务员培训机构，主要承担培训地方中层以下公务员的任务。负责组织实施同级人民政府人事部门有关公务员培训的计划，负责教学大纲的实施和公务员培训期间的管理。

2. 管理干部学院和党校

管理干部学院经国家人事部或省级政府人事部门审查认可后，也可以成为国家各部门、各行业公职人员培训的重要力量。管理学院通常都是针对部门和行业的实际工作进行教学和理论研究，具有较强的实用性和针对性。

党校是干部教育和培训的主要基地，其培训内容以建设社会主义的理论和实践为中心任务，全面推行马克思列宁主义、毛泽东思想、邓小平理论、"三个代表"重要思想、科学发展观、习近平系列治国理政重要思想和党的路线方针政策的深入研究。按照中共中央的要求，学校应该是公务员培养马克思政府队伍的阵地，是锻炼干部的熔炉。

3. 高等院校

目前，高等院校在公共部门人力资源培训组织体系中正扮演着越来越重要的角色。从本科毕业生直接进入公务员队伍，到各级各类学历与非学历培训，再到专门向在职人员提供的工商管理硕士、公共管理硕士等学位教育，高等院校在公共部门的培训中发挥着不可忽视的作用。由于高等教育具有专业化、正规化、系统化的优势，所以在未来公共部门人力资源培训管理中的作用将会更加突出。

三、公务员培训与考核、任职、晋升的关系

公务员培训的目的是为了全面提高公务员的素质和工作能力，因此，公务员培训与公务员的奖惩和升降紧密结合。

现行公务员的培训成绩和鉴定是公务员任职和晋升的主要依据。同时，我国政府还规定，对晋升领导职务的国家公务员，应当进行任职培训，培训考试合格后方可正式任命，若培训条件暂不成熟或因特殊情况不能先培训的，经任免机构批准，也可先到职后培训，但必须在任职后一年内完成。

经考试录用进入国家行政机关的新人，必须进行初任培训，培训合格者方能正式任职定级，不合格或未参加培训的不能任职定级。对即将从事专项工作的公务员，必须进行专门业务培训，未经专门业务培训或培训不合格者，不得参加专门业务工作。

四、国家公务员的培训类型

国家公务培训分为初任培训、任职培训、专门业务培训和更新知识培训。

初任培训是指对新录用人员，即经考试录用进入国家行政机关，担任主任科员以下非领导职务人员的培训。其目的在于通过培训，新进公务员可以了解机关工作的特点、组织纪律，明确自己的工作内容和岗位责任，初步掌握即将从事工作所需的基本知识、程序和方法。初任培训在试用期间进行，不得少于十天。初任培训考试合格者方能任职定级。初任培训的形式主要有两种：一是任职培训，即由有工作经验的人员带领新进员工，直接参加实际的行政工作，通过工作实践逐步适应本职工作；二是专门的培训教育，即由各行政机关自行组织专门的培训，或将新录用人员送往培训机构接受培训。

任职培训是指对晋升领导职务的公务员，按照相应职位的要求所进行的培训，其目的在于通过以即将担任新的领导职务的公务员进行所需的政策水平、组织领导能力和专业知识能力的培训，为任职做好准备。任职培训的方式一般为脱产培训，通过专门的学习加强政治思想觉悟、提高业务能力和综合管理决策水平。

专门业务培训是根据专项工作需要，对国家公务员进行的培训，其目的在于通过培训使公务员具备从事专项业务工作的能力和技术，保证其能够胜任专项工作。如进行的专项人口普查培训，财税检查干部培训等。

更新知识培训是指对在职人员以增新、补充、拓宽相关知识为目的的培训。目前，我国公务员每年每人参加培训的时间累计不少于七天。

除了以上几种明确规定的培训类型外，在日常生活中，还有两种培训形式在公务员培训中占有重要地位。一是日常政治学习；二是挂职锻炼。

日常政治学习是指公务员在日常的生活和工作中，根据形势发展要求所进行的定期或不定期的学习。日常政治学习是公务员的培训形式，也是其基本工作内容之一。学习的内容一般是国内外发生的重大事件；党的路线、方针和政策；党和国家重要会议或领导人的讲话等。其目的主要在于加强对公务员的政治教育，使其全面领会党的重要方针和政策，统一思想，贯彻落实。政治学习的时间由各部门根据实际情况确定，但对于绝大多数政府公务员来讲，一般都保持每周学习半天的固定时间。

挂职锻炼是指国家行政机关有计划地选派在职国家公务员在一定时间内到基层机关或企、事业单位担任一定职务。它是国家行政机关对所属公务员实施的一种有计划的管理活动，具有行政指令和计划性的特点。其直接目的在于使公务员更加了解基层工作内容，积累工作经验，在实际工作中接受锻炼，增长才干，更好地为社会、为基层群众服务。挂职锻炼的时间由各行政机关在选派干部时自行决定，但一般都在一至二年，而且挂职锻炼期间不改变与原单位的人事行政关系。公务员在挂职单位，必须担任一个具体职务，以避免无所事事，使培训锻炼流于形式。

五、国内外公共部门培训与开发之差异

1. 公务员培训经费情况

西方的一些发达国家以及一些发展中国家（如巴西）对培训经费给予完全的财政保障。[①] 巴西政府会在年末召开相关会议，听取关于公务员培训的建议，特别是关于公务员培训经费的使用情况以及预算。其中，巴西得到公务员参加短期培训是免费的；对于参加大学的长期专业培训，则会采取财政、大学、用人单位协调支付方式。

我国公务员培训经费来源渠道多样，涵括财政下拨组织、专项经费企业社会团体以及个人的捐助，以及培训机构自身经营的收入。但是基于公务员培训经费来源不稳定，财政拨款严重不足，况且承担公务员培训的大部分机构（无论是行政学院还是培训中心）都属于事业单位编制，并不能解决相关培训问题。

2. 培训方式的差异

一方面，西方国家基于节省在职培训经费的考虑，政府并非会对新的雇员、资历浅的雇员的开展直接地能力提升培训，而是经过一定法定程序将其任务转交给非营利、资深公务员参加的专业协会，或直接安排高资历的公务员当师傅带徒弟。另一方面，西方国家积极按照成人教育的规律和公务员培训的特点，"按需施教""因情施教"，譬如针对新公务员、中层公务员、高级公务员等不同管理层次人员的课程培训是不相同的，新公务员的培训包括基本技能等基础课程；中层公务员的培训则注重内部管理能力、跨界协调工作能力等课程；高级公务员则立足于包括政府政策操作、议会决策操作、战略性人力资源管理等方面的前瞻性、概念化的课程。此外，加拿大地方政府，对公务员专业（或职业）能力证书与公务员任职需要的匹配程度普遍非常重视，对学历证书的多少、层次高低相对不太注重，同时比较重视培训与个人发展挂钩，促进公务员主动参加在职培训。

当前，我国公务员培训存在着培训内容缺乏针对性、培训方法单一等特点。主要表现为：

（1）培训目标定位不准。培训目标大多构建于"经济人理性"的层面，即达到个人"镀金"的目的以及实现公务员培训高达标率的政绩目标，而不是立足于解决实际问题。此类形式主义的作风，一定程度上浪费了社会资源，同时也形成了另一种"浮夸"现象。

（2）培训内容缺乏针对性、培训方法单一。目前公务员培训共有四种类型，除业务培训外，新录用人员培训、晋升领导职务培训及更新知识培训，但是在培训的内容上并没有严格的区分，大多千篇一律以思想政治教育为主，岗位职责纪律为辅，较少涉及公务员能力的培养与思维方式等方面内容。

（3）在课程传授方式上，我国公务员培训大多仍采取传统的"满堂灌"讲授模式，较少根据公务员的具体情况，运通"研讨式""角色模拟""案例教学"等现代化的教学方法，缺乏吸引力；在实践中，亦缺乏"教学相长"的互动学习模式。

[①] 李文静、张蕾蕾、刘婉娜：《巴西公务员培训机制及其启示》，载《中国人力资源开发》2013年第7期，第82~84页。

3. 培训机构运行模式市场化程度

西方发达国家公务员培训机构立足于需求市场，针对具体的对象制订相应的培训计划（详细周密的需求调查和论证），并基于培训对象之变化及时做出相应的调整。此外，培训机构注重培训过程的评估体系构建，主要体现为：对被培训人员之跟踪与反馈；设计评估量化表，并予以分析。评估内容主要涵盖三方面：对培训对象的需求进行评估；课程效率的评估；课程效益评估。

当前，我国公务员培训体制沿袭的是过去的计划培训体制。基于市场经济浪潮席卷全国的背景下，我国传统的各级各类公务员培训机构愈发没法适应当下培训的新需求。不难发现，公务员的培训资源得不到充分有效的利用，进而造成培训效率的低下以及资源的闲置浪费，体现为"培训机构体系的开放度和竞争性不够、优质培训资源不足与资源相对过剩并存，或者说我国公务员培训机构体系的开放度和竞争性不够"。

六、学习力理论

1. 学习力的内涵

"学习力"一词最早源于美国人弗瑞斯特于1965年发表的一篇文章。A.K.Yeung认为，组织学习力具有反映出组织作为一个整体对各种内外信息的认知与反应的能力。陈国权关于"学习力"的定义为：某个组织通过不断创造、积累和利用知识资源，努力改变或重新设计自身以适应不断变化的内外环境，从而保持可持续竞争优势的过程。许学国则认为，组织学习力是指组织的警觉变化、预估影响、做出反应、调整安排的自创未来的能力。

学习力理论对改进和提升我国公共部门培训效果具有较强的指导意义。

2. 学习力特征

（1）自主性，是指组织或者组织成员（个体）是基于自身的意愿，主观能动地进行知识的获取与学习。

（2）能动性，是指组织或者组织成员（个体）基于自主性层面获取新知识后，善于对其开展进一步的提炼与深化，并非满足于对于他人知识要点的认知。

（3）创造性，是指组织或者组织成员（个体）立足于"积极获取（学习）新知识""善于对新知识的提炼"等层面；同时历经脑力劳动以及时间的锤炼，最终实现此知识的"推陈出新、吐故纳新、融会贯通"状态。

3. 学习力理论

（1）瑞万斯的观点。

瑞万斯（Revans，1980）借用生态学的一个公式：$L >= C$，指出一个有机体要想生存下来，其学习（L）的速度必须等于或大于其环境变化（C）的速度。企业组织作为一个系统，正在面临着前所未有的环境变化。因此，企业要想获得生存和发展，就必须增强其学习力。

（2）彼得·圣吉的观点。

学者彼得·圣吉于《第五项修炼》中的五项修炼包括自我超越、改善心智模式、建立共同愿景、团队学习和系统思考。

（3）树根理论。

1999年世界管理大会中提出了"树根理论"，其核心为"深度决定高度"，譬如一棵树只有根扎得深才能长得高。"树根理论"强调组织必须不断地学习，不断地、积极地应对新知识、新环境的挑战，否则就会被时代所淘汰。

4. 实现组织学习力之途径

（1）搭建共同愿景。

共同愿景，是指导组织和成员行为的经典哲学。在学习型组织的初始阶段，只有组织成员人人都衷心向往的愿望，才能成为组织的共同愿望。培养组织成员达成一致的共同愿景是企业经营者的首要职责。

（2）构建与畅通信息渠道。

在创建学习型组织中，积极建设多种信息渠道：纵向信息沟通渠道，横向沟通渠道，以及斜向信息沟通渠道。同时，应当着眼于信息流畅传播的障碍，譬如外界干扰、"失真"等现象。

（3）引导群体互动式学习。

群体互动式的学习效率远远优于单个个体的学习效率。组织倾向于双向学习，在团队层中，组织成员根据自己的主观最高愿望以及共同愿景，通过"深度会谈"等方式，与其他成员开展交互式的交流，一方面，基于团队层面，可以了解与明晰各成员的个人主观意志；另一面，结合共同愿景，逐步、具体地实现成员利益的保障。

（4）营造知识共享的氛围。

营造知识共享的氛围，使隐性知识和显性知识在相互转化过程中逐渐上升，在转化中不断产生新知识，扩大为组织的知识，从而实现知识创新，提高知识使用的效率。

【本章小结】

培训制度是现代公务员制度的重要内容。我们可以从组织、任务和员工三个层面展开培训需求的分析，从知识、素质及技能等多个方面展开对公务员的培训。我国建立完善了与公共部门人才选拔及任用制度相匹配的培训制度。

【核心概念】

培训与开发、评估、培训制度

【复习思考题】

1. 培训与开发的区别与联系？
2. 公共部门人力资源培训的主要内容有哪些？
3. 公共部门培训需要从那些角度和方面进行？
4. 怎样评估培训的收益？

第八章　公共部门人力资源绩效管理

【引入案例】

记者从 A 司法局了解到，由局机关引荐的客商来我市投资 8000 万元的钢厂，一期工程已初步完工，现已形成固定资产 1800 余万元；所属单位引荐的特玻璃制品有限公司已建成投产，其他 2 个比较大的项目也在紧锣密鼓地筹建当中。目前，全局招商引资项目形成的固定资产已达 2228 万元，占全年招商引资任务的 211%。

加大领导力度，全员参与招商引资。年初，他们就制定下发了《市司法局招商引资分配原则和分配指标》，将全局招商引资任务层层分解落实到每名干警和法律服务人员，发动全员抓招商引资，并研究制定了具体工作措施。各级各单位也都分别召开了有关会议，专门部署了招商引资工作，使人人肩上有担子，时时处处想招商、议招商、抓招商。

加强内部考核调度，多样化开展招商引资。为确保完成招商引资任务，他们细化了招商引资工作考核奖惩规定。对完成任务的，除市里的奖励外，市司法局再拿出专项奖金按超额完成情况进行奖励；对完不成任务的，亮黄牌警告；完成任务为零的，坚决实行"一票否决"。

上述材料是某地区政府网站上的新闻简报。司法局作为重要司法部门，招商引资却成为其重要的绩效指标内容。这样的考核合理吗？在全面搞经济建设的今天，我们需要认识绩效的科学内涵，从而制定出符合部门性质的绩效考核指标体系，以考核引导行为。

第一节　公共部门绩效管理概述

一、绩效的内涵

（一）绩效的定义

绩效是一个常常挂在嘴边的词，是现代人力资源管理中一个可以称为世界级难题的话题。到底什么是绩效，学术界至今都存在较多的争议，如 Bates 和 Holton 就指出："绩效是一个多维建构，观察和测量的角度不同，其结果也会不同。"从现实研究看，主要存在三个大的角度，一个是看结果，一个是重行为，还有一个是以员工素质所体现的绩效潜能为考核对象。

绩效是结果，意味着绩效是被考核对象在某一特定的考核周期内所完成的任务。Kane

认为，绩效是"一个人留下的东西，这种东西与目的相对独立存在"。[①]进一步地，人们发现结果产生的过程往往是我们无法控制和评定的，某一个人无法对其行为的最终结果承担完全的责任，因此，人们提出"绩效是行为"的观点，认为绩效不是行为的结果或后果，而是行为本身。随着知识经济的到来，人们日益认识到对知识型员工的绩效进行评价和管理的重要性，人们开始将以素质为基础的员工潜能列入绩效考核的范围。

实际上，绩效的含义是相当广泛的，不同的时期、不同的考核对象、不同的考核目的，绩效有不同的含义。我们这里给出一个从管理角度而不是从考核角度定义的绩效。所谓的绩效，是指基于被考评者素质潜力的经过考评的工作行为、表现、结果以及其组合。对于组织而言，绩效就是任务在数量、质量及效率等方面完成的情况；对职工而言，则是上级和同事对自己工作状况的评价。当然，不管从哪一个角度定义，绩效都应该是可以理解、可以衡量和可以控制的，否则研究绩效就失去了意义。我们用表8-1对绩效评价内容的适用性进行说明。

表 8-1 绩效定义适用情况对照表

绩效的含义	优点	缺点	适应的对象	适应的组织及发展阶段
完成了的工作任务	具有鼓舞性；没有争议；引导被考核者更多地关注自己的结果	在未形成结果之前难以发现不正当的行为；当出现责任人不能控制的外界因素时，评价失效；无法获得个人活动信息，不能进行指导和帮助；易导致短期效益	体力劳动者；事务性或例行性工作的人员；具体业务部门；有可量化产出的工作	任务简单，结果易考核的公司
结果或产出	能获得个人有效信息；有助于进行指导和帮助	管理难度增大；成功的创新者难以容身；过分地强调工作方法和步骤而忽视实际的工作成果	高层管理者；销售、售后服务等可量化工作性质的人员	高速发展的成长型组织；强调快速反应，注重灵活、创新的组织；强调结果的组织
行为	有助于进行指导和帮助；有助于及时改进	易导致注重行为本身而忽略行为的结果；难以量化	基层员工	发展相对缓慢的成熟型组织；强调流程、规范，注重规则的组织
结果+过程（行为/素质）	有助于提升管理的预期可获得性	管理难度大；工作量大	普遍适用于各类人员	各类组织
做了什么（实际收益）+能做什么（预期收益）	有助于目标管理；有助于制定规划	难以具体化；日常考核难以进行	知识工作者	各类组织

[①] 付亚和、许玉林：《绩效管理》，复旦大学出版社2003年版，第5页。

企业通过对其职工工作绩效的考评，获得反馈信息，便可据此制定相应的人事决策与措施，调整和改进其效能，而职工可以通过绩效的考评，确认自己的劳动付出及价值（对企业和自身两个层面），对下一步的工作提供指导意见。

组织的绩效来源于各团队的整合，而团队绩效来源于各个个体员工的创造合力，员工的绩效来自于个人能力和条件、环境的结合。

（二）绩效的特征

1. 客观性

业绩是人们行为的客观结果，是目标的完成程度，而不是观念上的、纸上的东西，其存在不能被否认。以行为为对象的绩效，行为本身也是一种发生过的行为。因此，不管是考核结果，还是考核导致结果的行为，绩效本身都是一种客观发生和存在，是可以进行评估的，否则绩效就失去了管理学意义。

2. 实效性

业绩必须具有实际的效果，无效劳动的结果不能称为业绩。这里的关键在于什么是无效劳动。对于一个企业而言，其劳动的有效性表现为其产品被市场所接受，但是对于企业内部的服务部门（为其他部门提供支持而并不直接面对市场的部门），其劳动有效性的考核就是依靠企业事先制定的客观标准来进行的。对于员工个人而言，劳动的有效性就是在其岗位责任范围和可控范围内，工作行为结果达到事先规定的标准。

3. 多因性

绩效的多因性是指绩效的优劣不是取决于单一的因素，而要受制于主、客观的多种因素影响。下面的图 8-1 所示的工作绩效模型，列出了影响工作绩效的四种主要因素，即职工的激励、技能、环境与机会，其中前两者是属于职工自身的、主观性影响因素，后两者则是客观性影响因素。

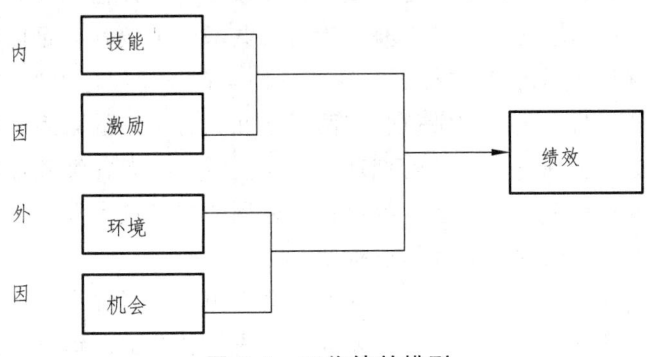

图 8-1　工作绩效模型

这个模型也可以用公式表示：

$$P = F(S, O, M, E)$$

式中：P 为绩效，S 是技能，O 是机会，M 是激励，E 是环境。

绩效的多因性要求我们在评价被考核对象时，思考什么是被考核对象自身能控制的绩效因素，从而寻找到改进或提升绩效的方法。

4. 多维性

多维性即需沿多种维度或方面去分析与考评，例如一名工人的绩效，除了产量指标完成情况外，质量、原材料消耗率、能耗、出勤，甚至团结、服从、纪律等硬、软方面，都需要综合考虑，逐一评估，因为各维度的权重可能不等，所以测评重点会有所不同。此外，某一个岗位上员工的绩效往往表现在多个方面，单纯地只看某个方面将有失公允。

5. 时效性

绩效总是表现在一定时点上的，随时间的变化职工的绩效会发生变化，这种变化既可以是因为环境的变化，也可能是因为职工自身的原因。管理者不能凭一时之印象，以僵化的观点看待员工的绩效。

二、公共部门绩效管理的含义

（一）绩效管理的内涵

绩效管理是指管理者与员工双方就目标及如何实现目标而达成共识，并协助员工成功达成目标的管理方法。

绩效管理不是简单的任务管理，它特别强调沟通、辅导及员工能力的提高；绩效管理不仅强调结果导向，而且重视达成目标，促进员工实现工作目标和个人和谐发展的过程。

（二）公共部门绩效管理的内涵

传统的绩效管理适用对象大多是企业等私营部门，随着我国公共部门管理水平的不断提高，公共部门人力资源管理也得到更多重视，绩效管理与评估也成为当前公共部门人力资源管理所关注的重点问题之一。张宏海认为，公共部门绩效管理是以实现公共部门管理的经济、效率、效益和公平（4E 方针）目标的一种全新的管理行为[①]。

公共部门绩效管理与私营部门绩效管理两者之间具有一定的联系，两者评估拥有相同的理论基础，如委托代理理论、系统管理理论等。同时，二者在绩效评估技术和方法方面有一定的共通性，可互相借鉴，企业绩效评估所采用的先进技术和方法，经过一系列改进之后，可以运用到公共部门的绩效评估过程中。

公共部门与企业等私营部门是两种不同的社会组织，二者提供的产品在性质上存在着很大的差异，其绩效管理也存在着明显的差异。首先，公共部门提供的公共服务和产品相对于私营部门来说是难以确定或测量的，且公共部门评价信息较为缺乏，因此公共部门绩效评估相对来说实现难度更大。此外，私营绩效管理的最终目标是为了实现组织利益的最

---

① 张宏海：《公共部门绩效管理与评估研究》，载《社会科学论坛》2014 年第 1 期，第 213～217 页。

大化,而公共部门绩效管理是为了提高政府部门工作绩效,其最终的目标是为了实现社会利益的最大化。

(三) 绩效管理与绩效考核

绩效管理是 20 世纪 70 年代后期人们在总结绩效考核不足的基础之上所提出的一个概念。所谓的绩效考核是通过对照工作的目标或绩效的标准,采用科学的方法,评定员工个人和组织的工作目标完成情况、员工和组织的工作职责履行程度、员工个人的发展情况、组织的运转效率等,并将评定结果反馈给员工与组织,提出相应的改进措施的过程。主要涉及企业员工的思想品德(现代管理更为强调的是职业道德)、工作能力、工作态度、工作成绩等方面,简称德、能、勤、绩,这个过程可以起到检查及控制的作用。

正确理解绩效管理就必须从认识绩效管理与绩效考核的区别及联系入手。

绩效考核是现代企业人力资源管理的中心环节。因为所有的人力资源管理工作都以识人为基础依据,而绩效考核是识人的主要手段。图 8-2 说明了绩效考核系统在人力资源管理中的作用。

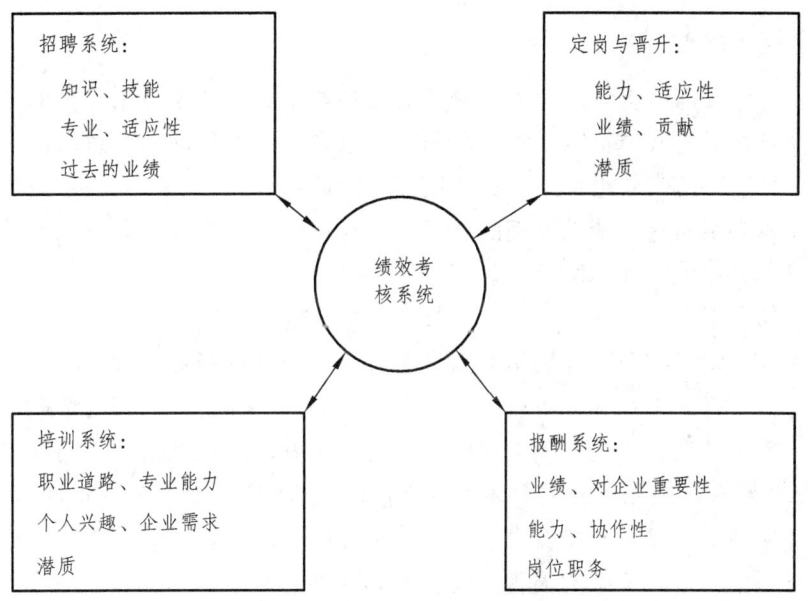

图 8-2 考核系统在人力资源管理中的核心作用

绩效管理与绩效考核存在明显的区别,如表 8-2 所示。绩效考核仅是绩效管理的关键环节,绩效管理则是人力资源管理体系中的核心内容。绩效考核的成功与否不仅取决于绩效考核本身,而且很大程度上还取决于绩效管理中体系统运行的有效性。绩效考核是事后考核工作的结果,而绩效管理是事前计划、事中管理和事后考核工作所形成的三位一体的系统。从概念考察,绩效考核重在检查及控制,而绩效管理重在绩效的改进。对于被考核对象而言,绩效考核更具有威胁性,如果达不到要求就会受到相应的惩罚,而绩效管理则更多地关注从被考核对象现在所表现出的绩效与未来的关系,关心怎样才能进一步提升绩效，绩效管理的核心在于不断提升组织和员工的绩效水平。

表 8-2 绩效管理与绩效考核的对比

绩效考核	绩效管理
判断式	计划式
评价表	过程
寻找错处	结果导向、问题解决
得一失（win-lose）	双赢（win-win）
结果	结果与行为
人力资源程序	管理程序
威胁性	推动性
关注过去的绩效	关注未来绩效

综上所述，现代组织需要的是绩效管理而不仅仅是绩效考核。

（四）绩效管理的要素

对世界 500 强及那些优秀企业大量研究的资料显示，这些全球最优秀的公司，它们的绩效管理都具有相同的五个基本要素：明确一致且令人鼓舞的战略；进取性强而可衡量的目标；与目标相适应的高效组织结构；透明而有效的绩效沟通、绩效评价与反馈；迅速而广泛的绩效成绩应用。这些绩效管理的要素对任何组织都具有参考价值，包括我们所要讨论的公共部门人力资源管理的绩效管理。

对于公共部门而言，明确一致且令人鼓舞的战略也是需要的。战略是围绕目标的，没有发展战略就没有发展方向，特别是对众多服务型的公共部门更是如此。目标本身是绩效行为的牵引力，使行为人找到自身行为的方向，明确的方向感带来行为的高绩效。如果目标不能量化，不可考量，就无法使人明晰自身行为的好坏。比如公安部门以提升全社会的安全感、全面降低发案率和提升破案率为战略目标，能使每一个公安人员深感自身的责任，从而提升自身主动工作充分发挥自身潜能的积极性，这也是就其高绩效的基础。公共部门组织结构的合理架构是高绩效的流程保障，比如现在越来越多的公共部门实行垂直管理，其本身也就是通过组织结构的调整以推动部门工作绩效的提升。良好的沟通机制是任何组织高绩效的基础，沟通可以使行为人明确行为的方向、目标，激发行动的动力，从而使期望行为发生，绩效评价使每一个被考核对象对自身绩效水平有清楚的认识，这本身也是价值的承认，如果没有及时的绩效反馈，则绩效改进就易失去时机。

（五）绩效管理的功能

1. 评价功能

评价功能是组织绩效管理的基础功能。

一个良好的绩效管理系统,首先要实现的就是对照绩效指标,对员工的业绩进行科学、客观和公正的评价。这种评价不仅仅局限在对谁好谁差的评价,更关注的是评价出员工的工作业绩与期望目标之间的差距。绩效的评价功能使绩效管理是现代人力资源管理的基础,因为用人的关键是识别人,而识别人的关键是考察其关键绩效而不是传统意义上的体能和一般意义上的技能。

2. 沟通功能

沟通功能是组织绩效管理的关键功能。

沟通是提升管理效率、达到管理目标的关键举措。通过沟通达成共识,通过沟通建立期望,通过沟通实现理解。从整个绩效管理过程看,给每个岗位制定明确、切实可行的绩效目标离不开沟通;对业绩的考核、绩效成绩的反馈离不开沟通;帮助员工分析业绩不佳的原因,找出改进和提高的方法更离不开沟通。沟通,尤其是绩效沟通,必须贯穿于绩效管理的整个过程当中。有效的绩效沟通也是绩效管理能否推行成功的关键。如果缺少了沟通,员工没有参与感,心里就会有抵触,甚至根本不认同单独由管理者所设定的目标和计划,绩效提升很难达成。需要提醒的是,众多组织的相关人员在进行沟通的时候,事实上将沟通变成了说教,沟通必须是平等的交流。当然,沟通是有目的的,有的组织的绩效沟通变成了诉苦大会或牢骚大会,不能解决任何实质性的问题。

组织绩效管理不同阶段,其沟通的内容是不同的,如图8-3所示。

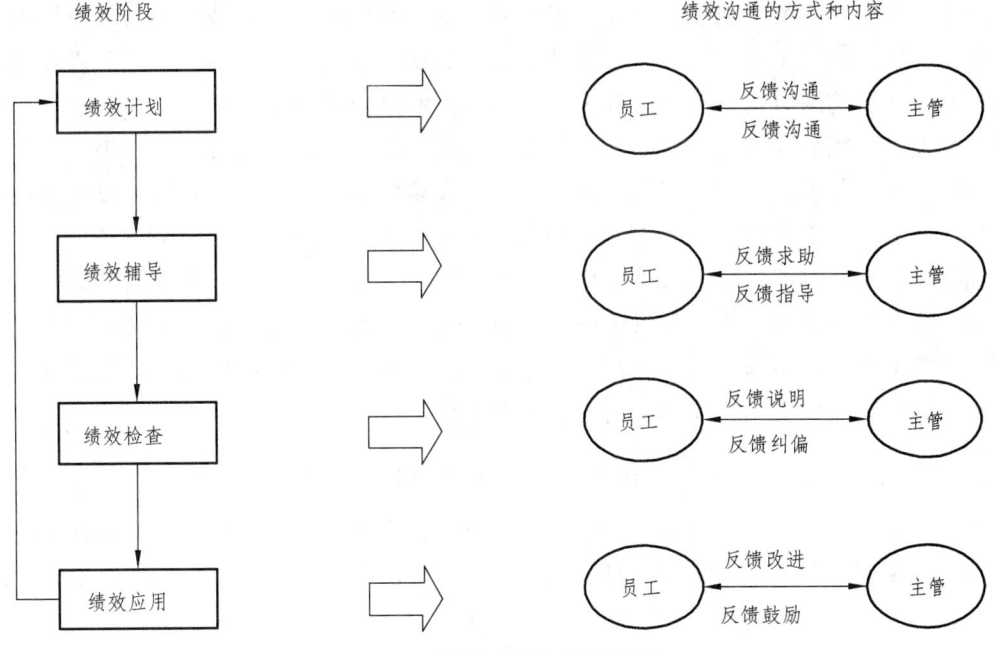

图8-3 绩效阶段与绩效沟通

3. 激励功能

激励功能是组织绩效管理的核心功能。

绩效管理的核心目的就是要明确目标，进而调动员工的工作积极性并发挥员工的能力和价值，给优秀的员工提供最多和最大的成长机会，不断提升组织绩效。我们知道，现代人力资源管理的一个重要内容就是实现人力资源的自我开发和自我激励。通过绩效管理，每一个被考核对象能明确自身在组织中的地位、作用、价值，知道自己是一个有用的人，从而提升其工作的使命感和责任性，并进一步激励其工作的动力和能动性。

4. 约束功能

约束功能是组织绩效管理的直接功能。

绩效管理具有一定的约束性，是公共部门人力资源管理中的主要约束机制。绩效管理的目标是为了实现组织利益最大化，绩效管理的过程就是约束行为人的行为，并由此落实责任。绩效评估与组织目标相关联，通过绩效评估可以看出实际与预期目标的差距，可以让员工了解这种差异从而修正自己的行为，这是纵的比较。从横向上看，不同部门之间可以将绩效进行对比，可以发现自身的许多问题，根据问题进行调整。此外，绩效评估的一个重要的特点就是与工作奖惩直接挂钩，是组织提供奖惩的重要依据，可以约束行为人的行为，从而推动公共部门对公民、社会的需求，及时快速做出反应，提高公共服务的质量与效率。

三、绩效管理的作用

与人力资源管理的其他职能相比，以绩效评估为基础的绩效管理是人力资源管理中一项最棘手的任务。一个组织的评价工作结束后，后遗症往往都比较多。被评受表彰的人可能抬不起头，领奖的时候也不敢公开去领，可能受到别人的讥讽，被人说闲话；没有被评上的一些人，可能会找到领导质问，我和某某人差不多，为什么他可以当先进、受奖励，我就不行？这就是说，评估本来是一件好事，但实施的结果可能适得其反，以致损伤员工的积极性。因此，有管理学权威认为，绩效评估过程是"管理的七大致命疾病之一"[①]。尽管如此，各企业组织对于绩效评估仍然乐此不疲。为什么？这是因为它对人力资源管理各方面有很大的作用——人力资源规划、招聘和选拔、职业发展计划、员工提升、工资与报酬、劳资关系、转岗、开发与培训、法律制度等。因此，实施绩效管理虽然困难，但仍然是动员组织和激发员工工作热情的一个有效手段。

1. 绩效管理给员工提供了自我评价和提升的机会

对职工而言，随着社会的发展，组织不仅仅是谋生的场所，还应该满足其社交要求、尊重甚至自我实现等高级的需求。对于工作成绩突出的成员，希望自己的工作得到组织的承认和肯定，通过工作业绩的考评则可以满足他们这方面的要求。对于工作业绩差的人，通过绩效评估可以使其认识到差距，从而感受到压力并努力工作。

---

① 肯特·P. 卡尔松、罗伯特·L. 卡迪、乔治·H. 多宾斯：《提高雇员评估过程的质量》，载《人力资源管理杂志》1992 年第 37 期，第 88 页。

2. 绩效管理是一种有效的管理工具

绩效管理是一种系统管理，它能有效促进管理流程和业务流程的优化。企业管理涉及对人、事的管理，对人的管理主要是激励约束问题，对事的管理就是流程问题。所谓流程，就是一件事情或者一项业务如何运作，涉及因何而做、由谁来做、如何去做、做完了传递给谁等几个方面的问题，上述四个环节的不同安排都会对产出结果有很大影响，极大地影响着组织效率。

在绩效管理过程中，各级管理者都应从组织整体利益以及工作效率出发，尽量提高业务处理效率，应该在上述四个方面不断进行调整优化，使组织运行效率逐渐提高。在提升了组织运行效率的同时，也逐步优化了组织管理流程和业务流程。

3. 绩效管理有利于推进组织目标的实现

对组织而言，通过对个人或部门业绩的评估，了解他们对更高层次目标的贡献程度，经过对目标和实际成绩间的差异分析，查找影响达到目标的内外部因素，便可以通过管理的各种职能作用，物资环境的调整，以及人员的共同努力，推进组织目标的实现。同时，将个人目标和组织的整体目标加以协调或相互联系，增强了员工的成就感，提高了组织成员的士气，促进了业绩水平的提高。

正如法兰克富·H. 巴比森指出："不管有无制度，经营上总是要经常对人进行考核，如果缺少对业绩、能力的制度性考核，我们只能依靠一线监督者的意见。"[①] 绩效管理对于组织中的个人、管理人员以及组织本身都是必需的。对企业如此，对公共部门也是如此。

20世纪70年代以来，英、美等发达国家兴起了一场旨在推动政府更重视绩效提高的"新政府运动"。因其主要特点是以"政府绩效评估"作为核心"管理工具"，"传统的'行政国家'，正在转变为'评估国家'"。美国于1993年颁布了《政府绩效成果法》，将"绩效评估"提升到法律层面。该法律规定：要评估各地政府的战略目标是否准确，对自身职责的履行究竟如何；要针对当地经济、社会、生态等各方面的发展，进行评估（而不仅仅是单纯的经济指标考核）；对于评估的结果，中央政府会跟各地政府的财政预算挂钩（而不仅是跟人口数量或个人关系的好坏挂钩）；绩效评估不仅要定期进行，还要定期向社会公开、公示，形成强大的社会公众舆论压力与动力，利于此后的监督和激励。这一切都缘自绩效管理能推动组织目标的实现。

相对于私营部门，公共部门的绩效管理有以下特定的作用：

（1）绩效管理有助于完善公共部门的预算管理。Keel 等学者曾在《绩效评价管理指南》一书中，对绩效评价系统在德州战略规划和绩效预算系统中的角色和具体应用做了详细阐述。公共部门绩效管理是一种有效的管理工具，利于优化组织预算的管理流程和业务流程，绩效预算更强调资源分配的结果和产出，这种优化的流程能促进资源的有效利用，实现资源优化配置。

（2）绩效管理能够提高政府部门的工作绩效。绩效管理与评估的全面实施，使公共部

---

① 廖泉文：《人力资源考评系统》，山东人民出版社2000年版，第36页。

门更加重视提供公共服务以及产品的效率和质量。绩效管理通过大规模的群众评议,其本质是在深化精细管理的同时扩大民主。绩效评估可以有效帮助管理者识别日常管理中存在的问题,并针对这些问题提出解决方案,对行政部门的内部管理具有实质性的影响,更加重视以服务对象的满意程度与顾客取向来评价公共部门的绩效。

第二节 公共部门绩效评估指标建设

一、绩效指标与标准

绩效考核标准和指标体系是公共部门人员绩效考核及绩效管理的基础与核心。但它又是考核中最困难的事情。西方人事管理专家称之为"阿喀琉斯之踵"(AchillesHeel,源于古希腊神话),意为"最致命的薄弱环节"。

绩效指标是绩效考核的内容,指的是从哪些方面对工作产出进行衡量或评估。而绩效标准指的是各个绩效指标分别应该达到什么样的水平。绩效指标解决的是评估的内容,而绩效标准解决的是"怎样"或完成"多少"的问题。

中国古代的人力资源考核标准主要表现在帝王起用人才的标准上,也即人才素质上。帝王起用人才的标准,大抵不离"德与才"两个方面,或具体为"忠""孝""仁""智""能"等,求得"德才兼备"者是帝王的心愿,而在德、才不可求全时,就有重德和重才的分歧。孔子在《论语·宪问篇》中说道,若能同时兼备鲁国大夫臧武仲的才智、孟公绰的寡欲清廉,鲁国下邑大夫卞庄子的勇气,还有冉求的多才多艺,再以礼的节度、乐的和顺来调理之,也就可以称之为"成人"了。然而,当今之世,哪能找得到此等理想人物呢?所以,只要见利思义而不爱钱,临危授命而不怕死;践约亦不忘平日所言而不负约,大节不亏,也可以视做"成人"。这里所谓的"成人",并不是指年龄达到法定标准的成人,而是指人格达到道德标准的成人。孔子强调人必须具有道德素养,否定将只具备一些技能的就称为人才的看法。唐太宗李世民提出:"为政之要,惟在得人,用非其才,必难致治。今所任用,必须以德行、学识为本。"康熙从自身多年用人中得出一条经验:"用人之道,诚不可不慎于始。"他提出的一贯用人标准是,"国家用人,当以德器为本,才艺为末","立品为主,学问次之",甚至还说,"论才则必以德为本,故德胜才谓之君子"。如在一次面试武进士时,汉官赵申乔竟在康熙面前睡觉,康熙斥道:"朕前尚且如此,在衙门办事时可知矣。"遂不论其才能,弃之不用。曹操在总结前朝用人标准思想的基础上,更强调"才"而轻视"德",要求各级官员要不拘品行推荐人才,然后用之才,量才为官。建安十五年春发布的《求贤令》中指出:"若必廉士而后可用,则齐桓公何以霸士……,唯才是举吾得而用之。""不仁不孝而治国用兵之术"的人,"各举所知,勿有所遗"。

在推进公共部门改革的今天,绩效考核指标的设计及标准的制定成为落实科学发展观的关键,也就是俗称的政绩观。科学发展观难以在地方得到落实其实也都是政绩惹的祸。过分强调 GDP 增长率、强调财政收入增长、强调政府的招商引资都造成了政府行为的严重错位，不考虑生态环境的保护，不考虑整体和局部的关系，拼命地用各种优惠政策吸引投资，不考虑企业实际情况而鼓励企业大量投资，甚至与企业合作共同破银行的"产"。要落实科学发展观，构建和谐社会，要真正推动服务型政府的建设，就必须从相关考核指标的重构入手。没有考核指标的改变，要落实科学发展观就是一句空话。

二、绩效指标设定原则

（一）基本标准与卓越标准

设定绩效标准时，通常需要考虑两类标准：基本标准与卓越标准。

基本标准是指对某个被评估对象而言期望达到的水平。这种标准是每个被评估对象经过努力能达到的水平，且对一定的职位而言，基本标准可以有限度地描述出来。基本标准的作用主要是用于判断被评估者的绩效是否能够满足基本的要求，评估的结果主要用于决定一些非激励性的人事待遇。一般来说，企业选择行业标准或达到企业目标的基本岗位要求作为基本标准的尺度。

卓越标准是指对被评估对象未做要求和期望但是可以达到的绩效水平。卓越标准的水平并非每个被评估对象都能够达到，只有一小部分被评估对象可以达到。也正因为如此，卓越标准主要是为了识别角色榜样。对卓越标准评估的结果可以决定一些激励性的人事待遇。例如，额外的奖金、分红、职位的晋升等。一般来说，企业选择行业内领先者的标准或企业期待的员工经过努力可以实现的绩效作为卓越标准制定的依据。

（二）绩效指标设计的原则

1. 内涵明确

每一个指标的设计都要规定其明确的含义，使不同的考核者对评价指标的内容都有相同的认识，减少误差的产生。内涵明确就要在指标的设计上考虑用词的词意清晰，不能从词意上给考核者以模棱两可的感觉。

2. 针对性

评价指标的设计要充分考虑工作目标、岗位职责的要求，我们必须根据岗位的责任以及企业达到目标的各项工作内容以及标准来设定。

3. 系统性

绩效指标要能够系统地评价一件事或一个人的行为。系统性的另一个要求就是指标要有一定的全面性，评价指标既可以是正面的，也可以是负面的，从而能真正起到目标引导作用，避免工作成果偏离目标的方向。

4. 独立性

每一个评价指标尽管有相互作用或相互影响、相互交叉的内容，但一定要有独立的内容，有独立的含义和界定。

5. SMART 原则

SMART 是 5 个英文单词的第一个字母的缩写。S 代表的是 specific，意思是指"具体的"；M 代表的是 measurable，意思是指"可度量的"；A 代表的是 attainable，意思是"可实现的"；R 代表的是 realistic，意思是指"现实的"；T 代表的是 time-bound，意思是指"有时限的"，见表 8-3。

表 8-3 SMART 绩效指标原则

原则	正确做法	错误做法
specific 具体的	切中目标 适度细化 随情境变化	抽象的 未经细化 复制其他情境中的指标
measurable 可度量的	数量化的 行为化的 数据或信息具有可得性	主观判断 非行为化描述 数据或信息无从获得
attainable 可实现的	在付出努力的情况下可以实现 在适度的时限内实现	过高或过低的目标 期间过长
realistic 现实的	可证明的 可观察的	假设的 不可观察或证明的
time-bound 有时限的	使用时间单位 关注效率	不考虑时效性 模糊的时间概念

（三）选择绩效指标的原则

1. 少而精原则

只要指标能够反映目标的概况即可，也就是说，一切不必要的复杂化都应该避免。结构简单可以使考核信息处理和评估过程缩短，提高考评工作效益。同时，考评人员能够比较容易地掌握考评系统的方法和技术，同时工作过程中的沟通也容易实现。

少而精的原则要求我们所设定的绩效指标应该集中在对某一项工作来说最关键的一系列指标上，因此，在这个意义上绩效指标又可以称是关键绩效指标。

2. 界限清楚原则

评价指标的措辞要准确，在我们选定设计指标时，应该考虑指标之间不能重复，每一个指标都是考核不同的内容，避免指标交叉。

3. 全面性原则

设计指标时我们就已经指出，应该考虑指标的全面、系统。在选择具体的绩效考核指标时，我们就应该充分考虑被选择指标的全面性，从而使被考核者的行为过程及结果得到客观的反映。

4. 定量与定性相结合原则

绩效评估不能简单地只用定量指标，还应该考虑用定性的标准予以测定。但是在实施的过程中应尽可能以定量为主，对于定性指标运用一些数字工具进行恰当处理，从而使定性指标得以量化，结果更为精确。

三、公共部门人力资源绩效评估指标的建立

1. 绩效评估指标的类型

从绩效指标反映的内容来看，绩效指标主要有数量、质量、成本和时限四种类型。

英国政府绩效评估始于1979年的"雷纳评审"。雷纳评审是对政府部门工作特定的调查、研究、审视和评价活动，评审的重点是政府机构的经济和效率水平。后来，政府机构内部的评审又发展到有社会参与的评估，评估内容侧重公共服务和质量，评估结果公开并直接向公民和服务对象负责。"雷纳评审组"对各部门的工作效率逐个进行评审，主要考虑该部门"目前干了什么，干这些事有没有必要，这些事是怎么干的，能不能减少环节，降低开支，提高效率"。评审结果证明，政府工作有许多可以改进的地方。比如在"干什么"方面，财政部设立的计算机中心，主要职能是推广应用计算机，而现在计算机已经普及化了，这个机构就没有必要存在了。在怎么干方面，强调必须讲效率、讲成本。如农业部一个研究所，自己饲养做试验用的小白鼠，过去从来不计算成本。经过评审，每只成本达35英镑，而市场价格只用3英镑，而且服务周到，这样一来，饲养小白鼠就没必要了。1986年，英国政府各部门为评估拟定的绩效示标总数为1220个；1987年这一数字上升到1810；1989年，绩效示标总数达到2327。此后基本上稳定在这一水平。英国政府的实践推动了公共部门人力资源管理绩效评估指标设计的相关研究。

在建立绩效指标时，我们可以试图回答下列问题：① 在评估产出时，我们主要关注什么？② 我们怎么来衡量这些工作产出的数量、质量、成本和时限？③ 是否存在我们可以追踪的数量或百分比？如果存在这样的数量指标，就把它们列出来。④ 如果没有数量化的指标来评估工作产出，那么谁可以评估工作结果完成得好不好呢？能否描述一下工作成果完成得好是什么样的状态？有哪些关键的衡量因素？

我们对上述这些问题做出回答后，就可得出绩效指标。

2. 公共部门绩效评估指标导向

绩效指标本身具有很强的价值导向性。从追求部门利益到重视民生，从重视单一经济增长指标到重视社会和谐发展，从重视德的考核到重视关键业绩，从考核方式相对单一，单纯重视上对下的考核到日渐重视上对下、下对上、同级互评的全方位绩效考核，我国公共部门人力资源管理绩效评估指标体系的指标导向逐渐体现出执政为民的理念，逐渐摆脱单一的以德为中心、重点考核基本素质的绩效评估方式，开始构建包括德、能、勤、绩等一系列指标在内的绩效评估指标体系。

3. 我国公共部门绩效评估指标

公共部门本身是一个较为宽泛的概念，我们这里主要以政府为对象，讨论其绩效评估指标的建立问题。公共部门相关人员的绩效评估指标应该从评估公共部门绩效入手，在此基础上，进一步依据工作分析的结果，提炼出某具体公共部门的某一岗位绩效评估指标。

专家们对我国政府绩效考核指标体系展开了深入研究，并提出了不同的解决方案，以推动政府行为优化。表 8-4 就是由有关学者所提出的有关政府绩效考核的指标体系设计。我们的想法是该系统指标有一定的参考价值，但也存在一定的问题。例如，具体的指标值多少为合适？考虑行政人口本科以上学历所占比重又会不会导致政府内存在大量的人才虚置现象？考虑外来投资占 GDP 比重又会不会使大家忽略本土投资而盲目崇外呢？

表 8-4 政府绩效考核指标体系

	一级指标	二级指标	三级指标
政府绩效	影响指标	经济	人均 GDP 劳动生产率、外来投资占 GDP 比重
		社会	人均预期寿命、恩格尔系数、平均受教育程度
		人口与环境	环境与生态、非农业人口比重、人口自然增长率
	职能指标	经济调节	GDP 增长率、城镇登记失业率、财政收支状况
		市场监管	法规的完善程度、执法状况、企业满意度
		社会管理	贫困人口占总人口比例、刑事案件发案率、生产和交通事故死亡率
		公共服务	基础设施建设信息公开程度、公民满意度
		国有资产管理	国有企业资产保值增值率、其他国有资产占 GDP 的比重、国有企业实现利润增长率
	潜力指标	人力资源状况	行政人口本科以上学历所占比例、领导班子团队建设、人力资源开发战略规划
		廉洁状况	腐败案件涉案人数占行政人员比率、机关工作作风、公民评议状况
		行政效率	行政经费占财政支出的比重、行政人员占总人口的比重、信息管理水平

资料来源："中国政府绩效评估研究"课题报告。

借鉴企业的做法，一些学者提出我们应该从公共部门服务对象的满意程度入手，评估相关部门的绩效水平，具体指标包括税负水平、受益程度、投诉申诉的数量和工作效率的高低等四个方面进行评估分析与衡量。我国一些学者还提出了诸如幸福指数一类的评估指标。

当然，具体到公共部门内部相关人员的绩效评估，依然是以德、能、勤、绩为主体的绩效评估指标系统。表 8-5 为我国公共公务员年度评估的内容。

表 8-5 中国公务员年度评估细化的评估内容[1]

评估项目	德	能	勤	绩
涵盖目标	思想政治表现； 职业道德； 社会公德； 组织纪律性	政策理论水平； 业务水平、开创能力； 表达能力、分析能力； 组织实施能力	出勤率； 工作效率； 工作态度	工作数量； 工作质量； 工作贡献
具体评估内容	思想政治上的心理与行为表现，对党的基本路线、方针、政策的态度，全心全意为人民服务的思想； 对职业的敬爱度和行为表现：敬业精神、廉正勤政； 遵守社会公德规范，在公众中的形象，对同事、佳人、邻居的态度和行为； 对待上级、组织的态度和行为；执行组织决议和领导指示，遵守政府及单位的各项纪律规定等	掌握业务知识的程度和处理业务问题的能力：掌握有关专业的理论知识、管理知识的程度；处理业务问题的熟练程度和实际水平等； 运用马克思主义基本理论分析和解决实际问题的能力，认识和理解党的路线、方针、政策的自觉性、坚定性和正确性； 工作中表现的改革、开拓精神和进取心； 工作中的口头、文字表达水平，能够撰写抓住重点、有说服力的文章； 对事物的分析、判断等综合能力，提出知道性的建议； 工作中的计划、管理、组织、控制等能力，组织落实、知人善任、关系协调，办好事情等	按照职位和工作制度要求的出勤情况； 完成工作的速度和质量，能否按时高质量地完成行政任务； 对待工作的认识，表现出的态度、责任心和努力程度	完成工作的项目件数的多少； 完成任务和具体工作结果的好坏优劣； 取得的成果、业绩对政府和社会产生的经济效益和社会效益

当然，表 8-5 并没有概括全我国公共部门人力资源绩效评估的全部内容，随着时代的变化，绩效评估的指标及标准也会发生相应的变化。

从单一的绩效考核向绩效管理过渡是我们实施现代公共部门人力资源管理的重要内容。绩效管理更为强调绩效沟通和绩效辅导而不是威胁性的考核，强调的是寻找改进的措施而不是发现哪里有错误，强调的是绩效实现以及提升的计划而不是对照指标的判断，强调的是改进的激励而不是过去行为的惩罚。在现实中，往往一说到考核大家都有抵触情绪，认为这是一种威胁，是一种监督，而不认为绩效本身强调的是行为及目标的牵引。为了提高政府绩效，提升公共部门的服务力，从中央到地方都在寻找合适的考核方式。在过渡时期，有的地方还专门成立效能办监督公务员的工作状态，还有的地方与媒体合作，开展"在状态否"调查。这些做法的出发点都是好的，可是要将其制度化却存在障碍。例如，"在状态"与"不在状态"之间的标准并不能完全明确。"在状态否"往往只能考察其标不能考察其本。

---

[1] 腾玉成、俞宪忠：《公共部门人力资源管理》，中国人民大学出版社 2003 年版，第 214 页。

加快公共部门人力资源考核改革是提升公共部门服务能力的重要手段，应当得到我们的高度重视。考核指标如何更加符合特定部门的工作内容，而不是对所有的部门都用一套指标体系，如何简化考核指标体系，使考核更具有行为导向性而不是形式上的完善，如何重在工作改进而不是简单的考核、奖惩。就笔者看来，今天在推进公共部门职业道德建设、提升公务员职业意识，转变其为民态度，实现民本位而不是官本位，体现做事而不是应对考核。这些都是我们在绩效考核改革中应该注意的问题。

第三节 公共部门绩效评估的方法与技术

一、绩效评估的方法

绩效评估的方法很多，没有能够适用于一切评估考核的通用方法。管理者的责任就是依据不同的考核目的、任务、对象、内容、要求和指标，设计出不同的考核方法与方案。在实践中，大多数企业是将几种评价方法结合使用的。

根据考核的依据，分为客观考核和主观考核。客观考核所依据的资料一般是可以定量的、硬性的，如生产中原材料的消耗、单位工作时间内的产出数量、发表刊物的级别，等等。主观考核即根据考评者的主观判断进行的考核。这种方法比较容易受到心理因素的左右。但是，这种方法在实践中又是用得最多的。

一般来说，绩效评估的方法有两种类型：① 传统型方法，如我国常用的个人鉴定、小组评议、组织考核、实践考验、考试法、领导考核等都属于此类，还有图表评估法、排列评估法、对比评估法等；② 现代型方法，包括目标管理法（management by objectives）、3E（经济、效率、效益）评价法、标杆管理法、平衡计分卡法等现代方法。

（一）图表评估法

这种是在绩效评估中普遍采用的方法，评价工作绩效、评定职称甚至评价一篇文章的质量等级，都可以采用这种方法。绩效评估依据设定的表格进行。该表是等第尺度（ratingscale）的，因此，此种方法又称为评级量表法，常用 5 点量表。评估人员只需根据被评估对象的情况在表上"对号入座"就行了。然后，把各项得分加总起来，就成为被评估者的等第。表 8-6 是图表评估样本。

评定标准分数换算：

A——非常优秀，理想状态，48 分以上；

B——优秀，满足要求，24~27 分；

C——基本满足要求，23 分以下；

D——略有不足；

E——不合格。

表 8-6 图表评估样本

评估对象姓名：_____ 职务：_____ 评估日期：　　年　　月　　日
工作单位：　　　　　　　　评估人：　　　　　（签名）

考核项目	考核要素	说明	评定
基本能力	知识	是否充分具备现任职务所要求的基础理论知识和实际业务知识	A B C D E 10 8 6 4 2
业务能力	理解力	是否能充分理解上级指示，干净利落地完成本职工作，不需上级反复提示和指导	A B C D E 10 8 6 4 2
	判断力	是否能充分理解上级指示，正确把握现状，随机应变，恰当处理	A B C D E 10 8 6 4 2
	表达力	是否有现任职务所要求的表达能力，能否进行一般的联络、说明工作	A B C D E 10 8 6 4 2
	交涉力	在和企业内外的对手交涉时，是否具有使双方诚服接受同意或达成协商的表达能力	A B C D E 10 8 6 4 2
工作态度	纪律性	是否严格遵守工作纪律和规定；对人是否有礼貌；严格遵守工作汇报制度，按时提出工作报告	A B C D E 10 8 6 4 2
	协调性	工作中，是否能充分考虑别人的处境，是否主动协助上级、同级或企业外人员	A B C D E 10 8 6 4 2
	积极性 责任感	对分配的任务是否不讲条件，主动积极，尽量多做工作，主动进行改良、改进，向困难挑战	A B C D E 10 8 6 4 2

公共部门在进行绩效评估时，往往不止是停留在一般性工作绩效因素（如数量、质量）的评价上，还需要将作为评价标准的工作职责进一步进行分解。例如，一个秘书要做的工作可能有打字、接待、计划安排、文件与资料管理、办公室杂务等，但所有这些工作并不是同样重要的。因此，在对她的工作进行评估时，应该根据每项工作的重要性确定其权重。这样做其评价结果才能有更高的信度与效度。

（二）排列评估法

排列评估法又叫排队评估法、队列评估法、交替排序法。用这种方法进行绩效评估时，不是把每个被评估者的表现与某一具体指标逐一对照，而是采用在被评估人之间进行相互比较，进行由优到劣的排列（通常是将最优秀者排在最前面，最差者排在最后）。其操作方法是：① 将需要进行评价的所有人员的名单列举出来（可以将不是很熟悉而无法对其评价的人名去掉）；② 在图表的相应位置上显示哪个员工表现是最好的，哪个是最差的；③ 再在剩下的员工中依次挑选最好和最差的，直至所有的被评员工都出现在图表上为止。这种方法之所以可行，是因为人们发现，在一个群体中，把最好的人与最差的人加以区别，显然比简单地把同样一群人按最好到最差的顺序一个个排列下来，更容易操作。这种方法在实践中运用较多，特别是在进行定性比较的时候。但是，这种方法不能够说出被比较的两个人（尤其是相邻的两人）之间，在数量上差距具体有多大。排列评估法样表如表 8-8 所示。

表 8-7 排列评估法样表

第一栏：评价等级最高的员工	第一栏：评价等级最高的员工
1.	9.
2.	10.
3.	11.
4.	12.
5.	13.
6.	14.
7.	15.
8.	16.

（二）强制分布法

强制分布法与按照一条曲线进行等级评定的意思基本相同。使用这种方法，要提前确定准备按照一种什么样的比例将被评价者分别分布到每一个工作绩效等级上去。例如，设定各种绩效人数占被评价员工总数的比例如下：

绩效最高的 15%

绩效较高的 20%

绩效一般的 35%

绩效低于要求水平的 20%

绩效很低的 10%

在实际操作过程中，这种评价工具的使用程序：① 将被评价者的姓名分别写在一张卡片上；② 根据每一种评价要素对员工进行评价；③ 根据评价结果将这些代表员工的卡片放到相应的工作绩效等级上去。

显然，对于一位只有四五个下属的主管来说，要将其下属强制性地分布到 5 个等级中，是不现实的。因此，又产生了一种"滚雪球"式的累计做法，即将类似工作性质的单位集合在一起进行评价，几个单位的主管各自提出分级名单，然后共同做出评价决定。

（四）平衡计分卡

1. 平衡计分卡概述

平衡计分卡是因现代组织所面临的许多挑战而产生的行之有效的绩效评估方法，是世界范围内被广泛谈论和应用的组织绩效管理的理论方法体系之一。平衡计分卡（balanced score card, BSC）是以信息为基础，系统考虑企业业绩驱动因素，多维度平衡评价的一种新型的企业业绩评价系统。

在实施平衡计分卡之前，传统企业绩效衡量的指标体现主要是通过财务指标来衡量，传统的财务指标衡量体系导致了企业管理的许多问题。例如，因为单一的财务指标抹杀员工的工作积极性，对员工绩效的提高形成了某种障碍。同时，组织绩效评估依赖于财务指标，管理者无法系统地了解组织情况，也就不能根据实际情况做出科学的长远战略计划，也使企业的长远发展受阻。平衡计分卡就是为解决以上问题所产生的。1990年,哈佛大学教授罗伯特·卡普兰和波士顿公司的管理咨询师大卫·诺顿两人为改变传统的财务指标评价体系,在研究了12家公司的基础上提出了一种新的绩效评价体系,这种评价体系采取的是记分卡这种涵盖了组织各方面活动的绩效评价体系,这就是平衡计分卡的由来。

平衡计分卡以财务性指标为基础,引入了客户、内部流程和学习与成长三个维度的指标,以这四维度指标来衡量企业绩效,从而实现企业的战略目标。其中,财务维度考察的是组织的财务利益,在以追求财务利益作为其最终的目的企业中,反映到平衡计分卡上就是要以财务目标为核心,所有其他层面的目标及指标都是为实现财务目标而服务的;客户维度注重的是服务对象,一般来说,企业会把满意度、保持率和获利率作为客户层面的结果性指标;内部流程维度具体考察包含创新、生产经营和售后服务三方面内容,组织拥有良好的内部流程是实现其财务业绩、满足客户需求的基础;学习和成长方面,通过该维度的考察可以了解组织能否继续提高并创造价值。

2. 平衡计分卡在公共部门的修正模型

平衡计分卡对私营部门来说是一种行之有效的绩效评价方法,但是公共部门因其提供产品和服务的特殊性以及评估目标的差异,所以不能照搬企业的平衡计分卡模型,应该按照公共部门的发展战略,修正平衡计分卡的评价指标和结构。葛玉辉等人结合公共部门自身特性,构建了公共部门的平衡计分卡修正模型,如图8-4所示。

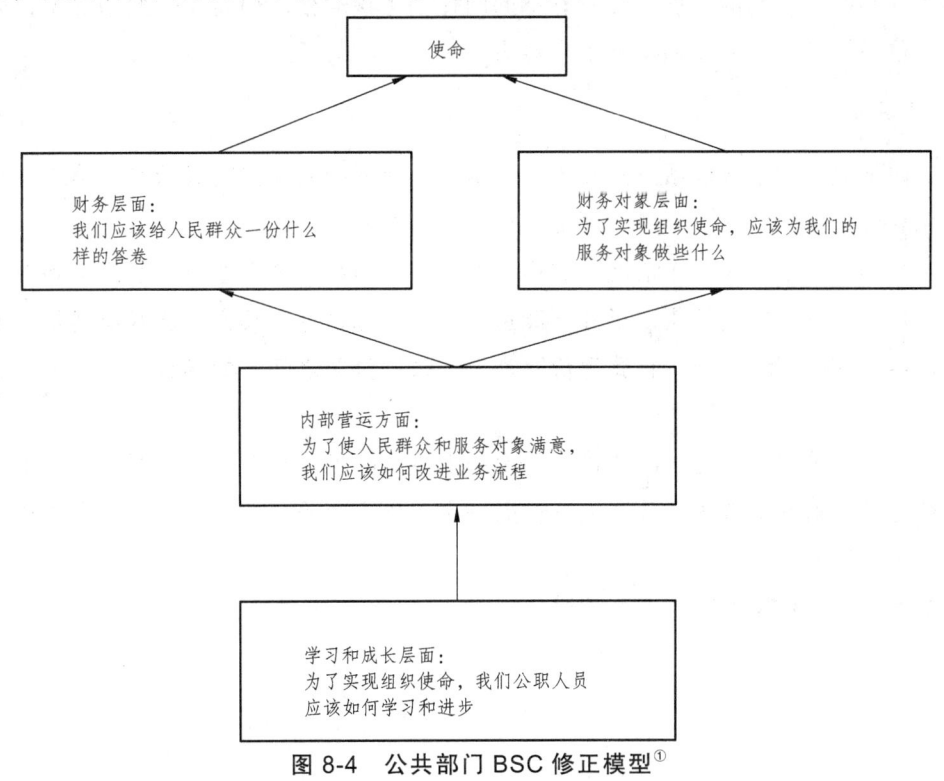

图 8-4 公共部门 BSC 修正模型[①]

---

① 葛玉辉、刘凯:《公共部门人力资源管理》,清华大学出版社2016年版,第260页。

从该模型我们可以看出，相较于私营部门实施的平衡计分卡，公共部门平衡计分卡模型具有一个明显的特征，即注重公民导向性。就如同顾客对企业来说非常重要，公民对公共部门的重要性也不言而喻。公共部门在设计绩效指标时要以公民为导向，在绩效指标中反映公民的需求，才有利于实现公民利益，真正做到服务于民。此外，公共部门评价指标以公民为导向，增加了公民的利益及其他需要，使评价主体更加多元化。

二、绩效评估方案的设计

考核与评估工作要有效果，应注意考核方案的设计及运用。有的评估考核方案在具体运用时，收效不大，达不到考核目的，反而挫伤了员工的积极性。问题之所以发生，是因为：① 考核缺乏明确的标准；② 考核工具设计不科学，缺乏可操作性；③ 考核没有反馈制度，其结果不加反馈，对表现好的和表现差的并未采取不同的措施，使人们对于这种考核不感兴趣；④ 被考核者没有申辩和补充的机会，也不了解自身表现与组织期望之间吻合的程度，使考核失去了改进职工工作、提高工作效率的作用。

1. 划分考核层次和类别

绩效评估的涉及面很广，绩效评估的层次和类别，是与考核的目的、对象和内容联系在一起的。同时，不同的考核目的应有不同的评估考核表格。但是，一般情况下，公共部门应该着重考评员工的业绩和某项工作能力。

2. 绩效考核表的设计

绩效评估表至少应该包括三部分内容：第一，所承担的工作完成情况；第二，上级的指导意见和改进方向；第三，考核评价。样表如表8-8所示。

表8-8第一栏"完成工作情况"的第一列"工作内容"全部按重要性依次列出。第二列"期望目标"尽可能定量化，指标不能过高，也不应过低。其实，这两项就是"工作分析"的内容。在第三、四列"自我评价"和"上级评价"之间，如果有差异，上、下应当沟通。

第三栏"考核评价"的6次考核，依次指上级、同级、员工自己、下级、专家和人事部门综合考核。前5次考核应独立进行，后一次考核不受前一次的影响。每次考核都应做出自己的正确判断。

业绩考核可以根据不同的工作性质、工作岗位，分成若干项目进行。

表 8-8 绩效评估样表

1. 工作完成情况				2. 指导与改进	3. 考核评价						
工作内容	期望目标	自我评价	上级评价		考核内容	考核项目	考核要素	一次	二次	三次	四次	五次	综合评定
一	一	□	□	①需要改进的方面有哪些 ②如何改进	绩效			S A B C D	S A B C D	S A B C D	S A B C D	S A B C D	S A B C D
一	一	□	□					S A B C D	S A B C D	S A B C D	S A B C D	S A B C D	S A B C D
一	一	□	□					S A B C D	S A B C D	S A B C D	S A B C D	S A B C D	S A B C D
其他	一	□	□					S A B C D	S A B C D	S A B C D	S A B C D	S A B C D	S A B C D

三、绩效评估中出现问题的处理

(一) 绩效评估中可能出现的问题

1. 评价标准不明确

评价标准不明确主要表现为评价指标及好坏程度是开放性的，人们可以有不同的理解和解释。例如，在一份评价"工作质量""工作数量""创造性""诚实性"表中，都用"优、良、中、差"的字眼来定性，难免让人产生歧义。

2. 晕轮效应

晕轮效应即如果对一个下属某项绩效评价比较高（或不好），也可能导致对他的其他所有的要素评价比较高（或不好）。

3. 居中趋势

居中趋势即把所有的员工都简单地评为"中等"。比如，如果评价等级分为 1～7 级，在评出的结果中，既避开最差的第 6、7 级，也不评出第 1、2 级，大家都评在第 3、4、5 三个等级上。

4. 偏紧或偏松

偏紧或偏松即或者倾向于对下属的工作绩效都给予较高的评价，或者都给予较低的评价。

5. 评价者的个人偏见

这是指由于评价者因为下属的某些个人差异（如性别、年龄等），可能出现的某些不适当甚至离工作实绩很远的评价。

（二）问题的处理

（1）充分了解工作绩效评价中可能出现的问题。

因为弄清问题及其来源，便有助于避免发生问题。

（2）选择正确的绩效评价工具。

每一种评价工具都有它的优缺点，如果选择不当，就会引起员工的不同感受，从而直接影响工作绩效。

（3）对有关人员进行培训。

即对主管人员进行如何避免晕轮效应、偏紧/偏松倾向于以及居中趋势等问题的培训，并尽可能借助现代化管理手段（如计算机）辅助设计绩效评价方案和指标。

（4）坚持绩效评价的公开、公平、公正等原则，并将评价结果与职工的切身利益挂钩。

四、绩效评估结果的审核

如前所述，绩效评估涉及人员的使用、工资、奖惩、升降、调动、培训等，有关人员的稳定、积极性和组织集体的绩效和发展前景。各级管理者不仅要重视绩效评估工作本身，而且也必须注意绩效评估的结果。如果评估的结果与实际情况发生了较大的差距，最终受影响的是企业组织自身。因此，注重绩效评估结果的审核，是绩效评估工作不可缺少的内容。

（一）检验评估结果的基本尺度

绩效评估审核主要是审核评估结果是否客观、公正、公平。检验评估结果的基本尺度是效度和信度。

1. 绩效评估审核，是审核评估的结果测量的准确程度

要得到准确的结果，首先必须有正确的指标，包括评估项目的设置、项目的权数确立

要适当，等级分配要合理，以及同一组织内部不同工作（工种）之间的平衡。为此，开始审核评估结果之前，首先应当检查绩效评估的指标设置，是否与原定工作计划要求的目标相一致，因为这是检查评估结果是否可靠的重要依据。

2. 信度与效度

绩效评估的信度指评估测量的稳定程度和一致程度。它有两层含义：① 对同一岗位的绩效评估标准，在一定时期内应当保持一致；② 在不同时期从事评估工作的人员，掌握评估指标和标准应当保持稳定和一致。只有做到了这两个稳定与一致，才能保证最终评估结果的稳定性和可靠性。

讲求绩效评估结果的稳定与一致，达到预期的效度和信度，不等于不允许绩效评估可能产生误差。事实上，有许多因素（如环境因素、绩效标准因素、评估者个人的因素、被评估者个人的因素等）可能导致绩效评估工作产生误差。把误差缩小到最低限度的有效方法是做细致的准备工作。

（二）绩效评估审核的内容

在绩效指标的分析中，我们指出，绩效指标主要有数量、质量、成本和时限四种类型。对于绩效评估的审核就是对评估的结果从这四个方面来进行，考察被评估人的"绩"的实效。需要注意的是，"绩"的结果与个人所具有的德、能、勤素质，与工作的环境，与上级的目标激励程度，与企业内部客户的合作程度都密切相关。

（三）绩效评估的反馈

检查绩效评估的结果是否反馈给当事人。如果根据评估的结果提出了新的工作计划和组织措施，还应该检查计划、措施是否得到了落实。

绩效评估反馈的重要方式之一是面谈，人们称之为"反馈面谈"。

1. 反馈面谈的类型和目标

进行评估之后可知，主要有三种人需要进行反馈面谈，每一种都有它的特殊目的。
反馈面谈的类型取决于反馈面谈的目标。
（1）令人满意：可以提升，制订开发计划；
（2）令人满意：不能提升，维持现有绩效；
（3）不令人满意：可以改善，绩效改善计划；
（4）不令人满意：无法改善，解雇或放任自流。
显然，后一种人属于可谈可不谈的。

2. 反馈面谈注意事项

（1）谈话要直接具体。

谈话要根据绩效评估中得到的真实信息、资料，客观地向员工反映。因此，要充分准备好谈话用的资料，如缺勤、迟到、计划任务完成情况、差错率等。只有这样才能做到准确、有的放矢。

（2）说话要讲究策略。

针对不同的人选择不同的谈话基调。对于员工的每一点成绩，都要充分看到并进行热情的肯定。不要简单、直接指责员工，更不要用威胁的话。要主动与员工一起分析改进工作的方法与途径。

（3）鼓励员工多说话。

反馈谈话是双向交流的过程，因此，不要将谈话变成自己"训话"。要以平等的态度，仔细倾听、观察员工对绩效评估结果的反映和态度，让他们提出一些问题。必要时可以重问一下他们的意见，以便确认对所提问题已经完整无误地了解。然后共同分析原因，讨论改进措施。

（4）不要绕弯子。

说话简明扼要，既不能直接针对员工个人，又必须要确保员工明白自己到底做对了什么，做错了什么。但是，就事论事，切记不要算老账。

（5）选择适当场所。

适当场所有助于消除面谈对象的戒心，有助于沟通效果的达成。

【案例思考】

某市财政部门对70个"钱袋子"展开绩效目标管理

政府的"钱袋子"不仅要透明，"钱袋子"的支出还要有效率。近期，某市财政部门对2017年70个市级预算项目绩效目标予以批复，同比增加48个专项；涉及市级财政资金总额为37.64亿元，同比增加25.99亿元。2017年还首次将500万以上的政府专项全部纳入财政绩效目标批复的范围，解决了绩效跟踪和评价缺乏依据的难题。同时，将原来的全过程、前评价、后评价三种绩效管理模式改为绩效管理和绩效目标管理两种模式。

"预算编制有目标"是财政预算绩效管理工作机制中的第一个环节，批复的绩效目标是预算绩效动态跟踪和最终预算绩效评价的依据。"三同步"强化预算绩效目标管理。

一是绩效目标申报与部门预算同步进行。在编制市本级2017年部门预算时，对重点项目支出同步报送项目支出绩效目标。

二是绩效目标审核与预算审核同步。业务处室和绩效管理处对项目单位上报的绩效目标进行审核，对于绩效目标不完整，不符合要求的，要求单位整改到位再申报预算。

三是绩效目标批复与预算批复同步进行。绩效管理专项与市人大批复的市级政府专项一致，其中对500万元以上市级政府专项、单项300万元以上政府采购专项计70多项项目实施绩效管理模式管理，管理流程包括绩效目标的编制、审核、批复、跟踪、自评价、重点评价、评价结果运用等；对100万元以上的部门预算项目和100万元到500万元的政府专项实行绩效目标管理模式，由预算部门参照绩效管理模式要求组织实施，注重绩效目标的编制。优化部门整体支出绩效评价模式，将部门整体支出与项目机制有机结合，提高项目管理和部门整体支出绩效管理的一致性和可操作性。

绩效目标申报、绩效目标审核、绩效目标批复与预算编制"三同步",进一步深化了预算管理改革,有效提高了预算编制的准确性、完整性、规范性和科学性,为财政科学化精细化管理奠定了较好的基础。

2017年,市财政部门还在财政支出绩效管理方面进一步加大改革力度,选择社会关注度高、经济发展影响大、重大民生领域等项目试点绩效目标信息公开,试点公开项目一律进行专家评审。高效设施农业、农业保险补助、现代服务业引导专项、三位一体、大剧院运行补贴、重大公共卫生、服务低保金及困难群众补贴、城镇居民基本医疗保险补助等8个项目将先行试点接受社会监督。绩效目标信息公开内容包括项目基本信息、项目绩效目标、项目绩效指标与标准值、项目实施计划等。

2017年,该市财政部门还将进一步构建绩效管理与预算管理相结合的机制,建立以绩效目标为导向的预算编制模式,加强预算编制有目标的管理要求,探索在部门预算中引入目标先审机制,运用信息化的手段,试点未编制绩效目标或者绩效目标编制不合理的项目,一律不准纳入部门预算编审流程,强化绩效管理在预算管理中的作用。

(资料来源:http://www.jscz.gov.cn/pub/jscz/)

思考:
1. 根据材料分析公共部门绩效管理的意义?
2. 公共部门绩效管理的流程有哪些?

【本章小节】

在介绍绩效及绩效评估、管理的基本概念基础之上,讨论了绩效评估与绩效管理的区别和联系,指出绩效评估是绩效管理的重要环节。而绩效管理是组织人力资源管理的中心环节。德、能、勤、绩是公共部门人力资源绩效评估的重要内容,不同时代、不同对象,其指标和标准都有所不同。科学地开展绩效管理,就必须以绩效评估为基础,重视绩效沟通的作用。

【核心概念】

绩效、绩效评估、晕轮效应、信度、图表评估法

【复习思考题】

1. 绩效的内涵是什么?
2. 绩效评估的基础是什么?
3. 绩效指标设计的原则是什么?
4. 如何认识绩效评估过程中可能出现的问题?

第九章　公共部门人力资源薪酬与福利

【引入案例】

2002年6月,《吉林省人民政府雇员管理试行办法》出台,吉林成为国内首个"吃螃蟹"的地区。

根据吉林省政府通过的这一办法,雇用政府雇员按照拟订计划、提出人选、政府审定、办理手续等程序进行。雇员人选可以由有关专家或领导同志推荐,也可以向社会公开招聘。政府雇员的待遇实行佣金制,标准分为14档,最低档的一般雇员年薪为2.64万元,最高档的14级资深高级雇员年薪可为19.8万元。根据这一办法,服务于政府部门、为政府工作的政府雇员不具有行政职务,不行使行政权力,不占用政府行政编制;根据工作需要、学位职称、学术造诣、绩效贡献等,政府雇员的职别分为"一般雇员""高级雇员""资深高级雇员"三种,最高级的资深高级雇员原则上在优秀的政府高级雇员中产生。对于面向社会公开招聘在全国或省内确实有较高知名度和较大影响、条件特别优秀的人选,也可以直接雇为资深高级雇员。2003年年底,吉林省政府与首批政府雇员签订聘用合同。

随着吉林省政府雇员制改革的不断深入,随后广东、上海、湖北、江苏、安徽、深圳等省市也相继进行了政府雇员制的尝试。通过不断的实践尝试,我国的政府雇员制形成了吉林模式、珠海模式以及深圳模式。

政府雇员制的薪酬福利制度是对传统公共部门薪酬福利制度的一次大的改革,引起了社会的关注和广泛讨论。人力资源薪酬与福利是与激励机制密切相关的。现行公务员的工资制度是1993年与国家公务员制度一同建立起来的,简称职级工资制,由职务、级别、基础、工龄工资四部分组成。如何构建基于新的时代背景和政府公共部门改革相配套的薪酬福利制度成为公共部门人力资源管理的重要内容。

第一节　公共部门薪酬的基本原理

一、公共部门的薪酬

1. 来　源

公共部门工作人员的薪酬来源于国民收入的再分配。首先是通过预算收入以税金的形式把生产部门各个企业的部分盈利上缴国家财政收入,然后以预算支出的形式有计划地投入到国民经济的各部门、各方面,如拨给公共行政部门的行政经费、事业单位的事业经费。行政经费或事业经费再分为两部分:一部分为这些部门工作人员的薪酬;另一部分为这些部门的业务费和事业发展费。因此，公共部门工作人员的薪酬来源于再分配的国民收入，工资水平比照企业单位同类人员的工资水平来确定。

2. 实 质

公共部门薪酬是公职人员在为社会公众提供所需的行为和服务时，从组织获得的工资奖金和其他经济性补偿或间接性货币收入。对公职人员来说，薪酬是其付出劳动和提供服务的回报，是对个人人力资本使用的补偿，是个人经济收入和经济安全的主要来源，也是维持个人和家庭生活的重要决定因素之一。

公共部门薪酬管理相较于企业来说有很大的不同,主要在于：① 薪酬主要由政府决定；② 薪酬水平相对稳定；③ 薪酬制度规范性强、透明度高；④ 直接报酬较低、其他报酬相对较高。

二、公共部门薪酬管理的原则与政策

公共部门薪酬管理是指公共部门根据自身的发展战略和目标，依据国家和法律，并综合各方面的因素，确定薪酬策略并付诸实施的整个过程。公共部门薪酬管理在人力资源管理上的重要作用主要体现在两个方面：一是薪酬管理决定着人力资源的合理配置与使用；二是薪酬管理直接决定着组织效率。

1. 原 则

（1）公平性。

薪酬管理要公平，这是最主要的原则，主要包括外部公平性（不同组织中的类似职务）、内部公平（同一组织中的不同职位）、员工个人公平（同一组织中相同职位）。要使工作人员认识到人人平等，只要在相同的岗位上，做出相同的业绩都能获得相同的报酬。

（2）竞争性。

薪酬的管理必须要比其他相似的组织有竞争力。

（3）激励性。

薪酬的管理必须要讲求对员工的激励效用，要适当拉开员工之间的差距。

（4）经济性。

薪酬的管理要讲求经济性，要将薪酬的成本控制在合理的范围之内。

（5）合法性。

薪酬的管理要符合国家政策与法律的规定。

2. 主要政策

（1）业绩优先与表现优先。

业绩优先是根据工作人员的业绩优劣来支付薪酬；而表现优先则是根据工作人员的努力程度来支付薪酬。

（2）工龄优先与能力优先。

如果工龄在薪酬系统中的比重较大，则称之为工龄优先；如果能力在薪酬系统中的比重较大则称为能力优先。

（3）工资优先与福利优先。

如果在一个单位中工资优厚而福利较差，称之为工资优先；而福利很好工资一般，就是福利优先。

（4）物质优先与精神优先。

在薪酬管理中强调货币报酬而忽视非货币报酬奖励的称之为物质优先，重视非货币奖励而不强调货币报酬的称之为精神优先。

（5）公开化与隐蔽化。

工作人员之间相互知道报酬多少的称之为公开化；反之，不提倡工作人员之间相互了解报酬多少的称之为隐蔽化。

三、影响薪酬管理的因素

1. 组织外部因素

影响报酬管理的外部因素很多，主要如下。

（1）国家政策及法律法规。

政府的许多法规政策影响薪酬管理体制，特别是公共部门工作人员的薪酬直接受到政策法规的制约。

（2）当地的经济发展状况。

一般来说，当地的经济发展处在一个较高水平时，公共部门工作人员的薪酬会较高，反之薪酬就会较低。目前由于我国各地经济发展水平的差异较为显著，因此，在公共部门之间薪酬差额也较大。沿海经济发达地区经济发展水平较高，这些地区公共部门的薪酬也较高，而中西部地区的报酬则较低。

（3）当地的生活指数。

由于薪酬管理体制与受薪人的生活直接相关，因此当地的生活指数会影响薪酬水平。当地的生活指数较高，公共部门工作人员的薪酬也会相应较高，生活指数较低的地区薪酬就会相应降低。

（4）企业等其他行业的薪酬水平。

公共部门工作人员的薪酬不可能与企业等其他行业的薪酬完全一致，但是要受到它们的影响，不应与它们的薪酬有太大的差距。

2. 员工个人因素

（1）学历。

一般来说，学历越高，报酬越高。因为学历高的人自身投资较大。

（2）工龄。

一般来说，工龄越长报酬越高。因为工龄与贡献、经验有一定的正相关关系。

（3）能力。

能力主要是通过业绩与效率反映出来的，因此能力越强报酬越高。

（4）岗位与职位。

岗位不同报酬不同。一般而言，重要的岗位、级别高的职位报酬更高。因为重要的岗位及级别高的职位意味着更多的责任，要求更强的能力及更丰富的经验。

3. 组织内部因素

（1）组织的经济实力。

组织的薪酬管理必须要根据自身的经济实力，不能超出自身的经济实力。

（2）组织的战略规划。

薪酬管理必须要同组织的战略周期相适应，各个阶段采用的战略不同，而服务于组织发展战略的薪酬体系要做到充分发挥到它的激励及协调作用，必须根据不同的战略进行调整。

（3）组织文化。

文化因素与薪酬管理具有共生性。即薪酬管理要随着一定社会文化的发展而变化，文化的变化方向、水平和模式都影响薪酬战略的管理，同时薪酬管理制度又反过来影响着文化。

（4）管理决策层的态度。

管理决策层的态度对组织的薪酬管理有重要的影响。

第二节　公共行政部门的薪酬设计

公共部门在提高员工收入的同时，还必须建立一套科学有效的薪酬支付体系，为员工提供一个公平、规范、可靠的薪酬管理环境。

一、建立公务员工资制度的重要性

工资是收入分配的重要内容。无论是初次分配还是再分配，都与个人的切身利益紧密相关，事关人才战略的实施，事关国民经济和社会发展全局。因而，解决好工资问题意义重大。

1. 建立公务员工资制度是发挥工资职能的需要

一般来说，工资具有分配保障、激励和调节三种基本职能。工资对公务员队伍建设的作用也主要表现在以下三个方面。

第一，国家通过工资分配保障公务员本人及赡养人口的基本生活需要。因此，国家必须在社会主义发展的每一个阶段，根据社会生产力水平以及由生产力水平所决定的生活水平，不断提高公务员的工资水平。

第二，通过满足和公务员劳动相称的工资需求，激发公务员的内在动力，从而产生符合期望的达到从事国家任务目标要求的行为。实践证明，如果建立的工资制度较好地体现了按劳分配的原则，就能有效地激发公务员的积极性和创造性；如果工资制度不能体现按劳分配的原则，不仅不能激励公务员努力工作，还会挫伤绝大多数人的积极性，影响行政效率的提高和政府职能的发展。

第三，通过工资的经济利益驱动，对公务员的流动发挥导向作用，从而对人力资源的合理配置产生一定的调节作用。这种调节作用表现在国家给公务员制定与他们能力、地位相称的工资标准，吸引符合国家公务员条件的人从事公务员工作，并保持公务员队伍的稳定，使政府机关保持足够的凝聚力和吸引力。

2. 建立公务员工资制度是实施人才战略的一个重要内容

人才战略的核心，就是培养人才、吸引人才、使用好人才，最大限度地调动各类人才的积极性和创造性。要提高公共部门的决策科学性和行政效率，需要稳定和吸引优秀人才，建设一支宏大的高素质人才队伍。这就需要用事业留人，用感情留人，同时还要用适当的待遇留人。用适当的待遇留人，就是要做好工资分配工作，建立有利于人才发挥作用的激励机制。

工资分配在人事人才工作中具有重要的地位和作用。一方面，工资制度要服从于人事制度的总体需要，尤其是要适应用人制度的要求。另一方面，工资制度对于人事制度能否有效运行起着重要作用。在人才配置方面，工资起着导向作用，在人才的开发、使用和管理中，工资起着激励和保障作用。特别是在市场经济条件下，随着人们择业观念、就业方式、价值取向等方面的变化，现在的人事工作已不能单纯靠组织安排和行政命令，工资在人事管理中所起的作用就显得更为突出。这是当前做好人事工作要考虑的问题，更是工资分配要解决好的问题。

3. 建立公务员工资制度是经济增长的推动因素

第一，工资对经济增长有拉动作用。这几年国家相继调整机关、事业单位工资，一个重要原因就是针对经济运行中出现需求不足、增长乏力的现象，通过增长工资扩大内需、引导消费，以拉动国债所不能拉动的部分，促进经济增长，这是一个新的认识。可以预见，随着市场经济体制的逐步完善，工资分配政策势必成为调控经济的一个重要手段。

第二，工资分配对人才资源配置起着重要的导向作用，影响产业结构的调整和区域经济的发展。一般来说，工资水平较高的地区，有利于吸引高素质的人才，有利于发展知识密集型产业；而工资水平低的地区，则可利用工资成本低的优势发展劳动密集型产业。

第三，工资分配是经济体制改革中的重要环节。改革在一定意义上讲就是利益分配的调整。生产关系的变革、经济体制的转变，必然要求调整收入分配格局。在深化经济体制改革过程中，搞好收入分配制度是一个强有力的抓手。

4. 建立公务员工资制度是政府廉洁建设的重要保障

我们党作为执政党，当前面临的一个突出的政治问题就是腐败。从这些年的情况看，受处分的公务员中经济问题是主要原因之一。虽然腐败问题不能说完全是由分配引起的，但分配不合理容易诱发腐败。因此，在工资制度上需要建立健全有效的激励机制和约束机制，为防腐拒变、反腐倡廉提供保证。公务员的工资太低，不便于管理，也容易产生问题。公务员要树立马克思主义利益观，全心全意为人民服务，同时对他们的合理利益应当予以保障，使他们能够安心工作，做到"以薪养廉"。

同时，工资分配受经济发展制约，主要表现为经济发展是工资分配的物质保证。首先，经济发展的规模和水平，决定了用于工资分配这块"蛋糕"的大小。只有通过经济发展，把"蛋糕"做大，才能切出更大的份额用来进行工资分配。其次，经济发展的形势和增长的速度，对扩大就业、提高工资收入水平有直接的影响。当经济扩张时，一般来说会促使劳动力需求增长、工资水平增加；而经济衰退时，则会导致劳动力需求减少、工资水平降低。最后，生产率高低与工资水平紧密相连。生产率高的，其工资水平普遍要高一些，反之则要低一些。

二、我国公共行政部门薪酬设计的基本原则

1. 按劳分配原则

根据按劳分配原则，社会成员应按照向社会提供的劳动质量和数量领取薪酬，在确定公职人员薪酬时，应以其工作职责和贡献作为基本依据，同时适当地考虑地区因素、本身素质等。

这一制度是在总结我国 60 多年来施行的职务等级工资制与以职务工资为主的结构工资制的经验教训并吸收国外公共部门薪酬制度长处的基础上确定的，其构成可分为职务工资、级别工资、基础工资和工龄工资四个组成部分。其中职务工资和级别工资是职级工资构成的主体。

2. 正常增资原则

所谓"正常增资"，就是国家定期增加公职人员的工资，即政府在每年的财政预算中，按法律规定保证必要的经费用于增加公职人员工资。一方面，要定期、全面地调整公务员工资标准；另一方面，要通过对公务员的考核，定期给公务员增加工资。实行正常增资原则，是社会经济发展规律在公务员制度中的体现，是保持公职人员薪酬外部平衡和内部公平合理的重要机制。一方面，能够使公职人员的工资水平随着国民经济的发展而相应提高；另一方面，也能够使职务相同而任职年限或工作年限不同的公职人员之间，在薪酬上拉开差距，激励他们更好地尽职尽力。

3. 平衡比较原则

公共部门的工作性质、劳动特点与企业均有所不同，应该实行不同的薪酬制度，但薪酬水平应该相当，平衡比较原则在确定公职人员薪酬时，应参考企业员工的薪酬水平，力求使公共部门的薪酬水平与企业员工大体相同。

公职人员的工资水平之所以要以企业员工的平均工资水平作为参照系，并不断进行平

衡比较，主要原因如下。

一是企业作为独立的商品生产者和经营者，其员工工资的形成、增长和调控基本反映市场机制的作用，能够直接反映国民经济和劳动生产率的发展水平。公共部门公职人员的工资水平与企业同类人员的平均工资水平比较，是按劳分配平等原则的必然要求，并使公职人员与企业员工之间大体保持同工同酬；同时，通过与企业工资的平衡，也就间接引进市场机制，使公职人员工资水平的提高与国民经济发展和劳动生产率的提高保持恰当的比例关系。

二是通过平衡比较，公职人员工资可及时向企业员工的工资"跟进"，较好地解决公职人员工资水平偏低的问题。因为在市场经济体制下，企业员工的工资水平会随着国民经济发展和劳动生产率的提高逐年提高，而公职人员的工资是国家根据程序调整的，如果立法中没有"平衡比较"的规定，就会缺乏市场调节所具有的弹性和灵活性，致使公职人员的工资水平提高相对缓慢，挫伤公职人员的积极性，影响公职人员队伍的吸引力和凝聚力。

4. 物价补偿原则

国家根据物价指数的变动，适时调整公职人员的工资，使工资增长率高于或等于物价上涨率，以保证公职人员的实际工资水平不因物价上涨而下降。实行这一原则，主要是因为当物价上涨时，作为独立商品生产者和经营者的企业可以根据自身经营状况和劳资双方谈判的结果调整职工的工资，而公职人员的工资是经过法定程序调整的，各行政机关不能根据物价上涨的情况自发地进行调整。在这种情况下，要保证公职人员的实际工资水平不因物价上涨而下降，就需要实行物价补偿制度，从国家财政中支付。

5. 法律保障原则

公职人员必须承担相应的责任和义务，同时享有领取工资报酬的权利。与公职人员享有的其他权利一样，领取工资报酬的权利是基于公职人员的身份发生的，并受国家法律的保障。除国家法律、法规和政策规定外，国家行政机关不得以任何形式增加或者扣减公职人员的工资，也不得提高或者降低公职人员的保险和福利待遇。也就是说，增加公职人员的工资及保险福利待遇，必须是在公职人员遇有晋级、晋职、定期晋升工资档次、调整工资标准、调整保险福利待遇等情况时，才能按照规定进行；减少公职人员工资及保险福利待遇，必须是在公职人员遇有受到降级处分、降低职务等情况时，才能按有关规定进行。不能随意增加工资和保险福利待遇是强调工资制度和保险福利制度的严肃性，严明工资纪律，维护全国政令的统一；不能随意扣减公职人员的工资和保险福利待遇，是强调公职人员获得法定劳动报酬、享受法定保险福利待遇的权利应受保护，不受侵犯。任何单位和个人超过国家法律、法规和政策的规定，随意扣减公职人员的工资和保险福利待遇，公职人员有权提出申诉，并追究法律责任。

6. 同工同酬原则

此原则是亚当·斯密公平理论在薪酬体系设计中的运用，强调要在公共部门薪酬体系设计时保持内部平衡，组织内部薪酬的不合理会造成相同或不同部门员工之间产生不公平感，所以，公共部门确定员工薪酬时，对从事同样工作的员工，应基于大致相同的薪酬待遇。

7. 激励原则

内在公平和激励原则相对应，一个人的能力是有差别的，要真正解决内在公平问题，就要依据员工的能力和贡献大小适当地拉开收入差距，让贡献大者获得较高的薪酬，以充分调动公职人员的积极性。

三、现行公共行政部门工资制度

现行公务员工资制度是从1993年10月1日起实施的，并在2006年7月1日进行改革完善，其主要内容如下。

1. 实行职级工资制

公共行政部门的工作人员（除工勤人员外）实行职级工资制，其工资按不同职能，分为职务工资、级别工资、基础工资和工龄工资四个部分。其中职务工资和级别工资是职级工资的主体。

职务工资按工作人员的职务高低、责任轻重和工作难易程度确定，是职级工资中体现按劳分配的主要内容。在职务工资标准上，共设12个层次的职务，每职务层次设若干工资档次。工作人员按担任的职务确定相应的职务工资，并随职务及任职年限的变化而变动。

级别工资按工作人员的资历和能力确定，也是体现按劳分配的主要内容。公务员的级别共分为十五级，一个级别设置一个工资标准。

基础工资按大体维持工作人员本人基本生活费用确定，各职务人员均执行相同的基础工资。

工龄工资按工作人员的工作年限确定。工作年限每增加一年，工龄工资相应增加，一直到离退休当年止。

2. 建立正常的增资制度

为了使公务员工资有计划增长，保证新工资制度正常运转，建立了相应的增资制度，具体办法如下。

首先，晋升职务工资档次。公务员正常晋升职务工资档次要在严格考核的基础上进行。考核优秀和称职的，每两年可在本职务工资标准内晋升一个工资档次，并从下一考核年度的第一个月起兑现；考核不称职的，不得晋升工资档次。

其次，晋升职务工资。公务员职务提升后，按新任职务工资标准执行。

再次，晋升级别工资。晋升级别的公务员，均可相应增加级别工资。公务员在原级别任职期间连续五年年度考核称职或连续三年考核优秀的，在本职务对应的级别内晋升一个级别。公务员的级别达到本职务最高级别后，不再晋升。

最后，增加工龄工资。公务员的工龄每年增加，一直到离退休为止。

在正常晋升职务工资和级别工资的情况下，国家定期调整公务员的工资标准。根据城镇居民生活费用的增长情况，适当提高基础工资；根据国家经济发展和企业相当人员工资水平的增长，定期调整职务工资、级别工资和工龄工资标准。

3. 改革奖金制度

实行职级工资制后，又改革现行的奖金制度，在严格考核的基础上，对优秀和称职的公务员，年终发放一次性奖金。奖金发放办法：对年度考核为称职以上的人员，年终发放一次性奖金，奖金按本人当年12月的基本工资（职务工资、级别工资、基础工资和工龄工资4项之和）计发。

4. 实行地区津贴和岗位津贴

地区津贴又分为艰苦边远地区津贴和地区附加津贴两种。艰苦边远地区津贴是根据不同地区的地域、海拔高度、气候以及当地物价等因素确定的。建立艰苦边远地区津贴，体现了不同地区在自然地理环境等方面的差异。地区附加津贴是根据各地区经济发展水平和生活费用支出等因素，同时考虑公务员的工资水平与企业职工工资水平的差距确定的。艰苦边远地区津贴，由中央财政支出。地区附加津贴，由各省、自治区、直辖市按照国家规定的原则和政策，根据本地区经济发展水平、生活费用支出等因素，运用地方财力支出确定。

岗位津贴是国家对特殊工作岗位上的公务员给予的额外劳动报酬。公务员的岗位津贴根据岗位性质和工作条件确定。考虑到在不同岗位上工作的公务员其工作条件差异较大，因此，对在特殊岗位上工作的公务员，仍实行岗位津贴。公务员在该岗位工作时，领取相应的岗位津贴，调离该岗位后，该岗位津贴即行取消。目前，实行的岗位津贴主要有：公安干警值勤岗位津贴，海关工作人员岗位津贴，基层审计人员外勤工作津贴，监察、纪检部门办案人员外出办案补贴，人民法院干警岗位津贴，人民检察院干警岗位津贴，司法助理员岗位津贴。需要新建或提高岗位津贴标准的，由主管部门提出意见，报国务院审批。

地区津贴制度与工资类别制度不同，它独立于工资标准之外，单独体现地区间的差异，并且通过艰苦边远地区津贴和地区附加津贴，将自然地理环境差异与经济发展水平和物价变动情况的差异分离开来进行体现。这样做有利于保证国家机关工作人员工资标准的统一性，有利于体现和实施平衡比较的原则。同时，公务员在哪个地区工作就享受哪个地区的地区津贴，因工作调动或干部交流离开所在地区后就不再享受该地区的地区津贴，这样，便于人员交流，方法也简便易行，具有一定的灵活性。

第三节 公共事业单位的工资制度

公共事业单位因其工作性质与党政部门不同，其工作人员的工资制度既参照公务员的工资制度又与之有所不同，有其自身的特点。

一、专业技术人员与管理人员工资制度的基本原则

（1）在科学分类的基础上，依据按劳分配原则建立体现公共事业单位不同类型、不同行业特点的工资制度，与机关的工资制度脱钩。

（2）引入竞争、激励机制。通过建立符合公共事业单位不同类型、不同行业特点的津贴、奖励制度，使工作人员的报酬与其实际贡献紧密结合起来，克服平均主义。同时将一部分物价、福利性补贴纳入工资。

（3）建立正常增加工资的机制，使工作人员的工资水平随着国民经济的发展有计划地增长，并与企业相当人员的工资水平大体持平。

（4）在国家宏观调控的前提下，对不同类型的公共事业单位实行分类管理，使工资管理体制逐步适应公共事业单位发展的需要。

（5）发挥工资的导向作用。对到艰苦边远地区及在苦、脏、累、险岗位工作的人员，在工资政策上给予倾斜。同时，通过建立地区津贴制度，理顺地区工资关系。

二、不同类型公共事业单位工资制度的分类管理

根据公共事业单位特点和经费来源的不同，对全额拨款、差额拨款、自收自支三种不同类型的公共事业单位，实行不同的管理办法。

全额拨款单位，没有稳定的经常性收入或收入较少，各项支出全部或主要靠国家预算拨款，其工资构成中固定部分应占70%，灵活的部分占30%。这些单位在核定编制的基础上，或实行工资总额包干，增人不增工资总额，减人不减工资总额，节余的工资，单位可自主安排使用。

差额拨款单位，有一定数量稳定的经常性收入，但还不足以抵补本单位的经常性支出，支大于收的差额需国家预算拨款补助，其工资构成中固定部分应占60%，灵活部分占40%。这些单位可根据经费自立程度和国家有关规定，实行工资总额包干或其他符合自身特点的管理办法。

自收自支单位，有稳定的经常性收入，可以抵补本单位的经常性支出。这些单位中有条件的，可以实行企业工资制度，其工资构成中活的部分所占的比重可比差额拨款单位大一些。

三、专业技术人员的工资制度

根据公共事业单位工作特点的不同，其专业技术人员分别实行五种不同的工资制度。

1. 专业技术职务等级工资制

教育、科研、卫生、农业、林业、水利、气象、地震、设计、新闻、出版、广播电影电视、技术监督、商品检验、环境保护以及图书馆、博物馆、档案馆等公共事业单位的专业技术人员，根据工作性质接近，其水平、能力、责任和贡献主要通过专业技术职务来体现的特点，实行专业技术职务等级工资制。专业技术职务等级工资制在工资构成上，主要

分为专业技术职务工资和津贴两部分。

其中专业技术职务工资是工资构成中的固定部分和体现按劳分配的主要内容。专业技术职务工资标准，是按照专业技术职务序列设置的，每一职务分别设立若干工资档次。

津贴是工资构成中的活的部分，与专业技术人员的实际工作数量和质量挂钩，多劳多得，少劳少得，不劳不得。

各单位根据自身的实际情况，在国家规定的津贴总额内享有分配自主权，具体规定津贴项目、档次及如何进行内部分配，合理拉开差距。

2. 专业技术职务岗位工资制

地质、测绘、交通、海洋、水产等公共事业单位，根据其在野外或水上作业，具有条件艰苦、流动性大和岗位明确的特点，实行专业技术职务岗位工资制。专业技术职务岗位工资制在工资构成上，主要分为专业技术职务工资和岗位津贴两部分。

其中专业技术职务工资是工资构成中的固定部分，主要体现这些部门专业技术人员的水平高低、责任大小和贡献多少。专业技术职务工资标准是依据专业技术职务序列确定的。地质、测绘专业技术人员，按照高级工程师、工程师、助理工程师、技术员四个职务，分别设立若干工资档次。交通、海洋、水产公共事业单位的船员，按照船长、轮机长、大副、二副、三副职务序列，分别设立若干工资档次。

岗位津贴是为在工作数量和质量上综合体现地质、测绘、交通、海洋、水产等公共事业单位工作人员野外和水上作业的工作特点，并强化岗位责任而设立的。岗位津贴是工资构成中活的部分，根据不同岗位的工作条件、劳动强度和操作难易程度确定。

3. 艺术结构工资制

文化艺术表演团体，根据艺术表演人员成才早、舞台青春期限短、新陈代谢快的特点实行艺术结构工资制。艺术结构工资制在工资构成上，主要分为艺术专业职务工资、表演档次津贴、演出场次津贴三部分。

其中艺术专业职务工资主要体现艺术表演人员的综合艺术水平高低，是工资构成中的固定部分，艺术专业职务工资标准是按照艺术专业职务序列设置的，分为艺术一、二、三、四、五级职务，分别设立若干工资档次。

表演档次津贴根据演员、演奏员、指挥等人员的表演水平确定，是工资构成中活的部分。设立表演档次津贴，可使艺术专业职务不同、但已成名并担任主要角色的年轻演员，在其艺术专业职务工资一时难以晋升的情况下，工资中活的部分能及时得到增长。

演出场次津贴也是工资构成中活的部分，根据艺术表演人员演出场次的多少计发。

4. 体育津贴、奖金制

各级优秀体育运动队的运动员，根据竞争性强、淘汰快、在队时间短、退役后要重新分配工作等特点，实行体育津贴、奖金制。体育津贴、奖金制在构成上，主要分为体育基础津贴、运动员成绩津贴和奖金三部分。

其中体育基础津贴是按照运动员的不同水平设置的，是运动员基础水平的综合体现。

运动员成绩津贴根据其在国内外重大体育比赛中获得的比赛成绩发放。津贴标准按比赛层次和获奖名次确定。

运动员退役离队后改按新调入单位的工资制度执行。原则上按调入单位新定职务或岗位，同时参考本人原来的津贴标准确定其工资。

奖金是为了鼓励运动员刻苦训练、为国争光，对在各类国内外重大体育比赛中获得优秀成绩的运动员，给予不同程度的重奖。对在平时训练中成绩优秀、表现突出的运动员，可给予适当奖励。

另外，在重大国际比赛中取得突出成绩的极少数运动员，为国家争得荣誉，把自己的青春献给体育事业，为鼓励和表彰他们所作出的贡献，对这部分运动员发放突出贡献津贴，在退役后终身享受。

5. 行员等级工资制

金融单位，根据其职能和金融工作特点，实行行员等级工资制。实行行员等级工资制的，主要是中国人民银行、中国工商银行、中国农业银行、中国建设银行、中国银行、中国人民保险公司及其分支机构等。中国人民银行，除实行公务员制度的单位外，也实行行员等级工资制。行员等级工资制在工资构成上，主要分为行员等级工资和责任目标津贴两部分。

其中行员等级工资是按照行员职务序列确定的，是工资构成中的固定部分，分为一、二、三、四、五、六、七级行员职务，分别设立若干工资档次。

责任目标津贴是在实行行员目标责任制的基础上，按照行员所负责任大小和完成目标任务情况确定的，是工资构成中活的部分。

四、管理人员的工资制度

公共事业单位的管理人员，根据自身特点，在建立职员职务序列的基础上，实行职员职务等级工资制。职员职务等级工资制在工资构成上，主要分为职员职务工资和岗位目标管理津贴两部分。

1. 职员职务工资

职员职务工资主要体现管理人员的工作能力高低和所负责任大小，是工资构成中的固定部分。职员职务工资标准，是按照职员职务序列设置的，分为一、二、三、四、五、六级职员职务，分别设立若干工资档次。

2. 岗位目标管理津贴

岗位目标管理津贴主要体现管理人员的工作责任大小和岗位目标任务完成情况，是工资构成中活的部分。

五、奖励制度

根据公共事业单位的实际情况,对做出突出贡献和取得成绩的人员,分别给予不同的奖励。

(1)对有突出贡献的专家、学者和技术人员实行政府特殊津贴。

(2)对做出重大贡献的专业技术人员,给予不同程度的一次性重奖。凡其成果用于生产活动带来重大经济效益的,奖励金额从所获得利润中提取。其他人员,如从事教学、基础研究、尖端技术和高技术研究的人员等,奖励金额从国家专项基金中提取。

(3)对年度考核合格以上的人员,在年终发放一次性奖金,奖金数额为本人当年12月份的月工资(含津贴部分)。

(4)地质、测绘公共事业单位的一线生产职工一次性奖金,要与生产情况挂钩。其奖金总水平不超过本单位一至一个半月的平均工资。

(5)对在国内外各类重大体育比赛中获得优秀运动成绩的运动员,根据比赛层次和获奖名次,按国家确定的标准发给不同数额的奖金。对在平时训练中成绩优秀、表现突出的体育运动员发给平时训练奖。

一次性奖金的经费来源,全额拨款单位在事业经费中开支,差额拨款单位和自收自支单位自行解决。

六、正常增加工资的办法

1. 正常升级

全额拨款和差额拨款单位,在严格考核的基础上,实行正常升级。考核结果分为优秀、合格、不合格三种。凡连续两年考核为合格以上的人员,一般可晋升一个工资档次;考核不合格的,不得晋升。对个别考核优秀并做出突出贡献的专业技术人员,经上级主管部门和人事部门批准,可提前晋升或越级晋升,比例一般控制在单位总人数的3%以内。考核升级增加的工资,一般从下一年度的一月起发给。凡未按国家规定组织考核的,一律不得安排升级。

自收自支单位,有条件的,可在国家规定的工资总额与经济效益挂钩的比例内,自行安排职工升级。

2. 晋升职务(技术等级)工资

专业技术人员和管理人员在职务晋升时,按晋升的专业技术职务或行政职务相应增加工资。

3. 定期调整工资标准

"十三五"期间,国家将落实机关事业单位工作人员基本工资标准正常调整机制,定期调整基本工资标准,原则上每年或每两年调整一次,近期每两年调整一次,逐步提高基本工资占工资收入的比重。如果发生金融危机或自然灾害等情况,基本工资标准延后调整。

工资标准调整后，津贴水平相应提高，工资标准的调整由国家统一部署，任何地区和部门不得擅自进行。

七、专业技术资格考评与职务聘任

公共事业单位专业技术人员的专业技术资格，即职称是通过考评获得的。取得职称后，能否被聘任专业技术职务，还要取决于该公共事业单位核定的专业技术职务岗位数额及结构比例。

1. 专业技术资格确定的办法

目前公共事业单位专业技术人员的专业技术资格，主要通过两个办法获得。

（1）经济专业技术资格考试。

人事部人职发〔1993〕3号文印发了《经济专业技术资格考试报名条件的补充规定》，该文件规定经济专业技术资格实行全国统一考试制度，由全国统一组织、统一大纲、统一试题、统一评分标准。资格考试设置两个级别：经济专业初级资格、经济专业中级资格。参加考试并成绩合格者，获得相应级别的专业技术资格。资格考试在国务院职称改革领导小组统一领导下进行，由人事部负责，委托全国职称考试指导中心具体组织实施，各省、自治区、直辖市资格考试的组织实施工作由当地职改领导小组决定。

人办发〔2002〕18号文印发了《关于调整经济专业技术资格考试专业设置的通知》，将原工商行政管理、价格管理、工商管理3个专业合并为工商管理专业；将原商业专业的商业管理、商业营销2个子专业和物资专业合并为商业专业；将原财政专业的财政、税务2个子专业合并为财政税收专业；将原旅游专业的饭店管理、旅行社2个子专业合并为旅游专业，调整后，经济专业技术资格考试为12个专业。

人社厅发〔2016〕181号印发了《人力资源社会保障部办公厅关于2016年度经济专业技术资格考试合格标准有关问题的通知》，将考试合格标准有关问题进行了规定：2016年度经济专业技术资格考试初级、中级各科目合格标准均为84分（各科目试卷满分均为140分）。

2. 专业技术资格评定

人事部人职发〔1994〕14号文印发了《专业技术资格评定试行办法》，分别就专业技术资格评审委员会的组建、符合申报条件人员的申请、对申报材料的审核及资格评审程序等做了详细规定。其总的精神如下：

第一，专业技术资格是学术技术水平的标志，一般没有岗位、数量的限制，不与工资等待遇挂钩，可作为聘任专业技术职务的依据。国家通过制定标准条件，实行宏观控制。

第二，人事部会同有关主管部门制定、颁发的中、高级专业技术资格评审条件，是评定科技人员是否具备相应专业技术资格的标准。

第三，专业技术资格评定实行分级管理，由政府人事（职改）部门授权组建具有权威性、公正性的跨部门、跨单位的同行专家组成的评审组织，按照颁布的标准条件和规定程序对申请人进行评价。

第四，凡申请评定专业技术资格的人员，均适用本办法。按照本办法取得专业技术资格的人员，由政府人事（职改）部门颁发资格证书。

人社部发〔2016〕3号印发了《行业组织有序承接专业技术人员水平评价类职业资格具体认定工作实施办法（试行）》的通知，为进一步转变政府职能，规范职业资格管理，充分发挥行业组织作用，推动行业组织有序承接专业技术人员水平评价类职业资格具体认定工作，各行业组织要转变观念，健全工作制度，加强自身建设，增强服务意识，提升工作能力，认真履行职责，确保考试安全，不断创新符合行业组织特点的社会化人才评价方式。有关部门要切实转变职能，加强对行业组织承接工作的指导、监督和评估，搞好工作衔接，建立可负责、可问责的工作机制，确保行业组织有序承接专业技术人员水平评价类职业资格具体认定工作平稳顺利推进。

3. 专业技术职务聘任

人事部人职发〔1994〕19号《关于新建公共事业单位职务岗位数额、结构比例有关问题的通知》，就专业技术岗位的设置、岗位数及结构比例、报批手续及审批权限说明了宏观调控政策。

国人部发〔2006〕70号印发了《事业单位岗位设置管理试行办法》，这是在深入调查研究、广泛听取各地区、各部门和事业单位意见的基础上制定的。强调要将事业单位岗位设置管理与事业单位工作人员收入分配制度改革结合起来，与事业单位人员聘用制度结合起来，与促进事业单位用人机制转换结合起来，规定专业技术岗位指从事专业技术工作，具有相应专业技术水平和能力要求的工作岗位。专业技术岗位的设置要符合专业技术工作的规律和特点，适应发展社会公益事业与提高专业水平的需要。专业技术岗位分为十三个等级，包括高级岗位、中级岗位和初级岗位。高级岗位分七个等级，即一至七级；中级岗位分三个等级，即八至十级；初级岗位分三个等级，即十一至十三级。专业技术岗位的最高等级和结构比例（包括高级、中级、初级之间的结构比例以及高级、中级、初级内部各等级之间的比例）按照单位的功能、规格、隶属关系和专业技术水平等因素综合确定。

八、公共部门工人的工资制度

1. 机关工人的工资制度

根据机关工人的劳动特点，工人分为技术工人和普通工人两大类。

（1）技术工人执行岗位技术等级（职务）工资制，工资由岗位工资、技术等级（职务）工资和奖金三部分组成。

技术工人的岗位工资，根据工作难易程度和工作质量确定。岗位工资按初级工、中级工、高级工三个技术等级和技师、高级技师两个职务分别设置，各设若干档次。

技术等级（职务）工资根据技术工人的技术水平高低确定，共分五级，每级设一个工资标准。

（2）普通工人执行岗位工资制，工资由岗位工资和奖金两部分组成。普通工人的岗位工资共设 13 个档次。

（3）机关工人的奖金根据对工人劳动实绩、劳动态度、服务质量的考核确定。奖金在工人基本工资中的比例为 30%。奖金要适当拉开差距，具体发放办法由各地区、各部门根据实际情况制定。

2. 公共事业单位工人的工资制度

公共事业单位的工人分为技术工人和普通工人两大类。

（1）技术工人执行技术等级工资制，分为技术等级工资和岗位津贴两部分。其中技术等级工资是工资构成中的固定部分，主要体现技术工人的技术水平高低和工作能力的大小。技术等级工资标准，按初级工、中级工、高级工三个技术等级和技师、高级技师两个职务分别设置，各设若干档次。

岗位津贴主要体现技术工人实际工作量的大小和岗位的差别，是工资构成中活的部分。

（2）普通工人执行等级工资制，分为等级工资和津贴两部分。其中等级工资是工资构成中的固定部分，分为若干个等级。津贴是工资构成中活的部分，主要体现普通工人实际工作量的大小和工作表现的差异。

3. 正常增资办法

（1）晋升岗位工资档次。通过年度考核，连续两年为合格的工人，晋升一档岗位工资，并从下一考核年度的第一个月起兑现工资。技术工人晋升技术等级（职务）后，按晋升后的技术等级（职务）执行相应的岗位工资。

（2）晋升技术等级（职务）工资。技术工人晋升技术等级（职务）后，执行晋升后技术等级（职务）的工资标准。

（3）调整工资标准。随着国民经济的发展，根据企业相当人员工资水平的增长情况和城镇居民生活水平的增长情况，在调整职级工资标准的同时，相应调整工人的工资标准。

第四节 我国公共部门工资制度存在的问题

一、我国公共部门工资制度的演变

中华人民共和国成立以来，我国公共部门工资制度进行了四次全国性的改革。

1956 年，我国公共部门实行第一次工资改革。改革的主要内容包括：取消"工资分"，实行直接货币工资标准，进一步改革工资等级制度，国家机关工作人员实行统一的职务升级工资制。

1985 年，我国公共部门实行第二次工资改革。国家机关行政人员、专业技术人员均改革实行以职务工资为主要内容的结构工资制度，按照工资的不同职能，分为基础工资、职务工资、工龄工资、奖励工资四个组成部分。

1993年，我国公共部门实行第三次工资改革。机关工作人员实行职级工资制，按工资不同职能，分为职务工资、级别工资、基础工资和工龄工资四个部分。其中，职务工资和级别工资是职级工资构成的主体。事业单位工作人员根据工作特点不同，实行五种不同类型的工资制度，包括专业技术职务等级工资制、专业技术职务岗位工资制、艺术结构工资制、体育津贴、奖金制和工人的工资制度。同时，机关事业单位职工还实行地区津贴制度和奖金制度。

2006年，我国公共部门实行第四次工资改革。调整了基本工资结构，公职人员工资由职务工资、级别工资、工龄工资、基础工资四项调整为职务工资和级别工资两项；级别工资中级别由15个调整为27个，每个职务对应若干个级别；年度考核职称及以上的工作人员，发放年终一次奖金，奖金标准为本人当年12月份的基本工资。

二、现行公共部门工资制度存在的问题

现行公共部门的工资制度是1993年与国家公务员制度一同建立起来的，简称职级工资制，由职务、级别、基础、工龄工资四部分组成。1996年国家统计局社会调查反映，工资制度改革受到群众普遍欢迎，列为当时十大成功改革的首位。这主要表现在：一是工资水平有了较大幅度的提高，已从1992年的人均年2755元提高到1999年的8801元，累计增长了219.5%，年均增长18.1%。二是建立工资正常晋升机制和工资动态调整机制。三是根据实际情况对工资制度不断进行改革完善。四是对事业单位开展按劳分配与按生产因素分配相结合的试点工作。

2006年7月1日对公共部门现行的工资制度进行改革，通过贯彻按劳分配原则，进一步理顺工资关系，合理拉开不同职务、级别之间的工资差距；坚持职务与级别相结合，增加级别的激励功能，实行级别与工资等待遇适当挂钩；健全公务员工资调查制度，定期调整工资标准；加强工资管理，缩小地区差异等原则，以期形成科学合理的工资水平决定机制和正常增长机制，建立适应经济体制和干部管理体制要求的工资管理制度。

然而，其他的一些重大的制度改革，如财税体制、金融体制、投资体制、社会保障制度以及住房制度等项改革也在大步推进。特别是加入世界贸易组织后，人才竞争更趋激烈，优厚的工资待遇是吸引人才的重要手段，建立优才优价的激励机制越来越重要。在实际运行中，职级工资制逐渐反映出来一些问题。

（1）没有与地区经济发展水平和城市消费水平相联系。目前，各地区、城市之间工资、消费水平差别较大，而职级工资制在全国是一个标准。

（2）国家机关工作人员工资水平落后于企业。主要是在北京、上海这样一些经济比较发达的大城市，公务员的工资水平相对于社会某些行业偏低，公务员的工资缺乏竞争力，无法实现"外部公平"。随着各项改革的深入，公务员的福利等优势正在逐渐消失，而相应的改革配套措施却相对滞后。国家统计局2016年统计数据显示，平均年薪最高的行业是信息传输、软件和信息技术服务业，达122478元，而公务员的平均年薪只有70959元，差距甚大。

（3）内部构成不尽合理。基础工资和级别工资标准偏低。职务工资各档之间、级别工资各级之间差距较小。工资晋升机制过于死板，缺乏激励作用。平均主义仍然比较严重。

我国公务员最高工资标准与最低工资标准之间的倍数，1956年工资制度改革时为21∶1，由于多种原因，现行工资制度为 6.1∶1。现行国家机关最高工资标准与最低工资标准之间的倍数显然偏小。

三、公职人员工资制度改革的基本原则

（1）坚持效率优先、兼顾公平的原则，使机关事业单位劳动报酬与所负职责、工作业绩结合起来；同时要妥善处理地区间、部门间工资差距，既要承认合理差距，又要防止差距过大。

（2）贯彻"以薪养廉"的原则，建立平衡比较和动态增长的机制，使机关事业单位工资水平与国民经济保持协调增长，与企业相当人员的平均水平大体持平。

（3）坚持提高工资与改善福利相结合的原则，实行比较优厚的福利待遇；鼓励机关事业单位工作人员长期为国家服务，保持机关事业单位队伍的相对稳定。

（4）坚持激励与约束相结合的原则，适当拉开工资差距，克服平均主义，加强宏观调控，严格工资管理，形成规范、透明的工资收入。

（5）坚持总体设计、分步实施的原则，机关事业单位工资制度的深化改革要与福利、社会保障制度等改革相配套，并随着经济体制改革和机关事业单位人事制度改革的不断深化完善逐步推进。

四、对我国公职人员工资制度改革的建议

（1）积极研究、制定相关措施和办法，使公职人员工资外收入逐渐货币化、规范化、透明化。对于公职人员来说，由于地区经济发展水平的差异而导致工资水平的差距是客观存在的，但是，由于单位的不同而导致的工资水平差距是不应该存在的。

为改变这一现象，广东省自2000年就开始探索实行统一公务员岗位津贴制度。截至目前，全省21个地级以上市中的19个以及省直党政机关实行了统一公务员津贴制度。除此之外，各单位不再发放其他补贴、津贴。这是对规范公务员货币工资收入的一个有益探索。同时，还应考虑各项福利，包括"职务消费"的货币化、透明化问题，使公职人员的工资明明白白，一目了然。

（2）重视对公职人员工资制度的研究，使之更趋合理。工资问题是涉及公职人员最根本利益的问题，应该从以下三个方面对现行的工资制度加以改进和完善。第一，工资水平与企业相比要大体持平，以实现"外部公平"。第二，工资制度本身要更加趋于科学合理，以实现"内部公平"。在四项基本工资中，应提高基础工资和工龄工资标准；要拉开工资的档差和级差；要改革年终考核办法，建立更科学、更具有激励作用的考核制度。第三，公职人员的工资水平要与社会经济发展水平相适应，定期调整。

（3）加快行政审批制度改革，由"全能政府"向主要管理社会公共事务转变。要限制

政府直接管理和干预经济活动的权力，减少对垄断行业部门的管理和保护力度，并尽可能放松经济管制。要弱化权力意识，增强服务意识，把政府管理的重点放到对各项社会公共事务的管理上来。

（4）进一步推进政府机构改革，在政企分离的基础上实现政府机关与事业单位彻底分离。政府机关与事业单位彻底分离，对事业单位进行分类管理，将大部分事业单位转为自收自支的企业，可以减轻财政负担。

第五节 公共部门的福利管理制度

一、公共部门福利制度的主要内容

福利制度是指国家和公职人员所在单位为满足公职人员生活方面的共同需要和特殊需要，在工资之外给予工作和生活上的照顾制度。我国公职人员享受的福利是按照《国家公务员管理条例》的规定执行的，主要包括工时制度、探亲制度、年休假制度、产假制度、交通费补贴、冬季职工宿舍取暖补贴制度、生活难补助制度和福利住房制度等。

1. 工时制度

公务员除法定节假日外，每天工作8小时，每周工作40小时，平常时间安排公职人员延长工作时间，每日不得超过1小时，如系特殊原因，则每日不得超过3小时，每月不得超过36小时。

2. 探亲制度

根据国家的需要，一些公职人员远离亲人工作和生活，因此，实行探亲制度是完全必要的。它解决了部分职工与家属两地分居的实际问题，既可使职工与家人团聚，又有利于控制城市人口过猛增长，缓和城市住房等各项公用设施供应紧张的压力，是一项符合群众利益也对国家有利的制度。一般来说，公务员工作满一年以上的，与配偶不住在一起，又不能在公休假日团聚的，每年给予一方探亲假一次，假期为30天；与父母都不住在一起的，又不能在公休假日团聚的，未婚者原则上可每年给假一次，假期为20天，已婚者每四年给假一次，假期为20天。上述假期不包括路途时间。在规定的探亲假期和路程假期内，按本人标准工资发给工资。探望配偶和未婚者探望父母的，其往返路费，由所在单位负担；已婚者探望父母的往返路费，在本人标准工资30%以内的由本人处理，超出部分由所在单位负担。

为了鼓励职工在边远地区工作，对由内地到新疆、西藏、青海等地工作的职工和本地职工都规定了特殊的更为优惠的探亲和休假待遇。

3. 年休假制度

公职人员连续工作一年以上的，享受带薪年假，根据工作任务、岗位、资历等不同情况,每年可安排不超过两周的休假。各级党政机关、人民团体和事业单位职工休假的具体实施办法,由省、自治区、直辖市和各部门制定。目前,中央国家机关参照执行北京的有关规定,工作年限10年以下的,休假7天;工作年限满10年不满20年的,休假10天;工作年限满20年以上的休假14天。

4. 产假制度

女性公职人员产假为90天,其中包括产前休假15天。难产者增加15天,多胎生育的,每多生一个婴儿,增加15天。怀孕不满4个月流产,根据医生意见给假15~30天,怀孕超过4个月以上流产的,可给予42天产假。产假期间工资照发。怀孕和分娩期间在本单位医疗机构或单位指定的医疗机构所用的检查费、接生费、手术费、住院费和药费,由所在单位负担。产前检查时间算工作时间。

5. 交通补贴制度

该补贴在省、市自治区人民政府所在地,以及50万以上人口的大中城市和重要工矿区,工作单位和住宿地相距2000米以上,需乘坐公共交通工具、骑自行车下班的员工,为了减轻职工在交通方面的时间与经济负担,根据国家规定,各单位实行交通补贴。

6. 冬季职工宿舍取暖补贴制度

职工冬季宿舍取暖补贴制度是逐步形成的。中华人民共和国成立前,东北、内蒙古地区和铁道、煤炭系统对部分职工冬季发给一定数量的烤火煤。中华人民共和国成立后,这种煤贴制度保留下来,经过不断发展变化,逐渐形成现行的冬季职工宿舍取暖补贴制度,国家有关文件对取暖费发放的范围、时间、数量都有规定。

这一制度的建立减轻了职工的生活负担,保证了淮河以北地区职工在寒冷季节的正常生活。

7. 生活困难补助制度

国家从20世纪50年代起就规定公共部门职工生活困难补助办法,并逐步形成制度。首先,国家明确规定困难补助的经费来源,同时,还明确规定困难补助的政策、原则、补助对象和办法。即凡是基层单位中生活确实发生困难的职工,都可以按规定得到定期补助和临时补助。同时还就不同地区的补助标准作出明确的规定,并根据经济发展与物价变化作出调整。还规定:公共部门困难补助经费,一般不少于福利费总金额的60%。另外,还可从银行冻结的结余经费中提取一部分,并由国家财政拨款一部分,用于职工生活困难补助。

8. 福利住房制度

随着改革的深入,福利分房制度将逐步取消。2006年《国务院关于进一步深化城镇住房制度改革 加快住房建设的通知》中明确提出:"深化城镇住房制度改革的目标是:停止住房实物分配,逐步实行住房分配货币化;建立和完善以经济适用房为主的多层次城镇住房供应体系。"其中住房公积金是近几年实行的福利房制度,每月扣除公职人员工资的一定比例，单位再分配之应以相应的款额，双方共同筹资，积累到一定规模，个人可提取自由购置商品房，或由单位代购。

二、公共部门的福利制度改革

（一）公共部门传统福利制度存在的问题

现行保险与福利制度，是在计划经济体制下逐步建立起来的。其主要特点是：国家统一规定各项保险的标准，各单位根据国家规定负责本单位工作人员各项保险福利的管理，所需经费由国家财政立项实报实销。其存在的主要问题如下。

（1）福利制度社会化程度较低。各单位自己负责工作人员生、老、病、伤、残以及福利等工作；"机关办社会""单位办社会"的问题相当严重。一些本来应该由社会承担的福利，如托儿所、幼儿园、理发室、浴室、车队等，都由国家机关承担，既增加了国家财政的负担，也不利于国家机关工作人员的精简和工作效率的提高，同时也使相当一部分福利设施得不到充分利用。

（2）福利在职工全部劳动报酬中所占比重过大。长期以来，相当一部分劳动报酬如住房、教育、文化设施等，是以非商品的形式无偿提供给职工，不进入工资，形成一种"低工资、多补贴、泛福利"的模式。这与建立社会主义市场经济体制的要求不相称。

（3）福利基金提取和使用存在不合理问题。目前事业单位职工福利基金的提取比例，在单位年度非财政拨款结余的40%以内确定，中央级事业单位职工福利基金的提取比例，由主管部门会同财政部在单位年度非财政拨款结余的40%以内核定。由于所提取的福利经费不足以应付支出，再加上多提一些福利项目既可以方便本单位的工作人员，又可以部分缓解国家公共部门工作人员收入偏低的矛盾。因此，许多单位用计划外经费、行政事业经费的增收节支部分给本单位工作人员发放补贴，甚至巧立名目，滥发补贴和实物等，而目前对这些问题的解决还缺乏有效的办法。其结果是：一方面，冲击国家的财政纪律；另一方面，由于福利分配在工作人员总收入中的比重过大，削弱按劳分配的主导作用，进一步加剧分配的平均主义趋势。此外，由于许多单位在执行福利待遇政策时，几乎是各行其是，常常造成从事相同职务或相似工作但由于所在单位不同而实际待遇相差悬殊，使按劳分配原则遭到破坏。

此外，没有建立基金积累制度，我国现行的养老保险制度是"统账结合"制度，即社会统筹部分与个人账户部分共同组成我国的基本养老保险制度，虽然该制度能够在注重效率的同时又能兼顾公平、减少管理成本和风险。但由于没有形成积累，养老金收不抵支的部分将逐年减少甚至消除，随着人口老龄化的加速和退休人员的不断增加，财政负担将越来越重。据预测，到2030年，全国退休人员将相当于在职人员的40%，若按过去现收现付的办法，养老费用将相当于工资总额的50%。

（4）福利制度的某些规定不够合理、不够完善。很多福利制度在管理上不科学，缺乏有效的约束监督机制，导致经费增长过快，浪费现象严重。比如，对国家公共部门工作人员实行的公费医疗制度,由于制度本身的一些漏洞和管理不善出现了一些较为严重的问题,如"小病大养""一人生病,全家吃药"等,造成药品和医疗费用的浪费,同时还败坏了社会风气。

【延展阅读】

各国公共部门福利制度简述

英　国

英国是世界上最早建立公务员制度的国家,也是一个社会福利比较完善的国家。英国公务员福利制度针对对象是英国国家公务员,仅指中央政府各部门的工作人员福利制度。从福利制度看,英国是一个经济发达的高福利国家,福利保障水平较高。与普通国民一样,英国公务员参加国家基本养老保险制度,除此之外,国家还为公务员设立不同类型的职业养老金保险制度。这笔养老金相对比较丰厚,单位平均缴纳21.3%,个人缴纳1.5%至3.5%不等,退休时能拿到退休前最后工资的三分之二作为职业养老金。同时,英国还设立了福利支出的咨询、协调和监控机构。在保证公务员福利的同时可以预防腐败。英国政府把公务员的培训费用也列在公务员福利系统中,通过培训公务员可以更有效率地工作,同时满足自身价值需要。一些培训同时和公务员的绩效联系在一起,这样就能很好地激励公务员更努力地工作,提高政府的办事、办公效率。

美　国

自1993年克林顿所倡导的"重塑政府"运动之后,公共部门的福利制度更加完善。美国公务员在一个集中工作时间全员都到齐,以便开会或者讨论问题,其余工作时间可以按照自己的需求自行安排。而且美国公务员享有事业救济金,期限为26周。良好的公务员福利保障制度为提高公务员的办事效率起到良好的推动作用。

挪　威

挪威是一个福利国家,公共部门雇员和私营部门雇员都要参加统一集中的全民保险计划,交费标准完全一样,每个人都要把工资收入的8.2%作为社保金上缴国家。为了吸引高素质人才到公共部门工作,政府在退休金方面对公共部门雇员实行不同政策。除了上述社保金外,还采用了"公共服务退休金计划",按规定每月交工资的2%,单位再交个人缴费额的5倍或6倍。这样,只要在退休时能达到30年工龄,领取的退休金就相当于工资的66%,可以终身领取。而私营部门员工虽然也可以参加类似退休金计划,但是退休后最多领到77岁,而且保障程度也仅限于总缴费额及其收益。

(二)公共部门福利制度改革应遵循的原则

针对现行制度存在的问题,我国福利制度改革应遵循以下原则:

1. 与国家财力相适应原则

在我国目前的经济体制下,国家福利所需资金主要来源于国家财政,而国家财政收入的增加,有赖于经济的发展。因此,公共部门福利制度的建立和发展要以国民经济发展状况为基础,福利待遇水平应该与经济发展和国家财力相适应。一方面,福利待遇水平应随着国民经济发展和国家财力增长而不断、稳定地提高,以最大限度地改善职工工作、生活条件,激发工作人员的工作热情,使大家享受到经济发展带来的效益。另一方面,福利待遇水平的增长应当与国民经济状况相适应,与国家财力的增长保持一定的比例关系,既不能增长过快,也不能增长过慢。

2. 与工资、保障制度相协调原则

在社会主义初级阶段,按劳分配在个人消费品分配中起着主导作用。这一社会基本特征决定了福利是个人消费品分配的辅助形式。在实际工作中要正确处理工资、福利、保险制度的关系,充分发挥其不同的职能和作用,在保证工资收入在个人总收入比重中占主要地位且逐步建立、完善保险制度的同时,不断提高福利待遇水平。

3. 普遍平等享受原则

这主要是基于以下两个方面的原因:一是由福利的性质和作用所决定的。福利主要是为了满足职工在物质文化、生活方面的共同性需要,福利的作用在于普遍改善和提高生活、工作条件。二是福利待遇平等享受原则也符合社会主义市场经济分配机制的要求。在社会主义市场经济体制中,为了保证经济的运行效率,既要求在工资收入分配中实行差别化分配,适当拉开收入档次,又要求在福利分配中实行均等化分配,以保障人们最基本的生活权益,抑制由于出现过度两极分化而造成的社会冲突和震荡。

4. 多样化原则

由于我国地区经济不平衡,不同地区的财力及其工作人员对福利待遇的要求差别较大。因此,在这种情况下,用"大一统"福利制度模式解决各地区各单位工作人员的福利待遇问题是相当困难的。另外,从适应社会主义市场经济体制的要求看,公共部门福利制度多样化,允许不同地区的地方政府在国家统一的福利政策、方针下,根据不同地区的实际条件,因地制宜制定适应本地区特点的福利制度,既有利于满足不同地区人员的实际需要,又能充分发挥中央和地方的积极性。

(三)公共行政部门与公共事业单位福利制度的发展趋势

福利制度作为人事管理制度的重要组成部分及报酬体系的重要内容,今后改革和发展的趋势主要包括以下两个方面。

1. 福利管理的社会化

根据现代社会保障理论,社会保障体系由社会福利、社会保险、社会救助和社会抚优共同构成。社会福利是指国家社会其他部门、机构和团体举办的各种集体福利设施、福利补贴、社会服务和集体福利事业等，目的在于普遍改善和提高国民的物质、文化水平。社会福利的类型很多，如果按照社会福利待遇享受对象的不同来划分，可把它们划分为五大类：职工福利、未成年人福利、老年人福利、残废人福利、家庭福利。公共部门福利属于职工福利类型，它是国家根据有关政策法规，通过实行各种福利补贴、假期制度、公共服务及举办集体设施和活动等，给予工作人员经济上的帮助和生活上的照顾，其享受待遇的对象是全体公共部门的工作人员及部分家属。这就是说，公共部门福利制度是我国社会保障体系中的有机组成部分，其工作人员的福利制度应有计划、有步骤地纳入整个社会保障制度改革的范畴之中。

对公共部门的福利待遇，采取社会化管理与企业化经营可以弥补集体福利经费的不足和提高集体福利设施的利用率，但为了切实保障工作人员能够享受到集体福利带来的好处和便利，在对单位集体福利设施实行企业化经营、扩大服务范围时，可提供免费或减费服务；或者采取补助的形式解决。

2. 福利制度的法制化

法制化原则既是社会主义市场经济体制正常运行的必要条件，又是实施人事管理必须遵循的原则。社会主义市场经济要求运用法律手段来规范各种社会经济关系，其中包括社会分配关系。为了切实保障普遍平等享受福利待遇的基本权益，稳定工作人员队伍，调动他们的积极性，就应当建立、健全福利制度的法律、法规体系，运用立法手段来规范和管理福利制度；将福利与工资、保险制度统筹规划、全面安排；明确福利制度的实施范围并使其具有一定的稳定性和透明性，防止福利工作中的随意性和主观性。

第六节　我国公共部门社会保障

公共福利是指法律规定的福利项目，在我国主要表现为社会保险。社会保险是国家通过立法建立起来的，旨在保障劳动者在暂时或者永久丧失劳动能力时、在工作中断期间的基本生活需求而建立的一种保险制度。其经营主体是国家。社会保险费用的一部分由国库承担，一部分要求劳动者自己以及劳动者的使用者承担。社会保险主要分为：养老保险、医疗保险、工伤保险、失业保险和生育保险。

一、养老保险

养老保险是指国家为保障公职人员离休或退休后基本生活的一种社会保险制度。我国公共部门员工的养老保险模式主要有以下几种：

（1）个人储蓄型养老保险：职工根据个人收入情况自愿参加的一种养老保险形式。可自愿选择经办机构，养老保险金归个人所有。

（2）法定养老保险：主要分为离休养老保险、退休养老保险和退职养老保险。中共中央于1982年2月作出《关于建立老干部退休制度的决定》，由此形成了老干部的离休养老保险制度。中华人民共和国成立前参加革命工作、享受供给制待遇的干部和在国民党统治区从事地下工作或参与民主党派的成员，以及1948年以前在解放区工作、享受政府薪金待遇的干部，男满60岁，女满55岁，离开工作岗位后享受离休待遇，发放本人退休前工资100%的养老金，并且根据不同时期加发生活费补贴。根据1997年国务院《关于建立统一的企业职工基本养老保险制度的规定》，我国采取社会统筹和个人账户相结合的养老保险基金，这种做法在体现传统社会保险的社会互济、分散风险和保障性强的特点的同时，强调公职人员的自身保障意识和激励机制，同时进一步规范了养老保险金缴纳的比例；对于退职后的公职人员，公共部门按照每月发给其工资的40%生活费的退职基本保障制度。

二、医疗保险

医疗保险是指劳动者因病而暂时失去劳动能力和收入来源，国家和社会基于一定的医疗服务、假期和收入补偿。1998年国务院颁布《国务院关于建立城镇职工基本医疗制度的决定》，逐步建立起多层次的医疗保障体系。医疗保险的待遇主要包括以下几个方面：

疾病津贴：劳动者因病而暂时离开劳动岗位、失去收入来源时所有获得的能维持其基本生活的收入补偿。领取的期限无限期，国际劳工组织建议，每次患病的疾病津贴最长时间为26周；若给付期结束后疾病仍未痊愈，应该改为社会救助金。

医疗服务：是医疗保险的主要内容，包括门诊、检查、医治、用药、住院等。

被抚养者补助：劳动者患病后暂时失去收入来源，会影响其配偶及未成年子女的生活，医疗保险向其抚养的亲属给付一定数额的现金补助，但数额应该低于疾病津贴。

病假：其期限与领取疾病津贴的期限相同，在此期间，劳动者因病而无法工作，用人单位应保留其工作机会，不得将其解雇。

三、工伤保险

工伤保险是指对因工受伤而暂时或永久失去劳动能力的劳动者给予经济补偿和帮助，保证其基本的社会机制。工伤保险主要包括工伤医疗待遇（挂号、诊断、治疗、药品、检验、手术、住院费、医疗期间的食费、就医交通费以及疗养、康复、安装假肢等辅助器具等多项内容）、停工留薪期以及相应的待遇伤残职工待遇、丧葬补助金、工伤保险金等。

四、失业保险

失业保险是国家为保障失业劳动者的基本生活而给予经济帮助或物质援助的一种社会保险制度。我国关于实施失业保险的主要法规包括1993年4月《国有企业职工待业保险规定》、1999年1月《失业保险条例》。我国失业保险待遇主要包括四个方面的内容：

（1）失业基本津贴，失业保险待遇的主要成分，是规定期限内失业者赖以生存的主要来源；

（2）失业救助金；

（3）附加失业津贴，失业者供养的直系亲属的津贴，被供养者越多，津贴额也越多，

通常以固定金额形式或失业者原工资的一定比例给付;

（4）补充失业津贴：用人单位为员工提供的津贴，用以提高员工失业后的生活水平。

五、生育保险

生育保险是国家通过立法，对怀孕和分娩女职工基于生活保障和物质照顾的一项社会保障制度。我国国家机关和事业单位的生育保险制度建立于 1955 年。1988 年《女职工劳动保护规定》出台后，国家机关事业单位和企业的生育保险待遇统一，1994 年劳工部颁布《企业职工生育保险试行办法》，将生育保险的管理体制模式由用人单位管理逐步转变为社会统筹，由地方社会保障机构负责。我国的生育保险的待遇主要包括四个部分：医疗服务、产假（90 天，其中产前休假 15 天，产后休假 75 天，如为难产，则增加 15 天）、生育津贴（生产期间，按照所在单位上年度员工平均工资的 100%领取生育津贴）、哺乳期待遇（有不满一岁婴儿的女职员，每天工作期间有两次哺乳时间，每次三十分钟）。

【案例思考】

某大型国有企业原有的工资制度概括如下：

（1）工资水平处于行业工资水平的百分之五十，但核心技术岗位员工的工资只达到行业工资水平的百分之二十；

（2）工资等级都按行政级别划分，共分 48 级，级别差为 20 元；

（3）工资的调整采取"一支笔"政策，总裁同意就可以。

（资料来源：https://wenku.baidu.com/view/18a1989b168884868662d69e.htm）

思考：

请根据以上情况分析该公司的工资体制存在哪些问题？

【本章小结】

本章主要论述了报酬管理的原则与政策；现行公务员工资制度存在的问题；公共部门福利制度的改革。

【核心概念】

报酬管理、工资制度、福利制度

【复习思考题】

1. 报酬管理的原则和政策是什么？
2. 影响报酬的主要因素是什么？
3. 我国现有公务员工资制度存在哪些问题？
4. 为什么要对公共部门的福利制度进行改革？

第十章 公共部门人力资源激励管理

【引入案例】

2017年2月8日《感动中国》颁奖晚会,秦玥飞荣获2016年度感动中国十大人物。秦玥飞,耶鲁大学毕业,现任湖南省衡山县福田铺乡白云村大学生"村官"、黑土麦田公益(Serve for China)联合发起人。大学毕业时,秦玥飞选择回到祖国农村服务,至今已是第六个年头。为吸引更多优秀人才服务乡村,秦玥飞与耶鲁中国同学发起了"黑土麦田公益"项目,招募、支持优秀毕业生到国家级贫困县从事精准扶贫和创业创新。秦玥飞因突出的工作成绩获得过多项公共部门奖励。2013年5月,湖南省人民政府授予秦玥飞"一等功"奖励,共青团湖南省委授予秦玥飞第十五届"湖南青年五四奖章"。同年8月,获选湖南"最美村官",并代表湖南村官参与2013年CCTV首届全国"最美村官"评选。10月,获选CCTV"最美村官"。2014年1月17日,在衡山县第十二届人民代表大会第三次全体会议上,被选举为衡阳市第十四届人大代表。并于2017年2月8日登上"感动中国2016年度人物"十大人物的领奖台。

与此相反,2017年6月20日下午,中纪委官方网站发布消息称:经中共中央批准,中共中央纪委对第十八届中央纪委委员、中央纪委驻国家民族事务委员会纪检组原组长、国家民族事务委员会原党组成员曲××严重失职失责问题立案审查,决定给予曲××同志留党察看两年、行政撤职处分,降为正处级非领导职务。党的十八大以来,包括中纪委公布的曲××在内,共有23名省部级官员遭遇"断崖式降级"。其中,10人被降为处级,1人被降为科级,3人被降为科员。

在公共部门的人力资源管理中,就是要惩恶扬善。对在公务活动中成绩突出的公职人员,国家行政机关和有关公共事业单位依据相关法律规定给予物质、精神嘉奖;而对行为失职的公职人员进行处罚,情节严重的将给予法律制裁,从而起到相应的激励和约束的作用。本章从一般的激励理论出发,结合公共部门的特殊性,讨论公共部门开展激励的方法。

第一节 激励及激励理论概述

一、激励的概念

(一)激励的含义

激励是指激发人的行为动机的心理过程,通过各种客观因素的刺激来引发和加强人的行为内驱力，使人始终处于兴奋状态。激励用于管理，就是用各种有效的方法去调动员工的积极性和创造性，使员工奋发努力完成工作任务，从而实现组织的目标。

科学研究和管理实践的经验表明：人的行为来源于人的动机，而人的动机又产生于人的需要。需要是人的一种必不可少的主观心理状态，是生活与实践中各种相关事物在人头脑中的具体反映。动机是对需要的满足程度，是由需要引发的内在动力。而行为是人在动机支配下的外在表现，如果说行为的产生是靠激发内在动机的话，那么行为的保持和巩固，就需要借助于强化内在动机，没有"强化"，一个行为就很难持续到底。

人力资源激励是指通过各种有效的激励手段，激发人的需要、动机、欲望，使其形成某一特定目标，并在追求这一目标的过程中保持高昂的情绪和持续的积极状态，发挥潜力，达到预期的目标。因此，人力资源激励过程包括：目标；追求目标的积极性和能力投入；激励手段。这三者是密切联系的统一过程。

激励是人力资源管理活动中的核心内容，是对人的潜在能力进行开发。它具有以下一些特点：① 激励以人的心理作为出发点，而人的心理又是一种看不见、摸不着的东西，只能通过在其作用下的行为表现来加以观察，只凭直观感觉是不行的。② 在进行激励条件下会产生动机与行为，而这些动机与行为的程度并不是固定不变的，它们受多种主客观因素的影响，在不同的时间、不同的环境里，其表现必然不同。所以，必须从动态的角度去认识这个问题。③ 激励的对象是有差异的，正如地球上没有两片完全相同的叶子一样，世界上也不存在两个完全相同的人。不同的人其需要也是不同的，而且是多方面的。这种复杂性就决定了不同的人对激励的心理承受力是不相同的，这就要求对不同的人有不同的激励手段，这是人员激励所必须具备的弹性。④ 激励的前提是工作人员的潜在能力，激励的目的是使他们的潜在能力得到最大限度的发挥。然而人的能力是有限的，而且还会受生理因素的制约，所以激励不能超过人的生理和能力的限度，否则，这种激励就不会起作用。因此，激励应该是适度的。

（二）激励的功能

1. 有利于调动工作人员的积极性

激励直接作用于个人，其功能是能够充分调动工作人员的积极性、主动性和创造性，使人的潜在能力得到最大限度的发挥。美国哈佛大学的心理学家威廉·詹姆斯在对职工的激励研究中发现，在缺乏激励的一般岗位上，职工仅能发挥其实际工作能力的 20% ~ 30%，因为只要做到这一点，就足以使自己保住饭碗。但是受到充分激励的职工，其潜力可以发挥到 80% ~ 90%。这也就是说，一个人平常表现的工作能力水平与通过激励能达到（发挥）的工作能力水平存在着大约 60% 的差距。由此可见，人员激励能起到重要的作用。

2. 有利于增强组织的凝聚力和社会影响

激励不仅直接作用于个人，还间接影响其他的人和周围的环境。其功能表现在对增强组织的凝聚力和社会影响力方面有着非常重要的作用。在美国的快邮公司曾经发生过这样一件事，一名公司职员把一批当日的邮件送上飞机以后，忽然发现遗漏了一封信件，按照快邮公司的规定，邮件必须在24小时之内送到收件人手中，可是这时飞机已起飞。在这种情况下，来不及有更多的时间进行考虑，为了确保公司的声誉不受到损害，这名职员果断地掏自己的腰包，购买了第二班的机票，按照收信人的地址，亲自把这封信及时地送到了收信人手里。公司了解到这件事之后，对这名职员给予晋级、提薪等一系列优厚的奖赏，并在公司内外进行广泛的宣传，进一步提高了公司内部的职工的工作责任心和个人荣誉感，并且在社会上树立起公司的良好形象。由这件事可以看出，激励的作用不仅局限于个人，对一个集体乃至整个社都会产生相当大的影响。

3. 有利于工作人员素质的提高

提高工作人员的素质，不仅可以通过培训来进行，而且人员激励也是一种很好的途径。通过运用不同的激励手段，在激励方向上对工作人员加强引导，有助于开阔他们的思想境界，提高个人的道德素养；对坚持不懈努力学习科学文化知识的工作人员给予大力的表彰，对安于现状、不思进取的工作人员给予适当的批评，有助于形成良好的学习风气，提高工作人员的知识素养；根据一定的客观标准，对忠于职守、业务熟练、工作中有突出成绩的工作人员给予奖励，对不钻研业务知识，工作中有失职行为的工作人员给予惩罚，能发挥奖一励百、惩一儆百的作用，有助于形成一种竞争的气氛，使工作人员的业务素质得到提高。总而言之，人员激励与工作人员素质的变化有着非常密切的关系。人员激励搞得好，将有助于工作人员素质的提高；搞得不好，就会导致工作人员素质的下降。而且这不仅仅只关系到个人的素质，还关系到整体的素质，所以必须予以充分重视。

（三）激励的类型

根据不同的划分标准，激励可以划分为不同的类型。

（1）以激励的内容为标准，可分为物质激励和精神激励。

物质激励就是从满足人的物质需要出发，对物质利益关系进行调节，从而激发人的向上动机并控制其行为的趋向。物质激励多以加薪、减薪、奖金、罚款等形式出现。在目前社会经济条件下，物质激励是一种重要的激励手段，它对强化按劳取酬的分配原则和调动工作人员的工作积极性有很大作用。精神激励就是从满足人的精神需要出发，对人的心理施加必要的影响，从而产生激发力，影响人的行为。精神激励多以表扬和批评、记功和处分等形式出现，精神激励同样是一种重要的激励手段。

（2）以激励的性质为标准，可分为正激励和负激励。

正激励就是当一个人的行为符合社会或组织的需要时，通过奖赏的方式来鼓励这种行为，以达到持续和发扬这种行为的目的。负激励就是当一个人的行为不符合社会或组织的需要时，通过制裁的方式来抑制这种行为，以达到减少或消除这种行为的目的。在正激励与负激励之间还存在一种零激励，有人称之为衰减，即：撤销对原来某种行为实施的正激励或负激励，使这种行为在一段时期内连续得不到任何强化，从而达到减少或增加这种行为反应频率的目的。这是一种不施以任何激励的激励，所以被称为零激励。

（3）以激励的形式为标准，可分为内激励与外激励。

内激励是指由内在奖酬引发的，源自于工作人员内心的激励。内在奖酬是指工作任务本身的刺激，即在工作进行过程中所获得的满足感，它与工作任务是同步的。外激励是指由外在奖酬引发的，与工作任务本身无直接关系的激励。外在奖酬指工作任务完成之后或在工作场所以外所获得的满足感，它与工作任务不是同步的。

二、激励理论

20世纪30年代以来，西方的管理学家、心理学家和行为学家从不同的角度研究如何激励人的问题，并提出了诸多激励理论，尤其是行为学派的产生和发展更加促进了激励理论的繁荣。根据不同的标准，学者们把激励理论分为不同的类型。这里主要介绍几种常用的激励理论。

（一）需要型激励理论

1. 需要层次理论

需要层次理论是由美国行为科学家马斯洛提出来的。他在其著作《人类动机的理论》一书当中，把人的需要归纳为五大类，由低到高依次为：生理需要、安全需要、感情和归宿的需要（亦称归属与爱的需要）、尊重的需要、自然实现的需要。1954年马斯洛修改了这一理论，将人的需要归纳为七个层次。

（1）生理需要。

生理需要包括维持生活、繁衍后代所必需的各种物质的需要，如衣食、饮水、住房等。即饥有食、渴有饮、寒有衣、住有室、有配偶、有医疗。这些是人们最基本的，也是最强大的需要，当这些需要得到满足后，又会有新的、更高级的需要产生。

（2）安全需要。

安全需要是指人们寻求保护自己免受生理与心理上侵害的需要。如要求劳动安全、职业安全，希望免于灾难，希望未来有保障等。正如马斯洛所描述的："人们一般偏爱职位牢固、有保护的工作，要求有积蓄以及各种保险（医疗、失业、残伤、老年的保险）。另一种追求安全的情况是，人们总喜欢选择那些熟悉的而不是陌生的、已知的而不是未知的事，有一种信仰或世界观……这也部分地受到安全需要的驱使。"

（3）归属与爱的需要。

归属与爱的需要是指个人渴望得到家庭、团体、朋友、同事的关怀爱护理解，是对友情、信任、温暖、爱情的需要。归属与爱的需要与个人性格、经历、生活区域、民族、生活习惯、家教信仰等都有关系，这种需要较前两种需要更加细微和难以捉摸。每个人都喜欢与别人为伍，渴望得到支持和友爱，并有所归属，得到承认，同时，又给予别人以友爱。因此，工作单位和地点就不仅仅是提供一个工作的场所，它也为员工们进行社交活动、建立友谊和归属提供了机会。

（4）尊重的需要。

尊重的需要可分为自尊、他尊和权力欲三类，包括自我尊重、自我评价以及得到别人尊重。与自尊有关的，如自尊心、自信心、对独立、知识、成就、能力的需要等。尊重的需要很少能够得到完全的满足，只是基本上的满足就可以产生推动力。这种需要一旦成为推动力，则会令人具有持久的干劲。组织可以给成员提供的尊重因素有两类：内部尊重因素，如自尊、自主和成就；外部尊重因素，如地位、认可和关注。

（5）求知的需要。

求知的需要是指人们追求知识，探索新的领域，以求获得对外部世界的认知的欲望。

（6）求美的需要。

求美的需要指的是人们寻求匀称、整齐和美丽的愿望。

（7）自我实现的需要。

自我实现的需要是最高等级的需要。满足这种需要就要求完成与自己能力相称的工作，最充分地发挥自己的潜在能力，成为所期望的人。一个自我实现的人有以下一些特点：自动；思想集中于问题；超然；自制；不死板；同别人打成一片；具有非恶意的幽默感；有创造性；现实主义；无偏见；不盲从；同少数特定的人关系亲密等。

以上七类需要，人们并不是都能得到满足的。一般讲来，等级越低者越易得到满足，等级越高者则能得到满足的比率越小。

一般而言，人们首先追求满足较低级别的需要，如生理和安全的需要，只有在较低级别的需要得到合理满足后，较高级别的需要才会发展起来而起推动作用，但在特殊情况下，需要的次序会因为具体情况而发生改变。

马斯洛的需要层次理论提出后，受到了人们极大的关注，并引发了许多争论。尽管这一理论不是尽善尽美，但它使人们较普遍地注意到人的需要这个重大问题，并在下面的问题上达成共识，即：已满足的需要不再起促进作用。人的需要会随着一般经济情况的变化而改变。在现代社会，越来越多的人，特别是管理阶层的人对自我实现的需要和期望增加了。

2. ERG 理论

ERG 理论是行为科学家克莱顿·阿德弗在《生存、关系以及发展：人在组织环境中的需要》（1972）、《关于组织中需要满足的三项研究》等著作中提出的一种关于需要和激励的理论，也是对马斯洛理论的一种修正。阿德弗在大量调查研究的基础上指出，人的基本需要有三种。

（1）生存（existence）。

它是指人在饮食住房、衣服等方面的基本需要。这种需要一般只有通过金钱才能满足。只有这项最基本的需要得到满足以后，才能谈到其他需要，这一类需要大体上和马斯洛需要层次中的生理需要和安全需要相对应。

（2）关系（relatedness）。

它是指与其他人（同级、上级或下级）和睦相处建立友谊和有所归属的需要。这一类需要类似马斯洛需要层次中部分安全需要，全部社交需要以及部分尊重需要。

（3）发展（growth）。

它是指一种要求得到提高和发展的内在欲望，表现在人不仅要求充分发挥个人潜能、有所作为和成就，而且还有开发新能力的需要。这一类需要可与马斯洛需要层次中部分尊重需要及整个自我实现需要相对应。

阿德弗认为，各个层次的需要得到的满足越少，则这种需要越为人们所渴望；较低层次的需要越是能够得到较多的满足，对较高层的需要就越渴望得到满足；如果较高层的需要一再遭受挫折、得不到满足，人们就会重新追求较低层次需要的满足。例如，成长需要长期受挫，有时也会导致人际关系需要甚至生存需要的急剧上升。在此，ERG理论不仅提出了需要层次的"满足—上升"趋势，而且也指出了"挫折—回归"的趋势。这一原理符合现实中人们行为的特点，为心理学研究所证实，在管理实践中很有启发意义。因此，领导者不仅应时刻注意了解并设法满足组织成员的需要，而且还要引导员工的需要向高层发展。

3. 成就需要理论

成就需要理论（McClelland's theory of needs）是美国行为科学家戴维·麦克利兰提出的一种激励理论。他在《促使取得成就的事物》一文中曾指出，世界上的人大致可分为两类：少数人愿意接受挑战，艰苦工作，以便有所成就；而大多数人则对取得成就的愿望不是那样强烈。他还用一个简单的试验来说明这一点：要一个人去完成某项工作，并告诉他可以选择一个工作伙伴，或者选择一个亲密的朋友，或者选一个他所不熟悉该项业务的专家。结果发现，那些"成就需要高"的人往往选他所不熟悉的专家，而"情谊需要高"的人往往选自己亲密的朋友。由此可见，人们对成就的需要的确有高低之分。

麦克利兰指出，人的基本需要有：成就需要、权力需要、情谊需要。其中成就需要的高低对一个人、一个企业、一个国家的发展起着特别重要的作用。成就需要高的人一般都很关心事业的成败，喜欢接受挑战性的工作，能够制定明确的目标，愿意承担责任，学习努力，不怕疲劳，可以约束自己，不受别人的批评和社会压力的影响，善于利用时机，而且对与成就有关的字眼很敏感。他们一般具有以下三点品质：第一，他们希望有能够独立解决问题的工作环境，以便发挥这方面的能力。只要有了这种环境，不必再提供其他激励，他们也能积极地工作，所以，组织上应该给这些人分派富有挑战性的工作，并给予一定的自主权。第二，他们在从事某项挑战性的工作以前，往往经过一番盘算，然后确定一个在他们看来不太难、经过努力能够达到的目标。第三，他们往往需要有明确的、不间断的关于他们工作成就的反馈，使他们知道自己的工作成就已得到组织和别人的承认，这样才能促使他们继续努力，不断取得新的成就。因此要注意强化组织成员的成就动机，培养更多的高成就需要的人，以提高组织的绩效。

4. 双因素理论

双因素理论亦称激励-保健理论（motivation-hygiene theory），是美国行为科学家弗雷德里克·赫茨伯格提出的理论。他在美国匹兹堡地区对二百名工程师和会计人员进行了访问调查，结果他发现，使职工感到满意的都是属于工作本身或工作内容方面的；使职工感到不满的，都是属于工作环境或工作关系方面的。他把前者叫作激励因素，后者叫作保健因素或维持因素。所谓保健因素，是指满足这些因素对职工产生的效果类似于卫生保健对身体健康所起的作用一样。卫生保健不能直接提高健康水平，但有预防疾病的效果。同样的，保健因素不能直接起激励职工的作用，但能防止职工产生不满情绪。当保健因素改善后，职工的不满情绪会消除，但并不会导致积极的后果，而只是处于一种既非满意，又非不满的中性状态。只有激励因素才能产生使职工满意的积极效果。

属于保健因素的有：组织的政策与行政管理；监督；与上级的关系；与同事的关系；与下级的关系；工资；工作安全；个人生活；工作条件；地位。

属于激励因素的有：工作上的成就感；受到重视；提升；工作本身的性质；个人发展的可能性；责任。

赫茨伯格的双因素理论的主要观点：①满意的对应面是没有满意（而不是不满意），不满意的对应面是没有不满意（而不是满意）。②不是所有的需要得到满足都能激励人们的积极性，只有那些被称为激励因素的需要得到满足，人们的积极性才能有很大提高。③不具备保健因素时将引起许多不满，但具备时并不一定会调动强烈的积极性；具备激励因素时会引起强烈的积极性和满足，但缺乏时并不引起很大的不满。④激励因素是以工作为核心的。

赫茨伯格的双因素理论尽管有很多批评意见，仍然广为流传，并对管理实践中激励的实施产生了实质性的影响。

（二）过程型以及行为改造型的激励理论

1. 期望理论

期望理论（expectancy theory of motivation）是美国行为科学家维克托·弗鲁姆在1964年出版的《工作与激励》一书中提出的。他认为，人总是渴求满足一定的需要和实现一定的目标，这个目标反过来对激发人的动机有相当大的影响，而这种激发力的大小则取决于目标价值（效价）和期望概率（期望值）这两个因素的乘积。用公式表示：

$$激励力（M）=效价（V）\times 期望概率（E）$$

式中，M指受到激励的强度；V指人们对所预期的目标的重视程度或评价高低；E指达到目标的可能性。

这个公式告诉人们，决定激励作用大小的因素，包括期望和效价这两个紧密相连的方面，也就是说只有当人们认为实现预期目标具有可能性，并且实现这个目标对自己来说有重要意义的时候，他们受激励的程度或动机水平才会很大。

实施这种激励方式的基本要求如下：

（1）激励者要善于与被激励者达成一个切实可行的工作目标，使被激励者感受到这种工作适合自己，并且通过努力可以达到这个目标。

（2）要及时传达工作绩效与奖励报酬之间紧密联系的信息，给被激励者展示出较高的期望值。

（3）区别不同下属的不同需要，采取多种奖励方式，使被激励者普遍感受到只要努力工作就可以获得好的工作绩效、实现预定目标，同时得到相应的奖励满足自己的需求。

2. 公平理论

公平理论（equity theory）是美国心理学家亚当斯首先提出的，也称为社会比较理论。这种激励理论主要讨论报酬的公平性对人们工作积极性的影响。人们通过两个方面的比较来判断其所获报酬的公平性，即横向比较和纵向比较。

所谓横向比较，就是将"自己"与"别人"相比较来判断自己所获报酬的公平性，并据此做出反应，我们以下列公式来说明：

若 $Qp/Ip = Qx/Ix$（Qp 表示自己所获报酬的感觉，Qx 表示自己对别人所获报酬的感觉，Ip 表示自己对所投入量的感觉，Ix 表示自己对别人所投入量的感觉），则此人觉得报酬是公平的，他可能会因此而保持工作的积极性和努力程度。若 $Qp/Ip<Qx/Ix$，他会感到不公平。

除了"自己"与"别人"的横向比较外，还存在着自己的目前和过去的比较即纵向比较。若 $Qpp/Ipp=Qpl/Ipl$（Qpp 代表自己目前所获报酬，Qpl 代表自己过去所获报酬，Ipp 代表自己目前的投入量，Ipl 代表自己过去的投入量），则此人认为激励措施基本公平，积极性和努力程度可能会保持不变。若 $Qpp/Ipp<Qpl/Ipl$，他会觉得很不公平，积极性会下降。

亚当斯的公平理论得到普遍认可。从公平的意义上去实施激励，要求激励者注意把握三个重要原则：其一是要运用公平理论，经常审视、分析下属之间和下属与其他组织同类人员之间的付出与报酬之间的比例关系是否相当，即要有公平意识。其二是坚持公平的尺度，把握公平标准，将定性分析与定量分析相结合。其三是为维持公平，在激励时有不公平感者，要注意把握好"刺激量"，否则会起到相反的作用。

3. 强化理论

强化理论（reinforcement theory）是美国哈佛大学心理学教授斯金纳提出的。强化理论特别重视环境对行为的影响作用，认为人的行为只是对外部环境刺激所做出的反应，是受外部环境刺激所调节和控制的，改变刺激就能改变行为。所谓强化，从其最基本的形式来讲，指的是对一种行为的肯定或否定的后果（报酬或惩罚），它至少在一定程度上会决定这种行为在今后是否会重复发生。在实践中，常用的强化手段有三种类型，即：正强化、负强化和消退强化。正强化是指对人的某种行为给予肯定和奖赏，以使其重复这种行为。良好的行为得以强化，好的行为就会持续下去。否则，人的积极性就会消退。负强化是指对人的某种行为给予否定或惩罚，使之减弱或衰退，以防止类似的行为再度发生。消退是指管理者对员工的不良行为不予理睬，采取视而不见的态度，让行为者感到自己的行为得不到承认，慢慢终止该行为。

应用强化理论的行为原则如下：

（1）激励时需要正强化与负强化相结合。
（2）以正强化为主，负强化为辅。这样可以激励更多的人。
（3）及时强化的原则。这是强调强化激励要讲求时效。

4. 挫折理论

挫折指的是个体实现目标的努力遭受阻碍后导致其需要和动机不能获得满足时的情绪状态，它是一种普遍存在的社会心理现象。任何人的一生都不可能是一帆风顺的，个人目标的实现总会碰到种种内在和外在的干扰。辩证地看，挫折既是坏事，也是好事。它既可以使人失望、痛苦、消沉，甚至一蹶不振；也可以使人清醒、成熟、坚强，从逆境中奋起。挫折的上述两重性对立统一，又能在一定条件下相互转化，个体在面临挫折时，经过主观努力，吸取教训，可以把坏事转化为好事，消极因素转化为积极因素。

因为受挫折的人各有特点，所以其受挫折后的行为表现也总有差异。一般有这两类行为：有的人采取的是积极进取的态度，即采取减轻挫折和满足需要的积极适应的态度；有的人采取的是消极甚至对抗的态度，其主要特点是攻击、冷漠、幻想、退化、忧虑、固执和妥协。

对管理者来说，最重要的是找到对待受挫折成员的有效方式，化消极因素为积极因素。一般可采用的方法有：采取宽容的态度，善待受挫折者；提高认识，分清是非；改变环境；精神发泄法；帮助受挫折者设立目标重树信心；心理咨询等。

（三）综合激励理论

综合激励理论（见图10-1）是波特和劳勒开拓的一种全新的激励理论，其被用于调动员工的工作积极性。这一模式的主要贡献是把两方面的激励综合起来，该两个方面分别是行为主义的外在激励与认知主义的内在激励。波特和劳勒还深入探讨了个人对于工作的满足以及工作结果之间的关系。对工作的满足程度在很大程度上有赖于最终受到的激励情况是否能够满足其预期需求。如果激励等于甚至大于其预期，那么在这时个人的积极性会被调动起来，其内在的满足感也会得到相应的提高。而如果激励小于其预期的目标，那么其积极性无法被调动，而这时激励对于工作目标的达成来说，是不会产生太大影响的。而且在这种情况下，个人的自信心将会受到很大打击。

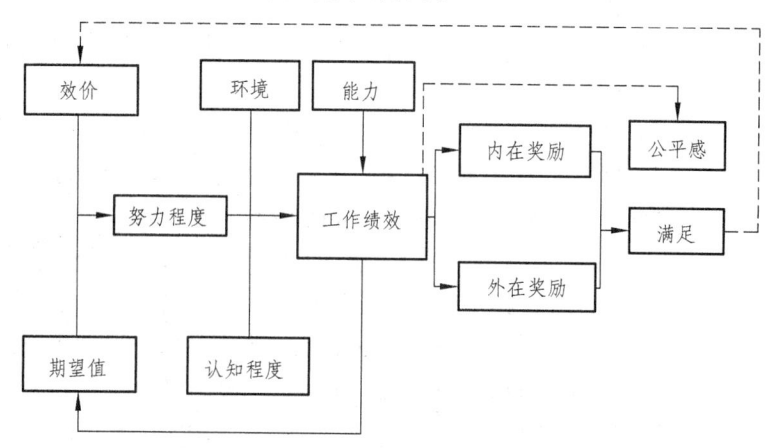

图 10-1　波特和劳勒的综合激励模型

第二节 公共部门的人员激励

公共部门的人员激励主要是通过对公职人员的奖励与惩罚（简称奖惩）来实施的。借鉴西方激励理论与方法，结合我国国情，要有效地开发公共部门人力资源，就必须建立和推行科学严明的公职人员奖惩制度。

一、公共部门人员奖惩的含义及作用

1. 公共部门人员奖惩的含义及特点

公共部门人员奖惩是指国家行政机关和有关公共事业单位依据法律规定的标准、条件和程序，对在公务活动中成绩突出的公职人员给予物质、精神嘉奖；对行为失职的公职人员进行处罚、制裁的活动。实行奖惩制度有助于建立组织竞争与发展机制，调动广大职工的工作积极性和创造性。它是公共部门人力资源管理的重要环节。

公共部门人员奖惩的特点在于：
（1）奖惩的主体是国家行政机关；
（2）奖惩的客体是各级政府中形式国家行政权力、执行国家公务的人员；
（3）奖惩的依据是公务员管理法规；
（4）奖惩的执行是按严格的法定程序。

2. 公共部门人员奖惩的作用

（1）激励与约束功能。这是奖惩最基本的功能。奖励的原发动机是通过物质的、权力的和精神的授予，使工作业绩优异者可以与工作一般者区分开来，并得到实际的利益、社会荣誉和地位的奖赏，从而激发其以及组织的其他成员更加努力工作，模范履行义务，创造更大业绩的动力；而惩罚恰恰是通过行政强制的方式，严厉惩戒违反组织规则和职业道德的人员，使失职违纪者切实体会到犯了错误的耻辱和压力。从而反方向强化他们的行为，鞭策他们改正错误，勇往直前。

（2）引导和示范功能。奖惩看似针对着某个个人，实质上是针对着某种特定的行为。通过奖惩手段，它要告诉组织的每一个成员，哪些行为是组织认可并且大力倡导的，而哪些行为是被组织唾弃的，怎么做就可以获得荣誉，怎么做就要招致惩处，从而使公职人员更加明确自身的行为规范，引导他们在公务活动中，依法行政，正确使用手中的权力，努力为公众服务，提高服务质量。

（3）竞争和发展功能。奖惩创造了一种竞争性的组织环境。因为在任何时候，奖惩都是稀缺资源。被奖励者和被处罚者都是组织中极少的一部分人，而不是组织的全体成员。因此，奖惩塑造了这样的组织环境：公务员只有努力工作，不断进取，取得突出业绩，才有权利得到奖励；而一旦不能满足组织的要求，就可能被淘汰出局。如果组织成员不想落伍，就必须努力、勤奋地工作。正是这种竞争机制的存在，推动了整个组织的发展和公职

人员个人素质的提高。

二、公共部门人员奖惩的原则

奖惩是人力资源管理中一项原则性、技巧性很强的措施，作为管理者法定权力的一部分，在人力资源管理中要掌握奖惩使用的策略，发挥好奖惩手段的作用，应坚持以下原则：

（1）公平合理的原则。即是必须按同一尺度对公务人员进行奖惩，其措施也必须适当和适度、符合条件，具有说服力，这样才能起到应有作用。

（2）奖惩结合，注重时效的原则。奖励和惩罚结合起来使用，能起到互补的效果。而且使用时要注重时机，最好是及时奖惩，否则会降低奖惩的功能和意义。

（3）物质奖励和精神奖励相结合的原则。二者相辅相成，调动公职人员的积极性和创造性。

（4）教育与惩戒相结合的原则。这样才能达到惩前毖后，治病救人，变后进为先进的目的。

（5）必要监督的原则。这是维护奖惩的严肃性和公正性，确保公职人员合法权益的必要措施和制度保障。

三、公共部门人员奖惩的条件和种类

（一）公共部门人员奖励的条件和种类

奖励的条件是对公务员施行奖励时所参照的标准和依据。奖励的一般条件包括以下十个方面。

（1）忠于职守，积极工作，成绩显著的。

（2）遵守纪律，廉洁奉公，作风正派，办事公道，模范作用突出的。

（3）在工作中有发明创造或者提出合理化建议，取得显著经济效益和社会效益的。

（4）为增进民族团结、维护社会稳定做出突出贡献。

（5）爱护公共财产，节约国家资财有突出成绩的。

（6）防止或者挽救事故有功，使国家和人民群众利益免受或者减少损失的。

（7）在抢险、救灾等特定环境中奋不顾身，做出贡献的。

（8）同违法违纪行为做斗争，有功绩的。

（9）在对外交往中为国家争得荣誉和利益的。

（10）有其他突出功绩的。

（二）公共部门人员奖励的种类

（1）嘉奖。这是政府部门中最低的一种奖项，是国家行政机关对在工作中表现突出、取得优良成绩的公务员给予的赞扬和奖励。此种奖励高于一般的口头表扬和通报表扬。

（2）记三等功。这是政府中较低的一种奖励形式，是由国家行政机关对在工作中做出较大贡献，取得显著成绩的公务员给予的奖励。

（3）记二等功。这是国家行政机关对在工作中做出重大贡献、取得优异成绩的公务员给予的奖励。

（4）记一等功。这是政府中较高层次的一种奖励形式，是国家行政机关对在工作中做出重大贡献、取得优异成绩的公务员给予的奖励。

（5）授予荣誉称号。这是政府中层次最高的一种奖励形式，是由国家行政机关对工作中功绩卓著、有特殊贡献的公务员给予的奖励。

公共部门人员奖励的奖金标准见表10-1。

表10-1 公共部门人员奖励的奖金标准

	嘉奖	记三等功	记二等功	记一等功	授予荣誉称号
金额	800	1500	3000	6000	10 000

以上5种奖励形式构成了我国政府的奖励体系。但是公务员或者公务员集体有下列之一的，撤销奖励：

（1）弄虚作假，骗取奖励的；

（2）申报奖励时隐瞒严重错误或者严重违反规定程序的；

（3）有法律、法规规定应当撤销奖励的其他情形的。

（三）公共部门人员惩罚的条件和种类

根据《中华人民共和国公务员法》，公务员必须严格遵守纪律，不得有以下行为：

（1）散布有损国家声誉的言论，组织或者参加旨在反对国家的集会、游行、示威等活动；

（2）组织或者参加非法组织，组织或者参加罢工；

（3）玩忽职守，贻误工作；

（4）拒绝执行上级依法做出的决定和命令；

（5）压制批评，打击报复；

（6）弄虚作假，误导、欺骗领导和公众；

（7）贪污、行贿、受贿或利用职权为自己或他人谋取私利的；

（8）违反财经纪律，浪费国家资财；

（9）滥用职权、侵犯公民、法人或者其他组织的合法权益；

（10）泄露国家机密和工作秘密；

（11）在对外交往中损害国家荣誉和利益；

（12）参与或者支持色情、吸毒、迷信、赌博等活动的；

（13）违反职业道德、社会公德；

（14）从事或者参与营利性活动，在企业或者其他营利性组织中兼任职务；

（15）旷工或者因公外出、请假期满无正当理由逾期不归；

（16）违反纪律的其他行为等。

有以上行为，但尚未构成犯罪者要受到行政处分。行政处分的类型包括警告、记过、记大过、降级、撤职和开除六种形式，由轻到重。惩处国家公务人员必须做到事实清楚、证据确凿、定性准确、严格按照法定程序，防止滥用惩戒权，以保障公务员的合法权益，保证行政惩戒行为的客观性和公正性。

对公职人员的惩罚可分为两大类，即司法惩罚和行政惩罚。前者是由于公职人员触犯了法律，由司法机关依法追究其刑事或民事的法律责任。后者是指公职人员违反了服务纪律，存在违法失职的行为，但尚未构成犯罪，或虽构成犯罪，依法不追究法律责任，这时应依据公务员的纪律规范，由公职人员的所在行政机关给予行政处分的行政惩罚。在这里，我们所讲的惩罚是行政处分。根据公职人员违纪行为的轻重，可给予不同程度的行政惩罚。一般分为精神惩罚和实质惩罚。精神惩罚针对比较轻微的行为过失，对公职人员的名誉予以贬责，如审诫、警告、记过等。实质处罚则针对有严重行为错误的公务员，采用物质处罚和职务处罚两种。前者主要在经济方面给予惩罚，如减薪、取消某种津贴或待遇、罚款等；后者是最为严厉的惩罚形式，具有复合性质，涉及公务员的地位降低和身份丧失。

四、公共部门人员奖惩的管理权限和程序

（一）奖惩的管理权限

奖励的权限是指政府各级主管部门或领导人拥有的授予奖励、执行处罚的法定权利范围。一般而言，行使奖励的权限主要掌握在行政主管部门的领导人手中。

我国对公务员奖励的批准权限，是根据公务员的管理权限和奖励的不同种类，分别由本级或上级主管机关执行，具体如下：

（1）嘉奖和记三等功，由县级以上人民政府，或省级、市（地）级以上人民政府工作部门批准。

（2）记二等功，由市（地）级以上人民政府或省级以上人民政府工作部门批准。

（3）记一等功，由省、自治区、直辖市以上人民政府或国务院工作部门批准。

（4）国务院授予荣誉称号，经国务院人事部门审核后，由国务院批准；省、自治区、直辖市人民政府授予荣誉称号，经本级政府人事部门审核后，由省、自治区、直辖市人民政府批准；国务院工作部门授予荣誉称号，经国务院人事部门审核后，由国务院工作部门批准。

（5）各级政府中，对同级人民代表大会选举或常委会任命的领导人员的奖励，应报上一级人民政府批准。

（6）审批机关给予公务员的奖励时，需征得公务员主管机关的同意。

对公务员惩罚权限的大小也是与惩罚的等级相适应的。每个国家的政府都赋予行政机关对本部门犯有过失的公务员以惩罚的权力。在我国，处分是一项严肃的工作，各级行政机关要慎重从事。我国公务员制度规定，公务员处分由公务员的任免机关或监察机关决定。各级任免机关及行政监察机关，可以直接给其管辖权限范围内的公务员以撤职以下的处分；各级任免机关及行政监察机关，对其管辖范围内公务员予以开除这一严重行政处分，应报上级机关备案。县（市）级以下的行政机关开除公务员，必须报县（市）级人民政府批准。

（二）奖惩的程序

1. 奖励的一般程序

（1）公务员、公务员集体做出显著成绩和贡献需要奖励的，由所在机关（部门）在征求群众意见的基础上，提出奖励建议；

（2）按照规定的奖励审批权限上报；

（3）审核机关（部门）审核后，在一定范围内公示7个工作日。如涉及国家秘密不宜公示的，经审批机关同意可不予公示；

（4）审批机关批准，并予以公布。

2. 惩罚的一般程序

公务员违纪的，应当由处分决定机关对公务员违纪的情况进行调查，并将调查认定的事实及拟给予处分的依据告知公务员本人。公务员有权进行陈述和申辩。处分决定机关认为对公务员应当给予处分的，应当在规定的期限内，按照管理权限和规定的程序作出处分决定。处分决定应当以书面形式通知公务员本人。

第三节 公共部门人员激励机制

一、公共部门激励机制的内涵与功能

1. 公共部门激励机制的内涵

就公共部门激励机制而言，公共部门本身作为激励主体，其员工为激励客体。公共部门激励机制可以做如下定义：公共部门将物质激励和精神激励的内容以激励标准的形式规范下来，通过向工作人员传播激励标准进而引导其行为方式和价值观念，以实现共同的行政目标。

2. 公共部门激励机制的功能

（1）强化个人动机，使个人愿意完成组织要求的工作。激励是把人的需要变为可实现的需要目标，激发人对实现目标的内心渴望，内心的追求会强化人的行为。公共部门激励机制的功能就是把物质激励和精神激励手段通过一系列理性的制度固化下来，激发公务人员的工作积极性，进而强化动机的行为转化，保证趋近或实现组织目标。

（2）挖掘公务人员潜力，提高个人素质。知识经济时代，终身学习已经成为一种必要，公共部门工作的稳定性要远高于其他行业。从具体业务上来看，对学科前沿知识的把握的要求亦不算强烈，导致公务人员的学习动力不足，要改变这种现状就是要通过有效的激励手段以提升其学习、工作的动力，进而提高个人整体素质。

（3）吸引人才加入公共部门，并把他们保留下来。"理性人"的思维模式对公务人员同样适用，他们会关心自己的收入水平，会考虑自己获得晋升机会的几率等。公共部门只

有结合自身优势设定出有效的激励机制，才能保证在与其他行业的人才争夺中不会一直处于劣势，也能保证公务人员队伍中的优秀人才不至于因待遇差等原因流失，巩固公共部门人员队伍的稳定性。

二、公共部门与其他部门激励机制的区别

1. 目标导向

任何形式的正式组织都可以通过定义自己的使命和目标来确定自己的努力方向。企业可以围绕利润去制定目标；公共部门则主要致力于社会效益。这一区别预示着在公共部门中把组织目标与个人目标统一起来更加困难。由于公共部门的分配属于再分配环节，直接与国家财政关联，故而员工的所得与其所在部门创造的社会效益难以建立一种直接、灵敏、有效的联系。

2. 激励方式

相对于企业而言，公共部门激励手段的灵活性较低，企业可以依据员工的实际需要采取相应的激励方式，可以根据自己的情况量身定制薪酬体系，而公共部门则不能。例如，在薪酬激励上，公共部门往往受制于既定的法律、政策、规定，通常，同一系统、同一部门要遵循相应的规范。

3. 绩效评价

由于企业是独立核算的经济实体，因此企业员工绩效的评价通常可以采用相对直接的指标，个人对组织的贡献也能相对清楚地反映在公司的业绩上；但公共部门作为一个庞大的社会服务体系，其员工的绩效评价往往只能采取一些间接性的指标，因为公共部门所创造的社会效益通常要在一个比较长的周期内才能体现出来，且有时无法以货币性的指标去衡量。

4. 约束机制

一个成功的组织离不开对员工不尽职行为的约束。这里涉及两个问题，一个是对这类问题的有效发现，另一个是对这类问题的有效惩戒。对于第一个问题，公共部门解决起来可能更为困难，因为对公职人员的行为进行监督往往代价昂贵，且难以靠一个部门本身来完成。而企业却可以直接去考察结果，再从结果推出问题。对于第二个问题，企业和公共部门在手段上的取向也有所不同，公共部门倾向于采取行政性处分，而企业在更多情况下倾向于采取经济性的处罚。

三、公共部门人力资源激励机制的主要方式

我国公共部门人力资源的激励坚持精神激励与物质激励相结合，以精神激励为主的原则。物质激励就是通过运用外部物质影响因素来激发公共部门人员，如增加或减少工资、奖金、福利和补贴，以及随着职务升降而引起的物质利益变动等；精神奖励，则是通过改

变部门人员内在心理状况来激励公共部门人员,包括口头表演、书面嘉奖、记功、授予荣誉称号、提供培训机会等正向激励形式,以及惩戒、考核等负向激励形式。从当前我国对于公共部门人员实施激励的形势看,主要有薪酬激励、考核激励、晋升激励、培训激励、竞争激励五种形式。

1. 薪酬激励

我国公共部门的薪酬仍以工资为主要表现形式,它是指在国家公共管理部门工作,执行国家公务的这一部分特定的公职人员,以自己的知识和能力,在一定时间内为国家和人民服务所得的劳动报酬。狭义上是指单位按月发放给公务员的固定部分,包括基本工资、津贴、补贴和奖金;广义上还应该包括国家其他福利待遇和保险等。从1997年以来,我国公共部门主要采取了普遍加薪的手段来激励组织人员。现在公共部门人员的薪酬水平基本处于社会平均薪酬水平以上,公共部门人员的工作积极性得到了一定的提高,从某种程度上控制了一定层次的公共部门人员流失问题,同时当前的薪酬政策还吸引了相当多的社会人才投身于公共部门的建设中。

2. 考核激励

考核激励是对组织内部人员的工作业绩通过量化方式进行全面的、系统的、客观的评价,涉及组织人员的薪金调整、奖金发放和职务升迁等诸多部门人员的切身利益,属于对组织人员激励中的负向激励因素。考核对于公共部门人力资源的激励作用体现在:考核标准的导向作用、考核过程的压力作用和考核结果的评价作用。考核的功能在于其能够为管理层做出对在职人员的奖惩决定提供重要的信息,为实施对组织人员的晋升提拔和嘉奖提供客观依据。

3. 晋升激励

公共部门人员的晋升激励是指为了进一步激发组织人员的工作热情,而将组织人员由原来的职位选拔到最高的、承担责任更大的职位上,其在行政部门职位结构中的职权、待遇等也相应地提高。与物质激励相比,晋升激励是一种较为节约成本的激励方式,除去因晋升激励而给公共部门人员所带来的物质利益变动之外,通常将晋升激励列入精神激励的范畴。在轻视物质激励的年代,职位晋升是我国公共部门人员精神激励中最传统和最普遍的激励方式,晋升激励作为精神激励的主要方式发挥了重要作用。

4. 培训激励

我国各地、各级公共部门通过举办各级各类培训班,制定和落实定期轮训等制度,争取实现全员轮训,使广大公共部门工作人员的思想政治素质、业务能力、文化素养和工作技能得到了进一步提高,依法行政和公共服务能力进一步增强。

5. 竞争激励

竞争是通过比较优胜劣汰。竞争激励机制是我国公共部门人力资源激励机制的核心机制,它贯穿于我国公共部门人力资源管理制度的始终。主要表现在部门人员的考试录用、晋升与降职、职务任免,以及辞退制度上。目前,公共部门人力资源竞争机制的各项管理规定逐步落实,竞争择优的用人机制基本确定,其主要表现为录用和任用两个方面。

四、反腐倡廉环境下公共部门人员激励机制的现状及对策

(一)反腐倡廉环境下公共部门人员激励的主要表现及分析

党的十八大后,公务员津贴补贴得到进一步规范,对公共部门人员的工作作风以及日常工作规范都出台了具体的措施和规定,并加以强力监督,公共部门人员的工作作风和精神面貌得到很大程度的改善。从目前公共部门人员队伍的整体形势看,多数公共部门人员的总体思想状态比较稳定,在强力反腐倡廉的环境下基本能够正确处理个人与组织的关系,能够正确认识不合理的附加福利取消以及对公权的进一步约束是大势所趋。从公共部门人员队伍的现状以及社会反映来看,十八大后强力反腐倡廉环境下对公共部门人员精神面貌和工作作风的改善是明显的。但不容忽视的是,反腐倡廉背景下,由于公权约束机制的逐步确立和强力监督的执行,部分公共部门人员以往的个人违规利益受到较大程度的影响,思想上波动比较频繁,也产生了一些不容忽视的苗头性和倾向性问题。部分公共部门人员出现了工作满意度下降,职业倦怠感上升的现象,而工作动力不足和效率低下等不良风气也时有发生。具体来看,反腐倡廉环境下公务员激励不足的主要表现在以下方面:

1. 薪酬福利性激励因素弱化,公共部门人员工作动力不足

十八大以来,中央出台了多项针对公共部门人员改进作风和约束其各项行为的禁令,包括"八项规定""六项禁令",《关于党政机关停止新建楼堂馆所和清理办公用房的通知》《关于落实中央八项规定精神坚决刹住中秋国庆期间公赛送礼等不正之风的通知》《关于严禁公款购买印制寄送贺年卡等物品的通知》《党政机关国内公务接待管理规定》《关于务实节俭做好元旦春节期间有关工作的通知》等多个约束公共部门人员行为的具体禁令。这些规定的出台和强力实施直接影响了公共部门人员的生活状态,公共部门人员各类日常违规福利被取消、隐性收入和特权减少或消失,公共部门人员实际收入降低明显。这一形势下,很多公共部门人员尤其是基层公共部门人员对薪酬福利的满意感开始降低,进而导致工作动力下降。

2. 职业性激励机制不完备,公共部门价值观迷失

传统上我国更多地将公共部门人员定位为服务于公共利益的"政治人"角色,因此将公共部门人员喻为"公仆",在价值观教育方面将公共部门人员赋予只讲奉献、不谈个人私利的形象,这样的理念下,公共部门人员的"经济人"角色受到弱化,导致对公共部门人员经济利益方面的诉求重视不够,现实中往往存在物质激励和精神激励发展不协调的情况,在职业性激励机制方面的制度还不完备。但实际上,作为社会人的公共部门人员具有经济人的本性,因此其个人目标首先不是纯粹的公共利益最大化,而是包括了更高薪金、

福利和更多的闲暇等自利性动机。在职业性激励方面忽视了公共部门的"经济人"本性明显违背了人性和经济规律，导致激励的效果大打折扣。

3. 组织性激励因素僵化，公共部门人员工作状态不佳

我国公共部门人员多数从事程序性工作，工作中往往需要面对诸多的规章政策和行政管理程序，在日常工作中留给个人发挥和创新的空间并不多，因此，制度政策和行政管理的合理性和规范性对公共部门人员在实际工作中所产生的影响很大，这些都属于公务员组织性激励因素的范畴，其合理性和规范性不但是公共部门人员能否顺利完成工作的前提和保障，也是影响公共部门人员工作满意度和积极性的关键因素。

（二）反腐倡廉环境下强化公共部门人员激励机制的对策

1. 完善现行的薪酬体系，实现科学公平的薪酬性激励制度

普遍认为，对于公共部门人员激励作用有着最大影响的因素是收入和职位。对于我国多数公共部门人员来说，其职位晋升渠道相对较窄，在行政职务方面的发展空间受到的限制较多，因此，具有竞争力的工资福利待遇对公务员的工作积极性会产生较大影响。因此，在十八大后公共部门人员激励面临的新形势下，需要对公务员的工资制度进行深入改革和规范津贴补贴。在公务员的薪酬性激励制度方面要充分考虑以下方面：

第一，在薪酬制度的设计上使公共部门人员的薪酬待遇与经济社会发展水平相适应，充分考虑和客观体现不同行政部门在工作量、工作责任和工作难度等方面的差异性，正视公共部门人员个体在工龄、工作业绩等方面的差异性，并在制度中体现，从而增强公共部门人员的职业归属感，使公共部门人员的薪酬体系更加公平合理。

第二，在薪酬制度的设计上采取设定弹性区间的方式界定薪酬范围。对不同部门，可给予一定的薪酬浮动区间，在特定的幅度范围内实施浮动管理。或者在统一规划薪酬标准的基础上，增加激励薪酬，即：需要靠努力与突出能力才能赢得的薪酬项目，从而提高公共部门人员的工作热情。

第三，在薪酬制度的设计上实施全面的薪酬战略，健全公共部门人员的社会保障制度和福利制度。严格按照《公务员法》规定的社会保障制度实施对公共部门人员基本权利的保证，在具体制度层面满足公共部门人员的安全需要，这将有利于提高公共部门人员的工作效率，进而提高行政管理水平。另外，对公共部门人员薪酬体系中的福利进行进一步规范。当前对公务员的各项福利如经济性福利、非经济性福利以及保险类福利等的规范还不完备，不同部门间的福利待遇相差较大，不公平分配以及"特权福利"等问题严重，不但没有充分发挥福利的激励效能，而且还易造成政府部门公信力的下滑。因此，要从全局出发，进一步规范公共部门人员的各类福利，建立公开、公正、公平的福利制度，并将福利制度与公共部门人员的工作绩效挂钩。

2. 健全绩效考核制度，完善组织的竞争性和奖惩性激励功能

对公共部门人员的考核评价工作是公共部门在人才培养、选用以及激励的关键环节，

为了激发公共部门人员的活力和进取精神，政府公共部门在人力资源管理中必须引入绩效考核制度。绩效考核制度促成了一个人才优胜劣汰和竞争发展的环境，政府公共部门管理机构需要以客观、公正、公开的原则与程序从事公共部门人员的绩效考核活动，不断创新绩效管理办法，调优绩效考核指标，进一步加强考核结果的应用和引导。但对公共部门人员的考核与评价是一项复杂的、综合性的工作，特别是将评价结果用于公共部门人员的晋升和奖惩等激励环节时，就变得更加重要，既要求考评内容全面、客观，又要求考评方法公正、科学。健全公共部门人员的绩效考核制度，需要在以下两个方面加强：

第一，进一步完善公共部门人员的考核制度，增强考核的客观性与公平性。公共部门人员考核需要严格遵守公平、公正、公开的原则，在考评标准、考评过程以及考评结果等各个环节都要客观真实。为了达到这样的目标，需要不断规范考核方式，提高考核的科学性。引入新的科学的考评方法和外部评价机制，实施全视角考评和全方位评价，确保考核结果的有效性。

第二，不断优化绩效考核办法与指标。对于公共部门人员的绩效考核需要以组织绩效为核心，将个人绩效的评估以组织绩效的优劣为前提，促使个人对团队成果的关注和投入，倡导团队协作，激发个人的工作积极性。

对于组织的奖惩性激励，虽然激励本身包含正激励和负激励两种形式，但长期以来，我国在公共部门人员管理体系中强调正激励而忽视了负激励的作用。因此，必须加强对负激励机制的健全和完备，以制度明确公共部门人员的岗位职责和权力，规范惩罚标准、权限和程序，做到公正适度、奖罚分明。并通过构建全方位的监督网络，理顺对公共部门人员内部监督权的运行，并建立健全信息公开披露制度，使公共部门人员的公共服务行为处于公众和媒体强有力的监督之下。

3. 优化工作方式，规范和构建职业发展性激励体系

根据实际情况，重视工作本身的激励作用，加强对公共部门人员合理需求的分析研究，实施激励机制的系统规划。公共部门需要考虑人员的职业发展目标，掌握公共部门人员个体的职业兴趣与职业特长，围绕部门的发展目标，兼顾人员个体的职业生涯规划和岗位定位，设计出符合组织目标和组织成员实际情况的激励机制系统。在现有条件下，需要采用灵活的方式为公共部门人员创造锻炼机会、提供施展才能的平台和更为宽松的工作环境，具体可以采取以下措施：

第一，加强公共部门人员在行政部门间的流动，强化竞争的工作氛围。整体上看，我国多数公共部门人员工作在基层，职务资源有限，工作状态长期不变，晋升渠道狭窄，很容易产生工作懈怠。因此，打破部门壁垒，整合公共部门的整体资源，在更大范围内和更大的事业空间中营造一种良性的竞争氛围，在更广的公共部门人员人群中实施工作激励，以开放的姿态鼓励和引导公共部门人员在公共部门之间的流动，实现人事在最佳岗位、最佳状态上的结合，更好地发挥公共部门人员的专长，有利于营造良好的竞争氛围，强化公共部门人员的竞争观念，从而使激励机制达到预期的效果。

第二，构建公共部门人员的职业发展规划系统，开展职业生涯设计。对职业生涯的追

求是深层次个人需要的重要标志，对公共部门人员激励的重要手段之一就是开展职业生涯规划和设计。因此，应该进一步研究公共部门人员的成长规律，为公共部门人员的职业发展明确阶梯和目标，帮助公共部门人员开展职业计划讨论，从多方面调动公共部门人员奋发进取的积极性，帮助公共部门人员建立涉及价值观、兴趣、能力、目标和个人发展计划的自我评价系统，并通过进一步完善人员选拔、培养、考核和使用机制，引导和帮助公共部门人员了解自己的理想并规划各自的职业发展。

第三，创新公共部门人员教育培训方式，积极开展培训工作。公共部门人员的培训激励对于调动公共部门人员的学习积极性、主动性和促进公共部门人员知识技能水平的提高具有十分重要的作用。首先要进行科学的培训需求分析，运用岗位分析、绩效评价等方法，区分组织需求、工作任务需求和人员需求，对需求进行科学准确的定位，确定公共部门人员所需的知识、技能、才干，再以此确定相应的培训项目和培训方法。另外，要建立分类分层次、灵活的培训体系，将专题培训班和岗位业务培训，高、中、初级培训等加以区分，按照不同类别、不同层次、不同岗位公务员的特点，因人而异，因岗而异，合理设计培训班次、内容和方法，构建长期稳定的培训机制。

4. 契合新政策，发挥公共部门养老保险的激励功能

国务院于2015年1月14日发布的《机关事业单位工作人员养老保险制度改革的决定》指出，我国政府于2014年10月1日开始正式启动对机关事业单位工作人员养老保险制度改革。这一决定的出台标志着多年来我国实施的"退休养老金双轨制"开始成为历史，公共部门人员长期实施的财政养老将向社会化养老转变，公共部门人员的养老金改革后，需要公共部门人员根据个人工资总额按照比例缴纳个人账户养老金，公共部门人员的养老保险制度形成单位与个人和政府共同承担的养老机制。另外，职业年金制度的建立也对公务员的退休养老问题带来了新的挑战。新的政策环境对公共部门人员的福利待遇尤其是退休养老待遇无疑将造成巨大影响，公共部门人员的激励问题需要结合出台的养老金并轨及职业年金政策，充分发挥这一新政策的激励功能。

第一，充分发挥公共部门人员养老金多缴多得、长缴多得的激励机制，激发公共部门人员立足岗位工作的热情。新的养老金计发办法将公共部门人员退休后的待遇水平直接且仅与缴费多少和缴费时间长短相关联，即养老待遇水平与缴费关联，以往退休待遇与公共部门人员职级挂钩的情况将不复存在。这一政策制度充分保障了那些立足于本职岗位长期工作的公共部门人员，由于工作时限越长将来享受的养老金也将越多，因而在一定程度上对公共部门人员稳定工作将带来正面激励，同时养老金与工作挂钩而与职级相脱离也使对绝大多数普通公共部门人员的激励程度得到强化。

第二，公共部门人员养老金制度的改革将公共部门人员事实上享有的养老特权取消，不但实现了社会养老保险制度的待遇公平，而且在制度上也刺激了公共部门人员自身不断努力进取和加强个人积累，更是对公共部门人员腐败行为的巨大牵制。因此，需要充分发挥改革后的公共部门人员养老保险制度的优势，充分发挥这一基于积累制和在职表现的公共部门人员养老待遇制度的作用，将公共部门人员的工作业绩与养老保险（如职业年金）

相联系，将公共部门人员的腐败行为和渎职行为与养老金相联系，对于情节严重的可取消或者部分取消养老金的发放，进而在制度上形成对公共部门人员腐败等行为的牵制，发挥改革后养老金制度的正向和反向激励作用。

第三，职业年金制度是公共部门人员养老保险的重要补充，主要资金来源于个人和单位两个部分，其中职业年金在公共部门退休后可依据积累情况按月发放。根据职业年金制度的特点，为了实现对公共部门人员的更好激励，可进一步强化职业年金制度的创新，将职业年金的领取条件与公共部门人员的工作和退休情况相挂钩，对于公共部门人员的奖励性激励可以通过奖励一定倍数职业年金的形式来实施，而针对公共部门人员考评不合格或者工作不称职而采取的反向激励措施也可以通过扣除或者暂停缴交职业年金等形式进行惩处，真正将职业年金制度纳入对公共部门人员日常工作激励制度的渠道，充分发挥职业年金制度的优势和作用。

【案例思考】

四川省乐山市的腐败"赦免实验"

2017年4月上旬，四川省乐山市大大小小的政府机关乃至村委会都贴出了一张"敦促令"。"敦促令"正式的公文名称是《关于对限期主动如实交代违纪问题人员予以从宽处理的通告》，也称为"敦促令"。其中最吸引官员们注意的是这么一句：凡在2017年6月30日前向纪检监察机关主动交代本人违纪问题的，视情节轻重，根据相关法纪规定，分别给予从轻、减轻或免予纪律处分。

"敦促令"的设计者、乐山市纪委书记刘光辉的初衷是，"解脱干部，割裂负能量，让干部放下包袱轻装上阵，全身心投入乐山的发展"。据一位乐山市纪委领导介绍，通告发出去一周后，乐山市全市一共有115名基层官员主动说清问题。比如乐山市市中区区委书记和区长主动说明，过去曾在公务接待和招商引资接待中喝过高档酒，每个人主动退赔了2000元钱。此外，另有20名县处级官员也相继承认喝过高档酒，每个人退了1000或2000元。乐山市药监局有8名处级官员主动交代了自己的"问题"。该局纪检组长陈树钢向南方周末记者介绍，有的交代接待省局来人时曾喝过高档酒，有的交代曾多报过账，有的交代退休后在外兼职取酬。

也有官员不仅不当回事，还顶风违纪。一个周六，乐山市市中区棉竹镇召开党委会，镇党办主任通知时任镇党委委员、人大主席代××开会，因没有提拔而心有不满的代××谎称到区委组织部有事，也没有向镇党委书记请假。镇委书记打电话给区委组织部长核实后，代××的谎言被戳穿。得知此事，市中区纪委书记朱学军当即派人核查。次周一，市中区即召开区委常委会决定，将代××免职，区纪委立案审查。最后，代××被免职调离并受到警告处分，全区通报。

此外，"敦促令"的受益者们却顾虑重重，有的不愿主动暴露自己，有的避重就轻。乐山市纪委也发现一些问题：一些地方，把纪律审查发现的问题统计进了主动交代问题里；还有一些官员，避重就轻。乐山市工商局几名处级官员交代的问题，都是曾喝过一瓶高档酒。最让刘光辉哭笑不得的是，乐山市沙湾区农业局一名基层官员交代，曾抽过别人一包25元的香烟。乐山当地一名基层官员说，大家的顾虑主要是两个方面："主动交代了问题，会不会在履历上被记一笔，影响将来提拔？从轻或者免予处理，是不是真的能兑现？"

　　去乐山实地考察过的学者任建明，把乐山的做法称为"模糊赦免"。"模糊就是指在操作过程中自由裁量的空间太大，就会导致不清晰，政策的感召力不够。"任建明还担心，会出现老实人吃亏的情况，"如果我们假定存量是100%，到6月30日，只有20%的人主动交代，那还有80%的存量。如果这80%的存量不解决，对于这主动交代问题的20%就不公平。"乐山市纪委确实遇到过这样的现实考验。

　　一位乐山市纪委领导介绍，当地一个基层官员，因醉驾入了刑，但纪委并不知道。"敦促令"发出后，这名基层官员就紧张了，跑到纪委说明问题。"这反倒把我们弄得很为难，因为按照'敦促令'要从轻处理，但入刑了必须开除党籍，从轻不了。监察局局长问我咋弄，承诺了要给人从轻呀。后来，我们至少行政上给他从轻，开除党籍，保留了公职。"上述乐山市纪委领导说。针对可能出现的"老实人吃亏"的问题，乐山市纪委采取了相应的应对措施。乐山市公安局审理室主任杨丽介绍，按照纪委要求，警员执法时必须搞清楚执法对象的政治身份，"现在一线的警察都配备了一个终端，只要看一下身份证或者查一下电话号码，就可以实时查询出来所有个人信息，包括工作单位等等。"5月19日，乐山市纪委统计的数据显示，主动交代问题的基层官员已经近800人，其中70%都是普通的公务员和村干部，退出违纪款已经有256万。6月7日，乐山市纪委给南方周末记者提供的最新数据显示，该市主动交代问题的人达1668人，上缴款物565万余元。

　　"我认为敦促令总体上是好的，就是担心现在领导干部更替得快，能不能坚持下去。"任建明认为："这个政策能不能成功，判定的最终标准应该是能否化解大部分腐败存量。如果主动交代的都是一些小问题，比如50%的人说了，但是每个人只说了自己10%的问题，那掀开的还是冰山一角，没有达到化解腐败存量的目的。"

　　思考：

　　1. 在乐山市的腐败"赦免实验"中，公共部门人力资源激励机制扮演着者什么样的角色？

　　2. 你认为针对"模糊赦免"和"老实人吃亏"的情况，应该如何激励？

【本章小结】

　　人的行为需要激励和约束，人员激励有利于提高工作人员的工作积极性和素质，有利于增强组织的凝聚力。人员激励的理论很多，有需要层次理论、ERG理论、双因素理论、成就需要理论、公平理论、强化理论、期望理论、挫折理论等，本章第一节介绍了激励的概念和激励理论。奖惩是公职人员管理中的重要一环。奖惩一方面提供了公职人员努力工作、积极向上的动力；另一方面也使违法违纪、消极对待的公职人员有所警戒。如何运用奖惩激发公职人员的正面行为，约束公职人员的负面行为，是管理者需要考虑的问题。本章第二节对公共部门人员奖惩的相关内容进行了详细的介绍。本章第三节介绍了公共部门激励机制的主要内容，以及反腐倡廉环境下公共部门人员激励机制的现状及对策。

【核心概念】

激励、激励理论、需要层次理论、ERG 理论、成就需要理论、双因素理论、公平理论、强化理论、期望理论、挫折理论、波特和劳勒综合激励理论、奖励、惩罚、奖惩种类、奖惩条件、管理权限、激励机制

【复习思考题】

1. 简述激励在公共部门人力资源管理中的作用。
2. 激励理论有哪些？分析其应用价值。
3. 奖惩的种类及其依据的条件是什么？
4. 国家行政机关奖惩管理的权限和程序分别是什么？
5. 公共部门人力资源激励机制的主要方式？
6. 简述反腐倡廉环境下公共部门人员激励机制的现状及对策。

参考文献

[1] 葛玉辉. 公共部门人力资源管理[M]. 北京：清华大学出版社，2016.
[2] 腾玉成，俞宪忠. 公共部门人力资源管理[M]. 北京：中国人民大学出版社，2003.
[3] 王锐添. 人事管理与组织行为（修订本）[M]. 香港：商务印书馆（香港），1993.
[4] 唐志红，肖玨楚，韩文丽. 能本管理实用图解手册[M]. 北京：中国工人出版社，2006.
[5] 赵曙明. 企业人力资源管理与开发国际比较研究[M]. 北京：人民出版社，1999.
[6] 孙柏瑛，祁光华. 公共部门人力资源管理[M]. 北京：中国人民大学出版社，2014.
[7] 陈昌文. 公共部门人力资源开发与管理[M]. 成都：四川人民出版社，2000.
[8] 吴琼恩. 公共人力资源管理[M]. 北京：北京大学出版社，2006.
[9] 吴江，胡冶岩. 公共部门人力资源管理[M]. 北京：中共中央党校出版社，2003.
[10] 梁昆义. 国家公务员制度新论[M]. 南京：江苏人民出版社，2000.
[11] 仝志敏. 国家公务员管理——高层次人力资源开发[M]. 北京：百花文艺出版社，1994.
[12] 宋世明. 中国公务员立法之路[M]. 北京：国家行政学院出版社，2004.
[13] 张伯林. 中华人民共和国公务员法释义[M]. 北京：中国人事出版社，党建读物出版社，2005.
[14] 陈振明. 国家公务员制度[M]. 福州：福建人民出版社，2003.
[15] 李和中. 中国公务员制度概论[M]. 武汉：武汉大学出版社，1997.
[16] 《公共部门人力资源管理》编写组. 公共部门人力资源管理[M]. 北京：中国国际广播出版社，2002.
[17] 萧鸣政. 人员测评理论与方法[M]. 北京：中国劳动出版社，1997.
[18] 王继承. 人事测评技术——建立人力资产采购的质检体系[M]. 广州：广东经济出版社，2001.
[19] 赵耀. 如何做人事主管[M]. 北京：首都经济贸易大学出版社，1998.
[20] 何承金. 人力资本管理[M]. 成都：四川大学出版社，2000.
[21] 李宝元. 人力资本运营[M]. 北京：企业管理出版社，2001.
[22] 谌新民，刘善敏. 人员测评技巧[M]. 广州：广东经济出版社，2002.
[23] 陈明立. 人力资源通论[M]. 成都：西南财经大学出版社，2004.
[24] 周三多，等. 管理学——原理与方法[M]. 上海：复旦大学出版社，2003.
[25] 舒放，等. 国家公务员制度教程[M]. 北京：中国人民大学出版社，2001.